U0511004

A STUDY OF
THE THIRD ECONOMIC CENSUS:
THE STRUCTURE
OF CHINA'S
CULTURAL INDUSTRIES

文化发展智库报告系列

第三次经济普查专题研究：
中国文化产业结构研究

A Study of the Third Economic Census:
The Structure of China's Cultural Industries

史东辉 等／著

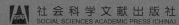
社会科学文献出版社
SOCIAL SCIENCES ACADEMIC PRESS (CHINA)

本书由中国社会科学院文化研究中心"文化产业重大课题研究计划"和上海市高校内涵建设项目（085）"都市社会发展与智慧城市建设"内涵建设项目联合资助。

"文化发展智库报告系列" 编委会

顾　问　李培林　李友梅

主　任　张晓明　文学国　史东辉

编　委　晋保平　殷国俊　谢寿光　王利明　李　河
　　　　章建刚　吴尚民　吴信训　董丽敏

《第三次经济普查专题研究：
中国文化产业结构研究》课题组

撰写人　史东辉　黄　晨　苏　杭　徐晨杰　邓　焜
　　　　唐政伟　常　青　魏良鹏　王　芬

编　辑　王克明

目　录

第一章　绪论

一　关于产业

产业是国民经济活动的重要组成部分。在市场经济条件下，产业的形成与成长既是社会分工及其深化的产物，又是竞争机制配置资源的结果。不过，由研究目的和内容的差异所致，产业有多种不同的含义和分类方法。其中，现代经济学研究和经济分析所指的产业通常有三种含义。

（一）理论意义上的产业

所谓理论意义上的产业，指的是作为产业经济学（亦称产业组织学）研究对象的产业。按照主流产业经济学的界定，产业是指具有高度替代性的产品或服务的生产活动的集合。它既涵盖了提供有关产品或服务的全部专业化企业，又包括多角化企业中相应产品或服务的生产业务。不过在习惯上，为了表述和研究的方便，产业也常常被解释为生产具有高度替代性或是同类产品或服务的企业群。[①]

由于构成同一个产业的只能是具有高度替代性的产品或服务的生产

[①]　参见 Bain, Joe S., 1968, *Industrial Organization*. 2nd ed. New York: John Wiley & Sons, p. 6。

活动，因此从企业层面来说，属于同一产业的企业或是企业的相关业务必然是彼此之间有着高度竞争关系。那竞争性，也就成为产业经济学意义上同一产业内企业关系的基本特征。

（二）统计意义上的产业

在国民经济统计中，产业（亦常被称为行业）分类是各国统计当局核算国民经济的最基本分类之一。为便于国际交往和比较，目前各国的产业分类总体上都基于联合国所颁布的《全部国民经济活动的国际标准产业分类》（International Standard Industrial Classification of All Economic Activities，ISIC），并进行适当的调整。如按照我国国家统计局最新颁布的《国民经济行业分类》（GB/T4754－2011），我国全部国民经济活动首先被分为 20 个产业门类，而后各门类又依次进一步分为若干产业大类（即所谓两位数产业）。在此基础上，各大类产业还可以依次进一步细分为若干中类（即所谓三位数产业）和小类（即所谓四位数产业（见表 1－1）①。

表 1－1　中国国民经济行业分类

门类	名称
A	农、林、牧、渔业，包括编号依次为 01～05 的 5 个大类产业，以及 23 个中类、60 个小类产业
B	采矿业，包括编号依次为 06～12 的 7 个大类产业，以及 19 个中类、37 个小类产业
C	制造业，包括编号依次为 13～43 的 31 个大类产业，以及 181 个中类、532 个小类产业
D	电力、燃气及水的生产和供应业，包括编号依次为 44、45、46 的 3 个大类产业，以及 7 个中类、12 个小类产业
E	建筑业，包括编号依次为 47～50 的 4 个大类产业，以及 14 个中类、21 个小类产业
F	批发和零售业，包括编号为 51、52 的 2 个大类产业，以及 18 个中类、113 个小类产业
G	交通运输、仓储和邮政业，包括编号依次为 53～60 的 8 个大类产业，以及 20 个中类、40 个小类产业

---

① http：//www. stats. gov. cn/tjsj/tjbz/hyflbz/.

门类	名称
H	住宿和餐饮业,包括编号为61、62 的2 个大类产业,以及7 个中类、12 个小类产业
I	信息传输、软件和信息技术服务业,包括编号依次为63、64、65 的3 个大类产业,以及12 个中类、17 个小类产业
J	金融业,包括编号依次为66 ~ 69 的4 个大类产业,以及21 个中类、29 个小类产业
K	房地产业,包括编号为70 的1 个大类产业,以及5 个中类、5 个小类产业
L	租赁和商务服务业,包括编号为71、72 的2 个大类产业,以及11 个中类、39 个小类产业
M	科学研究和技术服务业,包括编号依次为73、74、75 的3 个大类产业,以及17 个中类、31 个小类产业
N	水利、环境和公共设施管理业,包括编号依次为76、77、78 的3 个大类产业,以及12 个中类、21 个小类产业
O	居民服务、修理和其他服务业,包括编号依次为79、80、81 的3 个大类产业,以及15 个中类、23 个小类产业
P	教育,包括编号为82 的1 个大类产业,以及6 个中类、17 个小类产业
Q	卫生和社会工作,包括编号为83、84 的2 个大类产业,以及10 个中类、23 个小类产业
R	文化、体育和娱乐业,包括编号依次为85 ~ 89 的5 个大类产业,以及25 个中类、36 个小类产业
S	公共管理、社会保障和社会组织,包括编号依次为90 ~ 95 的6 个大类产业,以及14 个中类、25 个小类
T	国际组织,包括编号为96 的1 个大类,以及1 个中类、1 个小类

资料来源:国家统计局网站,http://www.stats.gov.cn/tjsj/tjbz/hyflbz/。

　　显然,统计意义上的产业其实是一个多层面体系,其中门类、大类、中类三个层面的产业还可以进一步细分为下一类别的产业群。也正因为如此,由不同的统计或是研究目的所致,同一小类产业还常常可以归属为相应的中类、大类或门类产业。例如,图书出版业(8521)既可在中类层面上属于出版业(852),又可在大类层面上属于新闻和出版业(85),也可在门类层面上归为文化、体育和娱乐业(R)。

(三)"自定义"产业

　　所谓"自定义"产业,是指由研究者或是官方出于各自需要而界定的产业。通常说来,这类产业被定义为具有某种共同属性的生产活动的集合，只是不同界定所定义和基于的所谓共同属性各不相同而已。换言之，只要能够定义所谓共同属性，就可以出于自身需要而具体界定某种产业。例如，作为现代经济分析中一个广为接受的学说，所有国民经济供给活动可划分为第一产业（Primary Industry）、第二产业（Secondary Industry）和第三产业（Tertiary Industry）。其中，产品直接取自自然界的生产活动称为第一产业，初级产品进行再加工的活动称为第二产业，为生产和消费提供各种服务的活动称为第三产业。又如，在当代经济分析和政策研究领域，基于部分生产活动的特定共同属性，常见的有高技术产业、国防产业、信息产业、文化产业、环保产业、健康产业、休闲产业等说法。当然，无论是旨在经济分析还是政策制定，研究者和政策当局都必须给出其所关注产业的具体定义，并明确界定其内涵和外延。

就此而言，几乎所有"自定义"产业都不是单纯理论意义上的产业，而且大多不能与统计意义上各层面的产业类别相对应。也就是说，无论从理论角度还是从国民经济行业分类的角度来看，"自定义"产业实际上是一个由若干个具有某种相同属性的理论意义上的产业或统计分类标准产业所组成的产业群。正因为如此，除了相应的共同属性之外，"自定义"产业内部各产业之间不仅必然有着诸多的属性差异，而且它们之间也未必有着资源配置方面的密切联系。

二 作为"产业群"的文化产业

2004 年我国国家统计局首次发布了《文化及相关产业分类》［以下简称《分类》（2004）］，在《国民经济行业分类》（GB/T4754 - 2002）的基础上，规定了我国文化及相关产业的范围。2012 年，国家统计局又发布了《文化及相关产业分类》［以下简称《分类》（2012）］，对《分类》（2004）做了进一步的修订。

按照中国官方解释，所谓中国文化产业其实就是国家统计局所界定的"文化及相关产业"。虽然国家统计局一直使用"文化及相关产业"的说法，但在中国官方的各类文告和中国主流文化产业学中，文化产业其实就是所谓的"文化及相关产业"，他们所引用的是我国文化产业增加值数据，即国家统计局公布的文化及相关产业增加值数据。例如，李克强总理在十二届全国人大二次会议上所做的《政府工作报告》中，披露2013年我国文化产业增加值增长了15%。[①] 又如，文化部有关官员在2014年文化产业资本大会上表示，国家统计局从2004年开始统计文化产业的数据。2004年我国文化产业法人单位增加值是3100亿元，占GDP的比重是1.94%；2012年文化产业增加值是1.8万亿元，占GDP的比重为3.48%；2013年文化产业增加值是2.1万亿元，占GDP比重为3.77%。至此，我国文化产业增加值年均增速都在15%以上。[②]

《分类》（2012）指出，我国文化产业是"为社会公众提供文化产品和文化相关产品的生产活动的集合"。其范围包括：①"以文化为核心内容，为直接满足人们的精神需要而进行的创作、制造、传播、展示等文化产品（包括货物和服务）的生产活动"；②"为实现文化产品生产所必需的辅助生产活动"；③"作为文化产品实物载体或制作（使用、传播、展示）工具的文化用品的生产活动（包括制造和销售）"；④"为实现文化产品生产所需专用设备的生产活动（包括制造和销售）"。[③]

根据《分类》（2012），我国文化产业被划分为"文化产品的生产"和"文化相关产品的生产"2个部分、新闻出版发行服务等10个大类、新闻服务等50个中类、新闻业等120个小类以及部分小类下设置的延伸层（见表1-2）。按照国家统计局的解释，"部分"这一层面直接区

[①] 中央政府门户网站，http：//www.gov.cn/guowuyuan/2014-03/14/content_2638989.htm。

[②] 网易财经网，http：//money.163.com/14/0718/15/A1EOQNIH00253B0H.html。

[③] 国家统计局网站，http：//www.stats.gov.cn/tjsj/tjbz/index_1.html。

分了文化产品与相关产品的生产，其中"文化产品的生产"企业又是全部文化企业的核心部分，因为其为直接满足人们的精神需要而进行文化产品（包括货物和服务）的创作、制造、传播、展示；"大类"的划分根据的是管理需要和文化生产活动的自身特点；"中类"的划分依照的是文化生产活动的相似性；而"小类"则是文化及相关产业的具体活动类别，也是《国民经济行业分类》（GB/T4754 - 2011）中的相应行业小类，即通常所说的四位数行业；至于延伸层，实际上是指某个小类中被纳入文化企业统计的部分企业。

表 1 - 2   中国文化产业标准分类

部分	大类	中类	小类及延伸层*
第一部分 文化产品 的生产	一、新闻出 版发行服务	新闻服务	新闻业(8510)
		出版服务	图书出版(8521),报纸出版(8522),期刊出版(8523),音像制品出版(8524),电子出版物出版(8525),其他出版业(8529)
		发行服务	图书批发(5143),报刊批发(5144),音像制品及电子出版物批发(5145),图书及报刊零售(5243),音像制品及电子出版物零售(5244)
	二、广播电 视电影服务	广播电视服务	广播(8610),电视(8620)
		电影和影视录音服务	电影和影视节目制作(8630),电影和影视节目发行(8640),电影放映(8650),录音制作(8660)
	三、文化艺 术服务	文艺创作与表演服务	文艺创作与表演(8710),艺术表演场馆(8720)
		图书馆与档案馆服务	图书馆(8731),档案馆(8732)
		文化遗产保护服务	文物及非物质文化遗产保护(8740),博物馆(8750),烈士陵园、纪念馆(8760)
		群众文化服务	群众文化活动(8770)
		文化研究和社团服务	社会人文科学研究(7350),专业性团体(的服务)(9421)*中的学术理论社会团体的服务、文化团体的服务
		文化艺术培训服务	文化艺术培训(8293),其他未列明教育(8299)*中的美术、舞蹈、音乐辅导服务
		其他文化艺术服务	其他文化艺术业(8790)

续表

部分	大类	中类	小类及延伸层*
第一部分 文化产品 的生产	四、文化信息传输服务	互联网信息服务	互联网信息服务（6420）
		增值电信服务（文化部分）	其他电信服务（6319）*中的增值电信服务（文化部分）
		广播电视传输服务	有线广播电视传输服务（6321）、无线广播电视传输服务（6322）、卫星传输服务（6330）*中的传输、覆盖与接收服务以及设计、安装、调试、测试、监测等服务
	五、文化创意和设计服务	广告服务	广告业（7240）
		文化软件服务	软件开发（6510）*中的多媒体、动漫游戏软件开发，数字内容服务（6591）*中的数字动漫、游戏设计制作
		建筑设计服务	工程勘察设计（7482）*中的房屋建筑工程设计服务、室内装饰设计服务、风景园林工程专项设计服务
		专业设计服务	专业化设计服务（7491）
	六、文化休闲娱乐服务	景区游览服务	公园管理（7851），游览景区管理（7852），野生动物保护（7712）*中的动物园和海洋馆、水族馆管理服务，野生植物保护（7713）*中的植物园管理服务
		娱乐休闲服务	歌舞厅娱乐活动（8911），电子游艺厅娱乐活动（8912），网吧活动（8913），其他室内娱乐活动（8919），游乐园（8920），其他娱乐业（8990）
		摄影扩印服务	摄影扩印服务（7492）
	七、工艺美术品的生产	工艺美术品的制造	雕塑工艺品制造（2431），金属工艺品制造（2432），漆器工艺品制造（2433），花画工艺品制造（2434），天然植物纤维编织工艺品制造（2435），抽纱刺绣工艺品制造（2436），地毯、挂毯制造（2437），珠宝首饰及有关物品制造（2438），其他工艺美术品制造（2439）
		园林、陈设艺术及其他陶瓷制品的制造	园林、陈设艺术及其他陶瓷制品制造（3079）*中的陈设艺术陶瓷制品制造
		工艺美术品的销售	首饰、工艺品及收藏品批发（5146），珠宝首饰零售（5245），工艺美术品及收藏品零售（5246）
第二部分 文化相关产品的生产	八、文化产品生产的辅助生产	版权服务	知识产权服务（7250）*中的版权和文化软件服务
		印刷复制服务	书及报刊印刷（2311），本册印制（2312），包装装潢及其他印刷（2319），装订及印刷相关服务（2320），记录媒介复制（2330）
		文化经纪代理服务	文化娱乐经纪人（8941），其他文化艺术经纪代理（8949）

7

续表

部分	大类	中类	小类及延伸层*
第二部分 文化相关产品的生产	八、文化产品生产的辅助生产	文化贸易代理与拍卖服务	贸易代理（5181）*中的文化贸易代理服务，拍卖（5182）*中的艺（美）术品、文物、古董、字画拍卖服务
		文化出租服务	娱乐及体育设备出租（7121）*中的视频设备、照相器材和娱乐设备的出租服务，图书出租（7122），音像制品出租（7123）
		会展服务	会议及展览服务（7292）
		其他文化辅助生产	其他未列明商务服务业（7299）*中的公司礼仪和模特服务、大型活动组织服务、票务服务
	九、文化用品的生产	办公用品的制造	文具制造（2411），笔的制造（2412），墨水、墨汁制造（2414）
		乐器的制造	中乐器制造（2421），西乐器制造（2422），电子乐器制造（2423），其他乐器及零件制造（2429）
		玩具的制造	玩具制造（2450）
		游艺器材及娱乐用品的制造	露天游乐场所游乐设备制造（2461），游艺用品及室内游艺器材制造（2462），其他娱乐用品制造（2469）
		视听设备的制造	电视机制造（3951），音响设备制造（3952），影视录放设备制造（3953）
		焰火、鞭炮产品的制造	焰火及鞭炮产品制造（2672）
		文化用纸的制造	机制纸及纸板制造（2221）*中的文化用机制纸及纸板制造，手工纸制造（2222）
		文化用油墨颜料的制造	油墨及类似产品制造（2642），颜料制造（2643）*中的文化用颜料制造
		文化用化学品的制造	信息化学品制造（2664）*中的文化用信息化学品的制造
		其他文化用品的制造	照明灯具制造（3872）*中的装饰用灯和影视舞台灯制造，其他电子设备制造（3990）*中的电子快译通、电子记事本、电子词典等制造
		文具乐器照相器材的销售	文具用品批发（5141），文具用品零售（5241），乐器零售（5247），照相器材零售（5248）
		文化用家电的销售	家用电器批发（5137）*中的文化用家用电器批发，家用视听设备零售（5271）
		其他文化用品的销售	其他文化用品批发（5149），其他文化用品零售（5249）

续表

部分	大类	中类	小类及延伸层 *
第二部分文化相关产品的生产	十、文化专用设备的生产	印刷专用设备的制造	印刷专用设备制造（3542）
		广播电视电影专用设备的制造	广播电视节目制作及发射设备制造（3931），广播电视接收设备及器材制造（3932），应用电视设备及其他广播电视设备制造（3939），电影机械制造（3471）
		其他文化专用设备的制造	幻灯及投影设备制造（3472），照相机及器材制造（3473），复印和胶印设备制造（3474）
		广播电视电影专用设备的批发	通信及广播电视设备批发（5178）*中的广播电视电影专用设备批发
		舞台照明设备的批发	电气设备批发（5176）*中的舞台照明设备的批发

注：表中凡标有 * 的小类均指的是该小类中的延伸层属于文化及相关产业。同下文。

三　必须研究的三个问题

既然中国文化产业是由 2 个部分、10 个大类、50 个中类、120 个小类及延伸层①所组成的产业群，那么就有以下三个必须研究的问题。

（一）中国文化产业结构现状

结构是反映产业群现状和特征的基本方面之一。一个产业群的结构总体表现为其内部各产业的构成以及各产业之间在生产要素配置、产出、效率诸方面的相互关系。作为实证研究的结果，一个产业群的结构通常反映为一系列的结构性特征，包括各产业之间的重要比例关系、各产业要素配置和产出的相对规模以及各产业之间生产效率的比较。

就中国文化产业而言，由其特有的多层面结构所致，其内部结构既

---

①　为方便表述，下文把小类及延伸层均简称为小类，并对小类延伸层以 * 号以示区别。

可以由"文化产品的生产"与"文化相关产品的生产"两大部分之间的相互关系来体现，又可以反映为 10 个大类产业之间的相互关系，也可以是 50 个中类之间的相互关系，或者完全由 120 个小类产业（含延伸层）之间的相互关系来解释。具体说，考察目前中国文化产业的结构特征，需要依次从下四个层面系统揭示。

（1）从部分层面看，中国文化产业的两大部分在企业数量、从业人员、资产、产出诸方面有着怎样的比例关系和构成特点，同时它们在劳动生产率和盈利性方面的相对水平又呈现怎样的特征？

（2）从大类层面看，中国文化产业的 10 个大类产业在企业数量、从业人员、资产、产出诸方面有着怎样的比例关系和构成特点，同时它们在劳动生产率和盈利性方面的相对水平又呈现怎样的特征？

（3）从中类层面看，中国文化产业的 50 个中类产业在企业数量、从业人员、资产、产出诸方面有着怎样的比例关系和构成特点，同时它们在劳动生产率和盈利性方面的相对水平又呈现怎样的特征？

（4）从小类层面看，中国文化产业的 120 个小类在企业数量、从业人员、资产、产出诸方面有着怎样的比例关系和构成特点，同时它们在劳动生产率和盈利性方面的相对水平又呈现怎样的特征？另外，鉴于大多数小类产业已经接近理论意义上的产业，为此各中类产业的市场结构特点显然可以粗略反映它们各自的竞争格局。

（二）中国文化产业结构的演变

大致说来，文化产业作为一个正式的概念为中国学术界和官方所共同确认，乃始于 21 世纪初。在这之前，从小类层面来看，除了个别新兴产业之外，中国文化产业所包括的绝大多数小类产业不仅早已形成，而且也都已经有了不同程度的发展。因此，如果从《分类》（2004）颁布时开始考察，在近 10 年来中国文化产业的成长过程中，其内部结构变迁的特征如何，显然也是一个必须关注的议题。

　　不过，由于我国于 2011 年对国民经济行业分类标准（2002 年版）进行了修订，加之文化及相关产业《分类》（2004）和《分类》（2012）的差别[①]，受数据可得性所限，我们难以如上述静态分析那般分别从四个层面入手，而只能分别在具有可比性的若干中类和小类的范围内，利用第一、二、三次全国经济普查的资料，努力揭示 2004 年以来这些中类和小类产业经济增长的若干特征。具体包括以下两个方面。

　　（1）从产出角度来看，这些中类和小类产业各自有着怎样的增长态势，同时它们之间的增长速度又有着怎样的相对特征？

　　（2）从劳动生产率及盈利性的角度来看，这些中类和小类产业的劳动生产率及盈利性又是如何变迁的，它们之间的相对水平又发生了怎样的变化？

（三）中国文化产业结构特征

　　众所周知，尽管《分类》（2012）给出了中国文化产业的明确界定和构成，但是无论从国家文化产业发展战略、产业政策，还是从学术研究的角度来看，除了从四个层面分别反映中国文化产业结构的基本特征之外，实际上还有多种可供进一步分析的立场或角度。其中，对 120 个小类或是 50 个中类数据的不同组合进行分析，则是更进一步揭示中国文化产业结构所具有的一系列重要特征的基本途径。

四　若干说明

（一）重要统计说明

　　本项研究基于第三次全国经济普查数据。该项普查的对象为我国境

---

　　①　参见第一章第四节中的有关统计说明。

内从事第二产业和第三产业的全部法人单位、产业活动单位和个体经营户，普查标准时点为 2013 年 12 月 31 日。本项研究所依据的就是 2013 年末我国文化产业中全部法人单位和个体经营户的普查数据，有关说明如下。

1. 关于中国文化产业构成

中国文化产业由《文化及相关产业分类》（2012）所规定行业范围内的企业、事业单位和个体经营户组成。为方便表述，本书分别称之为文化企业、文化事业单位和文化个体户。其中，按照本次经济普查及国家统计局的统计口径，中国文化企业又可分为 6 类：（1）规模以上文化制造业企业，指年主营业务收入在 2000 万元及以上的工业企业法人；（2）限额以上文化批零业企业，指年主营业务收入在 2000 万元及以上的批发企业法人和年主营业务收入在 500 万元及以上的零售业企业法人；（3）规模以上文化服务业企业，指从业人员在 50 人及以上或年主营业务收入在 500 万元及以上的服务业企业法人；（4）规模以下文化制造业企业，指年主营业务收入在 2000 万元以下的工业企业法人；（5）限额以下文化批零业企业，指年主营业务收入在 2000 万元以下的批发企业法人和年主营业务收入在 500 万元以下的零售业企业法人；（6）规模以下文化服务业企业，指从业人员在 50 人以下或年主营业务收入在 500 万元以下的服务业企业法人。

在第三次全国经济普查，上述 6 类企业均被纳入普查范围。不过在国家统计局非普查年份的统计工作中，只有上述（1）、（2）、（3）类企业被纳入联网直报统计平台。就此而言，中国文化企业通常也可分为联网直报单位和非联网直报单位两部分，而国家统计局在非普查年份发布的文化企业统计也主要是联网直报单位的数据。为便于表述，本项研究把上述联网直报单位统一称为"规模以上企业"，而非联网直报单位则以"规模以下企业"冠之。

2. 产出指标仅限于文化企业，并且不包括增加值指标

按照第三次全国经济普查方案，产出指标统计仅限于企业法人单位，事业单位和个体经营户均不统计产出指标。众所周知，增加值是反映企业在生产过程中产出超过投入的价值，是反映企业真实产出的基本指标之一。不仅如此，由产业属性的差异所致，在跨产业经济分析中，增加值较之营业收入或主营业务收入显然能够更切合实际地反映各个产业的产出规模及相应差别。不过在本次经济普查中，增加值并未被列为企业统计指标，同时国家统计局迄今也未发布小类、中类、大类3个层面的文化产业增加值的统计。为此，我们只能把营业收入及主营业务收入作为衡量中国文化企业产出的主要指标。

3. 盈利指标仅限于规模以上文化企业

在第三次经济普查中，规模以下文化企业统计不包括诸多资产、盈利等方面的指标，如所有者权益、利润总额、净利润，故在描述分析全国文化企业现状时，我们无法考察其盈利性，以致有关盈利性的分析只能局限于规模以上文化企业的范围。

4. 关于纵向比较

第一次全国经济普查（2004年）、第二次全国经济普查（2008年）均以《国民经济行业分类》（GB/T4754－2002）为基础，第三次经济普查则基于《国民经济行业分类》（GB/T4754－2011），加之《文化及相关产业分类》（2012）相对于《文化及相关产业分类》（2004）又作了不小的调整补充，以致从纵向比较的角度来看，在第三次经济普查所获得的文化企业、文化事业单位、文化个体户的相关数据中，与前两次普查年份具有可比性的仅包括2个大类、25个中类、75个小类。为此，我们无法准确判断第一次全国经济普查（2004年）以来中国文化产业经济增长的总体态势，进而也就无法完整揭示在此期间我国文化产业结构变迁的重要特征。为此，我们只能分别在具有可比性的75个小类、25个中类范围内，利用第一、二、三次全国经济普查的资料，努力揭示2004年以来中国文化产业结构变迁的若干特征。另外，由于我们只获得了第一次、第二次全国经济普查关于规模以上文化企业的统计数据，故本部分的相关研究也仅限于规模以上文化企业的范围。

5. 除专门注明出处之外，本书所引用的数据均来自第三次全国经济普查

（二）研究思路、研究内容

本书在整理、统计第三次全国经济普查相关数据的基础上，分别从部分、大类、中类、小类四个层面，依次考察了中国文化产业在企事业单位及个体户数量、从业人员数量的具体构成，以及中国文化企业的资产、产出、盈利的具体构成，全面、系统地揭示了中国文化产业结构的现状和一系列重要特征，并就各部分、大类、中类、小类文化产业的劳动生产率和盈利性作了剖析和比较，还从小类层面初步讨论了中国文化产业的市场结构特征。同时，本书结合第一、第二次经济普查数据，对中国文化产业结构的变迁作了相应的分析。

本书共分 9 章。各章主题为：

1. 绪论

2. 中国文化产业基本组成

3. 中国文化产业就业结构

4. 中国文化产业资产结构

5. 中国文化产业产出结构

6. 中国规模以上文化企业盈利性与生产率

7. 中国文化产业结构进一步透视

8. 中国文化产业市场结构初步分析

9. 结论：中国文化产业结构现状与特征

本书研究和写作由《第三次经济普查专题研究：中国文化产业结构研究》课题组承担，由史东辉主笔并对全书进行了修改、补充。初稿写作的具体分工如下：第一章：史东辉；第二章：苏杭、魏良鹏；第三章：苏杭、邓焜；第四章：徐晨杰、王芬；第五章：黄晨、邓焜；第六章：唐政伟、常青；第七章：史东辉；第八章：黄晨；第九章：史东辉。

第二章　中国文化产业基本组成

根据第三次全国经济普查的结果，2013 年我国文化产业法人单位共计 918482 户。其中，文化企业共计 785615 户，占全国文化产业法人单位数量的 85.5%；事业单位共计 132867 户，占全国文化产业法人单位数量的 14.5%。在全部文化企业中，规模以上企业有 41351 户，占比5.3%；非规模以上企业有 744264 户，占比 94.7%。另外，2013 年末全国文化个体户数量为 1170134 户。

一　中国文化产业法人单位的部分构成

（一）各部分文化法人单位的数量与构成

如表 2 - 1 所示，2013 年全国"文化产品的生产"部分拥有法人单位 658897 户，占全国文化产业法人单位总数的 71.7%；"文化相关产品的生产"部分拥有法人单位 259585 户，占全国文化产业法人单位总数的 28.3%。

表 2 - 1   2013 年末全国文化产业法人单位数量与构成

单位：户

部　　分	法人单位		
	合计	文化企业	文化事业单位
文化产品的生产	658897	528933	129964
文化相关产品的生产	259585	256682	2903

在"文化产品的生产"部分，当年文化企业数量为 528933 户，占比为 80.3%；文化事业单位数量为 129964 户，占比为 19.7%。在"文化相关产品的生产"部分中，当年文化企业数量为 256682 户，占比为 98.9%；文化事业单位数量仅有 2903 户，占比为 1.1%。

另据计算，在当年全部文化事业单位数量中，"文化产品的生产"部分所占比重达 97.8%，"文化相关产品的生产"部分所占比重只有 2.2%。显然，全国文化事业单位主要集中于"文化产品的生产"部分。

（二）各部分文化企业数量与构成

在全国文化企业，2013 年"文化产品的生产"部分有 528933 户，占比为 67.3%；"文化相关产品的生产"部分有 256682 户，占比为 32.7%（见表 2 - 2）。

表 2 - 2   2013 年我国文化企业的数量

单位：户

部　　分	规模以上文化企业	规模以下文化企业	合　　计
文化产品的生产	22626	506307	528933
文化相关产品的生产	18725	237957	256682
合　　计	41351	744264	785615

在规模以上文化企业，"文化产品的生产"部分有 22626 户，较之 2012 年增加了 19.6%，其占规模以上文化企业数量的比重达 54.7%，

比 2012 年提高了 2.8 个百分点；"文化相关产品的生产"部分有 18725 户，较之 2012 年增加了 6.7%，其占规模以上文化企业数量的比重为 45.3%，但比 2012 年下降了 2.8 个百分点。

在规模以下文化企业，"文化产品的生产"部分有 506307 户，"文化相关产品的生产"部分有 237957 户，占比分别为 68.0% 和 32.0%。

另外，在"文化产品的生产"部分文化企业数量中，规模以上文化企业和规模以下文化企业所占比重分别为 4.3% 和 95.7%；在"文化相关产品的生产"部分文化企业数量中，规模以上文化企业和规模以下文化企业所占比重分别为 7.3% 和 92.7%。

二　中国文化产业法人单位大类构成

（一）各大类文化法人单位数量与构成

1. 各大类文化法人单位数量及占比

在我国文化产业中，各大类文化产业的法人单位数量差别明显（见图 2 - 1）。其中，2013 年文化创意和设计服务、文化产品生产的辅助生产、文化休闲娱乐服务、文化艺术服务、文化用品的生产和工艺美术品的生产 6 个大类的法人单位数量相对较多，依次为 248416 户、133075 户、131969 户、123062 户、114024 户、90019 户，它们占全国文化产业法人单位的比重依次为 27.0%、14.5%、14.4%、13.4%、12.4%、9.8%；同时，文化信息传输服务、新闻出版发行服务、广播电视电影服务、文化专用设备的生产 4 个大类的法人单位数量较少，依次为 23594 户、22925 户、18912 户、12486 户，它们占全国文化产业法人单位的比重依次为 2.6%、2.5%、2.1%、1.4%。

2. 各大类法人单位中企业、事业单位的构成

在全部 10 个大类中，工艺美术品的生产、文化用品的生产、文化专

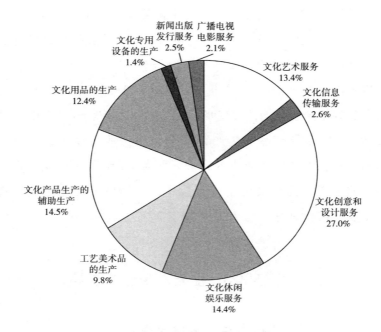

图 2 - 1　2013 年各大类文化法人单位分布

用设备的生产 3 个大类的法人单位均系企业，无事业单位。在余下的文化产品生产的辅助生产、文化创意和设计服务、新闻出版发行服务、文化休闲娱乐服务、文化信息传输服务、广播电视电影服务、文化艺术服务 7 个大类中，文化企业数量所占相应大类法人单位数量的比重依次为 97.8%、97.0%、85.2%、81.8%、79.0%、66.5%、31.9%（见表 2 - 3）。

表 2 - 3　2013 年各大类文化产业法人单位数量

单位：户

大　类	法人单位		
	合　计	企业	事业单位
新闻出版发行服务	22925	19542	3383
广播电视电影服务	18912	12578	6334
文化艺术服务	123062	39202	83860
文化信息传输服务	23594	18648	4946
文化创意和设计服务	248416	241008	7408

大　类	法人单位		
	合　计	企业	事业单位
文化休闲娱乐服务	131969	107936	24033
工艺美术品的生产	90019	90019	0
文化产品生产的辅助生产	133075	130172	2903
文化用品的生产	114024	114024	0
文化专用设备的生产	12486	12486	0

（二）各大类文化企业数量与构成

1. 各大类文化企业数量及占比

在我国文化产业中，各大类文化企业数量同样有较大差别（见图2-2）。其中，文化创意和设计服务、文化产品生产的辅助生产、文化用品的生产、文化休闲娱乐服务、工艺美术品的生产5个大类的企业数量明显较多，依次有241008户、130172户、114024户、107936户、90019户，它们所占全国文化企业数量的比重依次为30.7%、16.6%、14.5%、13.7%、11.5%；同时，文化艺术服务、新闻出版发行服务、文化信息传输服务、广播电视电影服务、文化专用设备的生产5个大类的企业数量相对较少，依次只有39202户、19542户、18648户、12578户、12486户，它们所占全国文化企业数量的比重依次为5.0%、2.5%、2.4%、1.6%、1.6%。

2. 各大类文化企业中规模以上企业从业人员数量构成

在全国各大类文化企业中，2013年规模以上企业只占很小一部分。不仅如此，当年全国各大类文化企业中规模以上企业数量的分布也相差较大（见图2-3）。其中，新闻出版发行服务、文化专用设备的生产、文化用品的生产、广播电视电影服务、工艺美术品的生产、文化信息传输服务6个大类中规模以上企业占各自大类文化企业数量的比重相对较高，依次为14.7%、11.3%、9.5%、8.8%、7.3%、6.6%，而文化艺

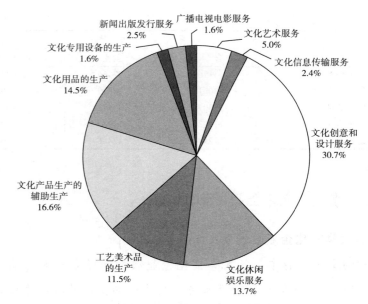

图 2-2 2013 年末全国文化企业数量大类构成

术服务、文化休闲娱乐服务、文化创意和设计服务、文化产品生产的辅助生产 4 个大类中规模以上企业的数量占比相对较小，依次只有 1.5%、2.2%、3.2%、5.0%。

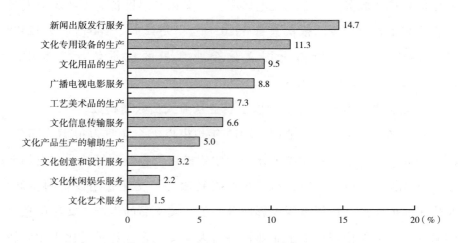

图 2-3 2013 年各大类文化企业中规模以上企业所占比重

3. 规模以上文化企业数量大类构成

在 2013 年规模以上文化企业中，各大类的企业数量同样差别较大（见图 2 - 4）。其中，文化用品的生产、文化创意和设计服务、工艺美术品的生产、文化产品生产的辅助生产 4 个大类的企业数量明显较多，依次为 10804 户、7829 户、6584 户、6511 户，占全部规模以上文化企业数量的比重分别达到 26.1%、18.9%、15.9%、15.7%；同时，新闻出版发行服务、文化休闲娱乐服务、文化专用设备的生产、文化信息传输服务、广播电视电影服务、文化艺术服务 6 个大类的企业数量明显较少，依次只有 2879 户、2409 户、1410 户、1236 户、1107 户、582 户，所占全部规模以上文化企业数量的比重分别只有 7.0%、5.8%、3.4%、3.0%、2.7%、1.4%。

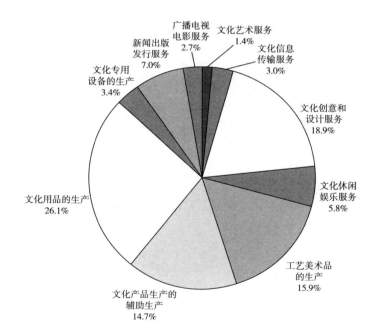

图 2 - 4　2013 年全国规模以上文化企业数量大类构成

4. 规模以下文化企业数量大类构成

2013 年规模以下企业数量的大类构成如图 2 - 5 所示。其中，文化创意和设计服务、文化产品生产的辅助生产、文化休闲娱乐服务、文化用品的生产、工艺美术品的生产 5 个大类的规模以下文化企业数量明显较多，依次为 233179 户、123661 户、105527 户、103220 户、83435 户，它们占全国规模以下文化企业数量的比重依次为 31.3%、16.6%、14.2%、13.9%、11.2%；同时，文化艺术服务、文化信息传输服务、新闻出版发行服务、广播电视电影服务、文化专用设备的生产 5 个大类的规模以下企业的数量相对较少，依次只有 38620 户、17412 户、16663 户、11471 户、11076 户，它们占全国规模以下文化企业的比重依次为 5.2%、2.3%、2.2%、1.5%、1.5%。

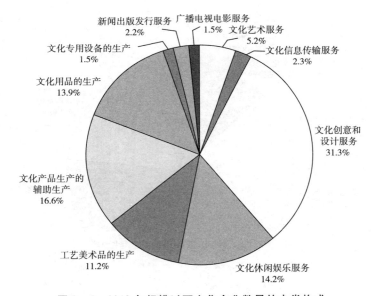

图 2 - 5　2013 年规模以下文化企业数量的大类构成

（三）文化事业单位数量大类构成

2013 年我国文化事业单位分布于文化艺术服务、文化休闲娱乐服务、文化创意和设计服务、广播电视电影服务、文化信息传输服务、新闻出版发行服务、文化产品生产的辅助生产7个大类中，它们的数量依次有83860户、24033户、7408户、6334户、4946户、3383户、2903户，所占比重依次为63.1%、18.1%、5.6%、4.8%、3.7%、2.5%、2.2%（见图2-6）。工艺美术品的生产、文化用品的生产、文化专用设备的生产3个大类没有事业单位。

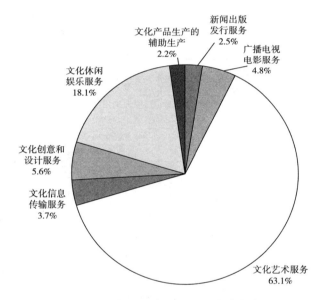

图2-6 2013年文化事业单位数量的大类构成

三 中国文化产业法人单位数量中类构成

（一）各中类文化法人单位数量与构成

1. 各中类文化法人单位数量及占比

2013年我国各中类文化法人单位数量及占比如表2-4所示。其中，法人单位数量占比超过10%的有广告服务、娱乐休闲服务2个中

类；占比在 5% ~10% 的有印刷复制服务、工艺美术品的制造 2 个中
类；占比在 2% ~5% 的有 10 个中类，包括工艺美术品的销售、专业设
计服务、文具乐器照相器材的销售、建筑设计服务、文化研究和社团服
务、其他文化辅助生产、会展服务、文化软件服务、群众文化服务、其
他文化艺术服务。另外，占比在 1% ~2% 的有 8 个中类，占比在
0.5% ~1% 的有 12 个中类，其余 16 个中类的占比均不足 0.5%。

表 2 – 4   2013 年各中类文化法人单位数量及占比

单位：户，%

中类	数量	占比	中类	数量	占比
广告服务	149467	16.27	出版服务	6771	0.74
娱乐休闲服务	109590	11.93	其他文化用品的制造	6404	0.70
印刷复制服务	65219	7.10	图书馆与档案馆服务	6176	0.67
工艺美术品的制造	45966	5.00	广播电视传输服务	6094	0.66
工艺美术品的销售	40603	4.42	广播电视服务	6010	0.65
专业设计服务	40072	4.36	文化贸易代理与拍卖服务	5802	0.63
文具乐器照相器材的销售	40024	4.36	办公用品的制造	5598	0.61
建筑设计服务	36605	3.99	焰火、鞭炮产品的制造	5495	0.60
文化研究和社团服务	36214	3.94	文化用纸的制造	4885	0.53
其他文化辅助生产	28594	3.11	视听设备的制造	4322	0.47
会展服务	26685	2.91	广播电视电影专用设备的批发	3831	0.42
文化软件服务	22272	2.42	文化经纪代理服务	3729	0.41
群众文化服务	20634	2.25	园林、陈设艺术及其他陶瓷制品的制造	3450	0.38
其他文化艺术服务	20534	2.24	印刷专用设备的制造	2554	0.28
其他文化用品的销售	18278	1.99	广播电视电影专用设备的制造	2479	0.27
文化艺术培训服务	17785	1.94	舞台照明设备的批发	2377	0.26
互联网信息服务	16768	1.83	文化用油墨颜料的制造	2163	0.24
发行服务	14813	1.61	乐器的制造	1766	0.19
文化用家电的销售	14157	1.54	文化出租服务	1535	0.17
文艺创作与表演服务	13404	1.46	版权服务	1511	0.16
景区游览服务	13356	1.45	游艺器材及娱乐用品的制造	1436	0.16
电影和影视录音服务	12902	1.40	新闻服务	1341	0.15
玩具的制造	9034	0.98	其他文化专用设备的制造	1245	0.14
摄影扩印服务	9023	0.98	增值电信服务（文化部分）	732	0.08
文化遗产保护服务	8315	0.91	文化用化学品的制造	462	0.05

2. 各中类文化法人单位数量中企业与事业单位构成

在我国文化产业中，有 24 个中类无事业单位。在余下的 26 个中类中，文化事业单位数量占相应中类法人单位数量的比重超过 50% 的有 8 个，它们是文化研究和社团服务、图书馆与档案馆服务、文化遗产保护服务、新闻服务、广播电视服务、群众文化服务、文化艺术培训服务、广播电视传输服务，所占比重依次为 97.7%、95.1%、88.1%、82.8%、77.7%、77.0%、62.0%、58.4%；另外，文化事业单位所占比重在 20% 以上的有文化出租服务、文艺创作与表演服务、出版服务、景区游览服务 4 个，所占比重依次为 46.8%、40.8%、33.6%、32.1%。此外，文化事业单位占相应中类法人单位数量比重在 10% ~ 20% 的中类有 3 个，在 5% ~ 10% 的有 3 个，不足 5% 的有 8 个（见表 2 - 5）。

表 2 - 5　2013 年 26 个中类文化法人单位数量中文化企业和事业单位占比

单位：%

中类	企业	事业单位	中类	企业	事业单位
文化研究和社团服务	2.3	97.7	其他文化艺术服务	85.9	14.1
图书馆与档案馆服务	4.9	95.1	电影和影视录音服务	87.1	12.9
文化遗产保护服务	11.9	88.1	摄影扩印服务	91.2	8.8
新闻服务	17.2	82.8	互联网信息服务	91.9	8.1
广播电视服务	22.3	77.7	版权服务	93.9	6.1
群众文化服务	23.0	77.0	文化经纪代理服务	95.2	4.8
文化艺术培训服务	38.0	62.0	增值电信服务（文化部分）	95.4	4.6
广播电视传输服务	41.6	58.4	建筑设计服务	96.0	4.0
文化出租服务	53.2	46.8	其他文化辅助生产	96.1	3.9
文艺创作与表演服务	59.2	40.8	广告服务	97.0	3.0
出版服务	66.4	33.6	会展服务	97.0	3.0
景区游览服务	67.9	32.1	专业设计服务	97.3	2.7
娱乐休闲服务	82.7	17.3	文化软件服务	98.6	1.4

（二）各中类文化企业数量与构成

1. 各中类文化企业数量及占比

从中类层面来看，2013 年全国各中类文化企业的数量差别巨大。据统计，在全部 50 个中类产业中，企业数量占全国文化企业比重超过10% 的有广告服务、娱乐休闲服务 2 个；占比在 5% ~ 10% 的有印刷复制服务、工艺美术品的制造、工艺美术品的销售、文具乐器照相器材的销售 4 个；占比在 2% ~ 5% 的有 7 个，包括专业设计服务、建筑设计服务、其他文化辅助生产、会展服务、文化软件服务、其他文化用品的销售、其他文化艺术服务。此外，企业数量占全国文化企业数量的比重在1% ~ 2% 的有 8 个，在 0.5% ~ 1% 的有 9 个，余下 20 个的占比均不足0.5% （见表 2 - 6）。

表 2 - 6　2013 年全国各中类文化企业数量及占比

单位：户，%

中类	数量	占比	中类	数量	占比
广告服务	144906	18.44	电影和影视录音服务	11237	1.43
娱乐休闲服务	90638	11.54	景区游览服务	9072	1.15
印刷复制服务	65219	8.30	玩具的制造	9034	1.15
工艺美术品的制造	45966	5.85	摄影扩印服务	8226	1.05
工艺美术品的销售	40603	5.17	文艺创作与表演服务	7938	1.01
文具乐器照相器材的销售	40024	5.09	文化艺术培训服务	6754	0.86
专业设计服务	38973	4.96	其他文化用品的制造	6404	0.82
建筑设计服务	35157	4.48	文化贸易代理与拍卖服务	5802	0.74
其他文化辅助生产	27491	3.50	办公用品的制造	5598	0.71
会展服务	25877	3.29	焰火、鞭炮产品的制造	5495	0.70
文化软件服务	21972	2.80	文化用纸的制造	4885	0.62
其他文化用品的销售	18278	2.33	群众文化服务	4750	0.60
其他文化艺术服务	17632	2.24	出版服务	4498	0.57
互联网信息服务	15413	1.96	视听设备的制造	4322	0.55
发行服务	14813	1.89	广播电视电影专用设备的批发	3831	0.49
文化用家电的销售	14157	1.80	文化经纪代理服务	3548	0.45

续表

中类	数量	占比	中类	数量	占比
园林、陈设艺术及其他陶瓷制品的制造	3450	0.44	广播电视服务	1341	0.17
印刷专用设备的制造	2554	0.33	其他文化专用设备的制造	1245	0.16
广播电视传输服务	2537	0.32	文化遗产保护服务	991	0.13
广播电视电影专用设备的制造	2479	0.32	文化研究和社团服务	833	0.11
舞台照明设备的批发	2377	0.30	文化出租服务	817	0.10
文化用油墨颜料的制造	2163	0.28	增值电信服务（文化部分）	698	0.09
乐器的制造	1766	0.22	文化用化学品的制造	462	0.06
游艺器材及娱乐用品的制造	1436	0.18	图书馆与档案馆服务	304	0.04
版权服务	1418	0.18	新闻服务	231	0.03

2. 各中类规模以上文化企业与规模以下文化企业构成

在全国各中类文化企业中，2013 年规模以上文化企业的数量同样为少数。不仅如此，各中类文化企业数量中规模以上文化企业所占的比重也有着很大的差别（见表 2－7）。其中，比重在 30% 以上的中类有 1 个，在 20% ~ 30% 的有 6 个，在 10% ~ 20% 的有 14 个，在 5% ~ 10% 的有 7 个，在 1% ~ 5% 的有 18 个，另有 4 个比重不足 1%。

表 2－7　2013 年各中类文化企业数量中规模以上企业占比

单位：%

中类	占比	中类	占比
文化用化学品的制造	37.4	玩具的制造	15.4
文化用纸的制造	26.9	其他文化用品的制造	14.2
出版服务	24.6	景区游览服务	14.1
文化用油墨颜料的制造	24.4	广播电视服务	14.0
其他文化专用设备的制造	23.1	乐器的制造	12.6
视听设备的制造	22.7	发行服务	11.8
广播电视电影专用设备的制造	20.4	印刷专用设备的制造	11.6
焰火、鞭炮产品的制造	19.9	园林、陈设艺术及其他陶瓷制品的制造	11.2
增值电信服务（文化部分）	19.1	游艺器材及娱乐用品的制造	10.7
广播电视传输服务	19.0	办公用品的制造	10.6

续表

中类	占比	中类	占比
文化用家电的销售	10.4	文化出租服务	3.1
工艺美术品的制造	9.2	会展服务	3.1
新闻服务	8.7	其他文化用品的销售	3.1
电影和影视录音服务	8.2	广告服务	2.2
印刷复制服务	7.7	摄影扩印服务	2.1
文化软件服务	7.5	文化经纪代理服务	2.1
建筑设计服务	6.4	文化贸易代理与拍卖服务	2.0
广播电视电影专用设备的批发	6.0	专业设计服务	1.7
工艺美术品的销售	4.9	其他文化辅助生产	1.4
文化遗产保护服务	4.6	娱乐休闲服务	1.1
版权服务	4.5	图书馆与档案馆服务	1.0
文艺创作与表演服务	4.2	群众文化服务	0.7
互联网信息服务	4.0	文化艺术培训服务	0.7
舞台照明设备的批发	3.8	其他文化艺术服务	0.6
文具乐器照相器材的销售	3.5	文化研究和社团服务	0.2

3. 规模以上文化企业数量中类构成

在 2013 年 41351 户规模以上文化企业，数量占比超过 10% 的中类有 2 个，在 5% ~ 10% 的有 2 个，在 2% ~ 5% 的有 14 个，在 1% ~ 2% 的有 8 个，在 0.5% ~ 1% 的有 7 个，余下 17 个的比重均不足 0.5%（见表 2 - 8）。

表 2 - 8　2013 年全国各中类规模以上文化企业数量及占比

单位：户，%

中类	数量	占比	中类	数量	占比
印刷复制服务	5026	12.15	文化软件服务	1648	3.99
工艺美术品的制造	4220	10.21	文化用家电的销售	1469	3.55
广告服务	3246	7.85	文具乐器照相器材的销售	1406	3.40
建筑设计服务	2255	5.45	玩具的制造	1391	3.36
工艺美术品的销售	1977	4.78	文化用纸的制造	1313	3.18
发行服务	1752	4.24	景区游览服务	1281	3.10

中类	数量	占比	中类	数量	占比
出版服务	1107	2.68	广播电视电影专用设备的批发	231	0.56
焰火及鞭炮产品的制造	1094	2.65	乐器的制造	222	0.54
视听设备的制造	979	2.37	广播电视服务	188	0.45
娱乐休闲服务	956	2.31	文化用化学品的制造	173	0.42
电影和影视录音服务	919	2.22	摄影扩印服务	172	0.42
其他文化用品的制造	910	2.20	游艺器材及娱乐用品的制造	154	0.37
会展服务	813	1.97	增值电信服务（文化部分）	133	0.32
专业设计服务	680	1.64	文化贸易代理与拍卖服务	117	0.28
互联网信息服务	622	1.50	其他文化艺术服务	111	0.27
办公用品的制造	591	1.43	舞台照明设备的批发	91	0.22
其他文化用品的销售	574	1.39	文化经纪代理服务	74	0.18
文化用油墨颜料的制造	528	1.28	版权服务	64	0.15
广播电视电影专用设备的制造	506	1.22	文化艺术培训服务	50	0.12
广播电视传输服务	481	1.16	文化遗产保护服务	46	0.11
其他文化辅助生产	392	0.95	群众文化服务	34	0.08
园林、陈设艺术及其他陶瓷制品的制造	387	0.94	文化出租服务	25	0.06
文艺创作与表演服务	336	0.81	新闻服务	20	0.05
印刷专用设备的制造	295	0.71	图书馆与档案馆服务	3	0.01
其他文化专用设备的制造	287	0.69	文化研究和社团服务	2	0.005

　　其中，规模以上文化企业数量最多的 4 个中类依次为印刷复制服务、工艺美术品的制造、广告服务、建筑设计服务，它们的数量依次为5026 户、4220 户、3246 户、2255 户，所占全国规模以上文化企业数量的比重也依次达到了 12.15%、10.21%、7.85%、5.45%。而规模以上文化企业数量最少的 17 个中类包括广播电视服务、文化用化学品的制造、摄影扩印服务、游艺器材及娱乐用品的制造、增值电信服务（文化部分）、文化贸易代理与拍卖服务、其他文化艺术服务、舞台照明设备的批发、文化经纪代理服务、版权服务、文化艺术培训服务、文化遗产保护服务、群众文化服务、文化出租服务、新闻服务、图书馆与档案馆服务、文化研究和社团服务，它们的数量依次为 188 户、173 户、

172 户、154 户、133 户、117 户、111 户、91 户、74 户、64 户、50 户、46 户、34 户、25 户、20 户、3 户、2 户，占全国规模以上文化企业数量的比重依次只有 0.45%、0.42%、0.42%、0.37%、0.32%、0.28%、0.27%、0.22%、0.18%、0.15%、0.12%、0.11%、0.08%、0.06%、0.05%、0.01%、0.005%。

4. 规模以下文化企业数量中类构成

在我国文化产业，各中类规模以下文化企业数量及占比如表 2 - 9 所示。其中，规模以下文化企业数量占全国合计值的比重超过 10% 的中类有 2 个，比重在 5% ~10% 的有 5 个，在 1% ~5% 的有 14 个，在 0.5% ~1% 的有 6 个，剩余 23 个的比重均不足 0.5%。

表 2 - 9   2013 年全国各中类规模以下文化企业数量及占比

单位：户，%

中类	数量	占比	中类	数量	占比
广告服务	141660	19.03	摄影扩印服务	8054	1.08
娱乐休闲服务	89682	12.05	景区游览服务	7791	1.05
印刷复制服务	60193	8.09	玩具的制造	7643	1.03
工艺美术品的制造	41746	5.61	文艺创作与表演服务	7602	1.02
工艺美术品的销售	38626	5.19	文化艺术培训服务	6704	0.90
文具乐器照相器材的销售	38618	5.19	文化贸易代理与拍卖服务	5685	0.76
专业设计服务	38293	5.15	其他文化用品的制造	5494	0.74
建筑设计服务	32902	4.42	办公用品的制造	5007	0.67
其他文化辅助生产	27099	3.64	群众文化服务	4716	0.63
会展服务	25064	3.37	焰火、鞭炮产品的制造	4401	0.59
文化软件服务	20324	2.73	广播电视电影专用设备的批发	3600	0.48
其他文化用品的销售	17704	2.38	文化用纸的制造	3572	0.48
其他文化艺术服务	17521	2.35	文化经纪代理服务	3474	0.47
互联网信息服务	14791	1.99	出版服务	3391	0.46
发行服务	13061	1.75	视听设备的制造	3343	0.45
文化用家电的销售	12688	1.70	园林、陈设艺术及其他陶瓷制品的制造	3063	0.41
电影和影视录音服务	10318	1.39	舞台照明设备的批发	2286	0.31

中类	数量	占比	中类	数量	占比
印刷专用设备的制造	2259	0.30	其他文化专用设备的制造	958	0.13
广播电视传输服务	2056	0.28	文化遗产保护服务	945	0.13
广播电视电影专用设备的制造	1973	0.27	文化研究和社团服务	831	0.11
文化用油墨颜料的制造	1635	0.22	文化出租服务	792	0.11
乐器的制造	1544	0.21	增值电信服务（文化部分）	565	0.08
版权服务	1354	0.18	图书馆与档案馆服务	301	0.04
游艺器材及娱乐用品的制造	1282	0.17	文化用化学品的制造	289	0.04
广播电视服务	1153	0.15	新闻服务	211	0.03

（三）文化事业单位数量中类构成

在 2013 年全部 50 个中类文化产业，事业单位分布于 26 个中类。其中，文化事业单位数量占全国合计值的比重超过 10% 的中类有 3 个，比重在 5% ~ 10% 的有 2 个，在 1% ~ 5% 的有 11 个，在 0.5% ~ 1% 的有 6 个，其余 4 个的比重均不足 0.5%（见表 2 – 10）。

表 2 – 10　2013 年各中类文化事业单位的数量及占比

单位：户，%

中类	数量	占比	中类	数量	占比
文化研究和社团服务	35381	26.63	电影和影视录音服务	1665	1.25
娱乐休闲服务	18952	14.26	建筑设计服务	1448	1.09
群众文化服务	15884	11.95	互联网信息服务	1355	1.02
文化艺术培训服务	11031	8.30	新闻服务	1110	0.84
文化遗产保护服务	7324	5.51	其他文化辅助生产	1103	0.83
图书馆与档案馆服务	5872	4.42	专业设计服务	1099	0.83
文艺创作与表演服务	5466	4.11	会展服务	808	0.61
广播电视服务	4669	3.51	摄影扩印服务	797	0.60
广告服务	4561	3.43	文化出租服务	718	0.54
景区游览服务	4284	3.22	文化软件服务	300	0.23
广播电视传输服务	3557	2.68	文化经纪代理服务	181	0.14
其他文化艺术服务	2902	2.18	版权服务	93	0.07
出版服务	2273	1.71	增值电信服务（文化部分）	34	0.03

四 中国文化产业法人单位小类构成

（一） 各小类文化法人单位数量与构成

1. 各小类文化法人单位数量及占比

2013 年我国各小类文化法人单位的数量及占比如表 2 – 11 所示。其中，法人单位数量占全国文化产业法人单位数量的比重超过 5% 的小类包括广告业、网吧活动 2 个；比重在 2% ~ 5% 的有 10 个，包括包装装潢及其他印刷、专业化设计服务、工程勘察设计、专业性团体（的服务）*、其他未列明商务服务业*、会议及展览服务、软件开发、群众文化活动、其他文化艺术业、文具用品批发；比重在 1% ~ 2% 的有 12个，包括互联网信息服务、文具用品零售、首饰和工艺品及收藏品批发、工艺美术品及收藏品零售、文化艺术培训、文艺创作与表演、歌舞厅娱乐活动、其他工艺美术品制造、其他文化用品批发、珠宝首饰零售、游览景区管理、雕塑工艺品制造；占比在 0.5% ~ 1% 的有 17 个，占比在 0.1% ~ 0.5% 的有 48 个，其余 31 个的占比均不足 0.1%。

表 2 – 11 2013 年各小类文化法人单位数量及占比

单位：户，%

小类	数量	占比	小类	数量	占比
广告业	149467	16.27	群众文化活动	20634	2.25
网吧活动	86899	9.46	其他文化艺术业	20534	2.24
包装装潢及其他印刷	45150	4.92	文具用品批发	20393	2.22
专业化设计服务	40072	4.36	互联网信息服务	16768	1.83
工程勘察设计*	36605	3.99	文具用品零售	16297	1.77
专业性团体（的服务）*	33459	3.64	首饰、工艺品及收藏品批发	15935	1.73
其他未列明商务服务业*	28594	3.11	工艺美术品及收藏品零售	13620	1.48
会议及展览服务	26685	2.91	文化艺术培训	13291	1.45
软件开发*	21078	2.29	文艺创作与表演	11962	1.30

续表

小类	数量	占比	小类	数量	占比
歌舞厅娱乐活动	11872	1.29	博物馆	3013	0.33
其他工艺美术品制造	11566	1.26	图书馆	3006	0.33
其他文化用品批发	11183	1.22	音响设备制造	2964	0.32
珠宝首饰零售	11048	1.20	其他文化艺术经纪代理	2836	0.31
游览景区管理	10058	1.10	社会人文科学研究	2755	0.30
雕塑工艺品制造	9840	1.07	其他娱乐业	2687	0.29
玩具制造	9034	0.98	公园管理	2579	0.28
摄影扩印服务	9023	0.98	印刷专用设备制造	2554	0.28
书、报刊印刷	8915	0.97	广播	2421	0.26
家用视听设备零售	7774	0.85	期刊出版	2391	0.26
图书、报刊零售	7553	0.82	电气设备批发 *	2377	0.26
抽纱刺绣工艺品制造	7494	0.82	笔的制造	2059	0.22
其他文化用品零售	7095	0.77	乐器零售	2013	0.22
家用电器批发 *	6383	0.69	报纸出版	1934	0.21
金属工艺品制造	6035	0.66	花画工艺品制造	1647	0.18
装订及印刷相关服务	6025	0.66	地毯、挂毯制造	1637	0.18
电影和影视节目制作	5964	0.65	油墨及类似产品制造	1594	0.17
焰火、鞭炮产品制造	5495	0.60	广播电视接收设备及器材制造	1593	0.17
电影放映	5205	0.57	其他电子设备制造 *	1583	0.17
有线广播电视传输服务	4992	0.54	知识产权服务 *	1511	0.16
本册印制	4918	0.54	艺术表演场馆	1442	0.16
照明灯具制造 *	4821	0.52	烈士陵园、纪念馆	1358	0.15
贸易代理 *	4742	0.52	音像制品及电子出版物零售	1356	0.15
其他未列明教育 *	4494	0.49	新闻业	1341	0.15
图书批发	4484	0.49	照相器材零售	1321	0.14
机制纸及纸板制造 *	4071	0.44	图书出版	1316	0.14
文物及非物质文化遗产保护	3944	0.43	数字内容服务	1194	0.13
通讯及广播电视设备批发 *	3831	0.42	游乐园	1097	0.12
其他室内娱乐活动	3675	0.40	电影和影视节目发行	1063	0.12
电视	3589	0.39	漆器工艺品制造	1062	0.12
珠宝首饰及有关物品制造	3521	0.38	拍卖 *	1060	0.12
园林、陈设艺术及其他陶瓷制品制造 *	3450	0.38	音像制品及电子出版物批发	1052	0.11
文具制造	3380	0.37	无线广播电视传输服务	947	0.10
电子游艺厅娱乐活动	3360	0.37	文化娱乐经纪人	893	0.10
档案馆	3170	0.35	影视录放设备制造	893	0.10
天然植物纤维编织工艺品制造	3164	0.34	图书出租	832	0.09

续表

小类	数量	占比	小类	数量	占比
手工纸制造	814	0.09	信息化学品制造*	462	0.05
其他电信服务*	732	0.08	中乐器制造	415	0.05
西乐器制造	677	0.07	报刊批发	368	0.04
录音制作	670	0.07	音像制品出版	351	0.04
应用电视设备及其他广播电视设备制造	624	0.07	其他娱乐用品制造	344	0.04
其他出版业	607	0.07	野生动物保护*	225	0.02
露天游乐场所游乐设备制造	573	0.06	记录媒介复制	211	0.02
颜料制造*	569	0.06	幻灯及投影设备制造	210	0.02
娱乐及体育设备出租*	553	0.06	电子出版物出版	172	0.02
复印和胶印设备制造	541	0.06	广播电视节目制作及发射设备制造	167	0.02
游艺用品及室内游艺器材制造	519	0.06	墨水、墨汁制造	159	0.02
其他乐器及零件制造	515	0.06	电子乐器制造	159	0.02
野生植物保护*	494	0.05	卫星传输服务*	155	0.02
照相机及器材制造	494	0.05	音像制品出租	150	0.02
电视机制造	465	0.05	电影机械制造	95	0.01

2. 各小类法人单位中企业与事业单位构成

2013 年全国 120 个文化产业小类中都包含企业，而事业单位分布于 55 个小类，这 55 个小类产业中企业和事业单位的数量构成如表 2 - 12 所示。其中，事业单位数量所占比重超过 50% 的小类有 20 个，包括专业性团体（的服务）*、图书馆、烈士陵园和纪念馆、档案馆、博物馆、文物及非物质文化遗产保护、广播、社会人文科学研究、新闻业、图书出租、群众文化活动、电视、无线广播电视传输服务、公园管理、野生动物保护*、其他未列明教育*、文化艺术培训、艺术表演场馆、有线广播电视传输服务、报纸出版；比重在 20% ~ 50% 的有 8 个，包括卫星传输服务*、文艺创作与表演、期刊出版、野生植物保护*、其他出版业、电影放映、游览景区管理、其他室内娱乐活动；另外，还有 27 个的比重不足 20%。

表 2 - 12　2013 年各小类文化法人单位数量构成

单位：%

小类	企业	事业单位	小类	企业	事业单位
专业性团体（的服务）*	1.2	98.8	网吧活动	81.5	18.5
图书馆	1.9	98.1	其他娱乐业	83.4	16.6
烈士陵园和纪念馆	5.0	95.0	其他文化艺术业	85.9	14.1
档案馆	7.8	92.2	电影和影视节目发行	86.5	13.5
博物馆	13.1	86.9	图书出版	86.5	13.5
文物及非物质文化遗产保护	13.4	86.6	音像制品出租	88.0	12.0
广播	15.4	84.6	游乐园	89.2	10.8
社会人文科学研究	16.0	84.0	电子游艺厅娱乐活动	89.8	10.2
新闻业	17.2	82.8	歌舞厅娱乐活动	90.3	9.7
图书出租	18.1	81.9	音像制品出版	91.2	8.8
群众文化活动	23.0	77.0	摄影扩印服务	91.2	8.8
电视	27.0	73.0	互联网信息服务	91.9	8.1
无线广播电视传输服务	27.3	72.7	电子出版物出版	93.0	7.0
公园管理	33.8	66.2	知识产权服务	93.9	6.1
野生动物保护*	34.2	65.8	文化娱乐经纪人	94.8	5.2
其他未列明教育*	37.9	62.1	电影和影视节目制作	94.9	5.1
文化艺术培训	38.0	62.0	录音制作	95.2	4.8
艺术表演场馆	38.6	61.4	其他文化艺术经纪代理	95.2	4.8
有线广播电视传输服务	43.9	56.1	其他电信服务*	95.4	4.6
报纸出版	47.4	52.6	工程勘察设计*	96.0	4.0
卫星传输服务*	56.1	43.9	其他未列明商务服务业*	96.1	3.9
文艺创作与表演	61.7	38.3	娱乐及体育设备出租*	96.6	3.4
期刊出版	63.2	36.8	广告业	96.9	3.1
野生植物保护*	64.8	35.2	会议及展览服务	97.0	3.0
其他出版业	74.1	25.9	专业化设计服务	97.3	2.7
电影放映	77.2	22.8	数字内容服务*	97.3	2.7
游览景区管理	77.6	22.4	软件开发*	98.7	1.3
其他室内娱乐活动	78.2	21.8			

（二）各小类文化企业数量与构成

1. 各小类文化企业数量及占比

2013 年我国 120 个小类文化企业的数量及占比如表 2 - 13 所示。其中，文化企业数量占全国合计值的比重超过 5% 的小类有 3 个，包括广告业、网吧活动、包装装潢及其他印刷；占比在 2% ~ 5% 的有 9 个，包括专业化设计服务、工程勘察设计、其他未列明商务服务业*、会议及展览服务、软件开发*、文具用品批发、其他文化艺术业、文具用品零售、首饰和工艺品及收藏品批发；占比在 1% ~ 2% 的有 10 个，包括互联网信息服务、工艺美术品及收藏品零售、其他工艺美术品制造、其他文化用品批发、珠宝首饰零售、歌舞厅娱乐活动、雕塑工艺品制造、玩具制造、书及报刊印刷、摄影扩印服务；占比在 0.5% ~ 1% 的有 19 个，占比在 0.1% ~ 0.5% 的有 38 个，其余 41 个占比均不足 0.1%。

表 2 – 13　2013 年各小类文化企业数量及占比

单位：户，%

小类	数量	占比	小类	数量	占比
广告业	144906	18.44	摄影扩印服务	8226	1.05
网吧活动	70805	9.01	游览景区管理	7802	0.99
包装装潢及其他印刷	45150	5.75	家用视听设备零售	7774	0.99
专业化设计服务	38973	4.96	图书、报刊零售	7553	0.96
工程勘察设计*	35157	4.48	抽纱刺绣工艺品制造	7494	0.95
其他未列明商务服务业*	27491	3.50	文艺创作与表演	7381	0.94
会议及展览服务	25877	3.29	其他文化用品零售	7095	0.90
软件开发*	20810	2.65	家用电器批发*	6383	0.81
文具用品批发	20393	2.60	金属工艺品制造	6035	0.77
其他文化艺术业	17632	2.24	装订及印刷相关服务	6025	0.77
文具用品零售	16297	2.07	电影和影视节目制作	5662	0.72
首饰和工艺品及收藏品批发	15935	2.03	焰火、鞭炮产品制造	5495	0.70
互联网信息服务	15413	1.96	文化艺术培训	5050	0.64
工艺美术品及收藏品零售	13620	1.73	本册印制	4918	0.63
其他工艺美术品制造	11566	1.47	照明灯具制造*	4821	0.61
其他文化用品批发	11183	1.42	群众文化活动	4750	0.60
珠宝首饰零售	11048	1.41	贸易代理*	4742	0.60
歌舞厅娱乐活动	10724	1.37	图书批发	4484	0.57
雕塑工艺品制造	9840	1.25	机制纸及纸板制造*	4071	0.52
玩具制造	9034	1.15	电影放映	4018	0.51
书及报刊印刷	8915	1.13	通信及广播电视设备批发*	3831	0.49

续表

小类	数量	占比	小类	数量	占比
珠宝首饰及有关物品制造	3521	0.45	报纸出版	917	0.12
园林、陈设艺术及其他陶瓷制品制造 *	3450	0.44	影视录放设备制造	893	0.11
文具制造	3380	0.43	公园管理	873	0.11
天然植物纤维编织工艺品制造	3164	0.40	文化娱乐经纪人	847	0.11
电子游艺厅娱乐活动	3017	0.38	手工纸制造	814	0.10
音响设备制造	2964	0.38	其他电信服务 *	698	0.09
其他室内娱乐活动	2873	0.37	西乐器制造	677	0.09
其他文化艺术经纪代理	2701	0.34	录音制作	638	0.08
印刷专用设备制造	2554	0.33	应用电视设备及其他广播电视设备制造	624	0.08
电气设备批发 *	2377	0.30	露天游乐场所游乐设备制造	573	0.07
其他娱乐业	2241	0.29	颜料制造 *	569	0.07
有线广播电视传输服务	2191	0.28	艺术表演场馆	557	0.07
笔的制造	2059	0.26	复印和胶印设备制造	541	0.07
乐器零售	2013	0.26	娱乐及体育设备出租 *	534	0.07
其他未列明教育 *	1704	0.22	文物及非物质文化遗产保护	528	0.07
花画工艺品制造	1647	0.21	游艺用品及室内游艺器材制造	519	0.07
地毯、挂毯制造	1637	0.21	其他乐器及零件制造	515	0.07
油墨及类似产品制造	1594	0.20	照相机及器材制造	494	0.06
广播电视接收设备及器材制造	1593	0.20	电视机制造	465	0.06
其他电子设备制造 *	1583	0.20	信息化学品制造 *	462	0.06
期刊出版	1512	0.19	其他出版业	450	0.06
知识产权服务 *	1418	0.18	社会人文科学研究	442	0.06
音像制品及电子出版物零售	1356	0.17	中乐器制造	415	0.05
照相器材零售	1321	0.17	博物馆	395	0.05
数字内容服务 *	1162	0.15	专业性团体(的服务) *	391	0.05
图书出版	1139	0.14	广播	373	0.05
漆器工艺品制造	1062	0.14	报刊批发	368	0.05
拍卖 *	1060	0.13	其他娱乐用品制造	344	0.04
音像制品及电子出版物批发	1052	0.13	音像制品出版	320	0.04
游乐园	978	0.12	野生植物保护 *	320	0.04
电视	968	0.12	无线广播电视传输服务	259	0.03
电影和影视节目发行	919	0.12	档案馆	246	0.03

续表

小类	数量	占比	小类	数量	占比
新闻业	231	0.03	图书出租	151	0.02
记录媒介复制	211	0.03	音像制品出租	132	0.02
幻灯及投影设备制造	210	0.03	电影机械制造	95	0.01
广播电视节目制作及发射设备制造	167	0.02	卫星传输服务*	87	0.01
电子出版物出版	160	0.02	野生动物保护*	77	0.01
墨水、墨汁制造	159	0.02	烈士陵园、纪念馆	68	0.01
电子乐器制造	159	0.02	图书馆	58	0.01

2. 各小类文化企业中规模以上企业与规模以下企业构成

据统计，在全部 120 个小类文化企业中，2013 年规模以上企业数量所占比重超过 30% 的有 7 个，比重在 20%～30% 的有 7 个，比重在 10%～20% 的有 33 个，比重在 5%～10% 的有 28 个，剩余 45 个的比重均小于 5%（见表 2 – 14）。

表 2 – 14　2013 年各小类文化企业中规模以上企业和规模以下企业数量构成

单位：%

小类	规模以上企业	规模以下企业	小类	规模以上企业	规模以下企业
图书出版	40.6	59.4	记录媒介复制	22.8	77.2
报纸出版	39.6	60.4	广播电视接收设备及器材制造	20.7	79.3
信息化学品制造*	37.5	62.5	油墨及类似产品制造	20.5	79.5
电视机制造	37.4	62.6	焰火、鞭炮产品制造	19.9	80.1
颜料制造*	35.5	64.5	有线广播电视传输服务	19.9	80.1
野生动物保护*	32.5	67.5	应用电视设备及其他广播电视设备制造	19.7	80.3
机制纸及纸板制造	31.0	69.0	地毯、挂毯制造	19.2	80.8
影视录放设备制造	29.5	70.5	其他电信服务*	19.1	80.9
广播电视节目制作及发射设备制造	25.8	74.5	图书、报刊零售	19.0	81.0
照相机及器材制造	25.1	74.9	天然植物纤维编织工艺品制造	18.7	81.3
复印和胶印设备制造	22.9	77.1	幻灯及投影设备制造	18.6	81.4

续表

小类	规模以上企业	规模以下企业	小类	规模以上企业	规模以下企业
音响设备制造	18.3	81.7	家用电器批发 *	7.6	92.4
西乐器制造	17.9	82.1	墨水、墨汁制造	7.6	92.4
电视	17.4	82.6	软件开发 *	7.5	92.5
公园管理	17.3	82.7	电子出版物出版	7.5	92.5
电子乐器制造	16.4	83.6	中乐器制造	7.5	92.5
玩具制造	15.4	84.6	抽纱刺绣工艺品制造	7.1	92.9
照明灯具制造 *	15.0	85.0	照相器材零售	6.9	93.1
游乐园	14.2	85.8	数字内容服务 *	6.9	93.1
游览景区管理	14.1	85.9	雕塑工艺品制造	6.5	93.5
无线广播电视传输服务	13.9	86.1	工程勘察设计 *	6.4	93.6
电影放映	13.7	86.3	金属工艺品制造	6.3	93.7
期刊出版	13.6	86.4	手工纸制造	6.1	93.9
游艺用品及室内游艺器材制造	12.7	87.3	通信及广播电视设备批发 *	6.0	94.0
家用视听设备零售	12.7	87.3	其他出版业	5.8	94.2
音像制品出版	12.2	87.8	歌舞厅娱乐活动	5.7	94.3
珠宝首饰及有关物品制造	12.2	87.8	图书批发	5.4	94.6
笔的制造	12.0	88.0	广播	5.4	94.6
其他电子设备制造 *	11.8	88.2	文物及非物质文化遗产保护	5.1	94.9
电影机械制造	11.6	88.4	报刊批发	4.9	95.1
印刷专用设备制造	11.6	88.4	录音制作	4.7	95.3
卫星传输服务 *	11.5	88.5	电影和影视节目制作	4.6	95.4
漆器工艺品制造	11.5	88.5	知识产权服务 *	4.5	95.5
园林、陈设艺术及其他陶瓷制品制造 *	11.2	88.8	本册印制	4.4	95.6
艺术表演场馆	10.8	89.2	烈士陵园、纪念馆	4.4	95.6
露天游乐场所游乐设备制造	10.1	89.9	博物馆	4.1	95.9
文具制造	9.8	90.2	互联网信息服务	4	96
花画工艺品制造	9.4	90.6	文具用品批发	3.9	96.1
珠宝首饰零售	9.3	90.7	电气设备批发 *	3.8	96.2
其他工艺美术品制造	9.2	90.8	音像制品出租	3.8	96.2
书及报刊印刷	8.9	91.1	首饰、工艺品及收藏品批发	3.8	96.2
其他娱乐用品制造	8.7	91.3	其他娱乐业	3.8	96.2
新闻业	8.7	91.3	文艺创作与表演	3.7	96.3
电影和影视节目发行	8.6	91.4	乐器零售	3.7	96.3
其他乐器及零件制造	8.5	91.5	其他文化用品批发	3.7	96.3
包装装潢及其他印刷	8.5	91.5	娱乐及体育设备出租 *	3.6	96.4

续表

小类	规模以上企业	规模以下企业	小类	规模以上企业	规模以下企业
图书馆	3.5	96.5	专业化设计服务	1.7	98.3
会议及展览服务	3.1	96.9	文化娱乐经纪人	1.5	98.5
音像制品及电子出版物批发	3.0	97.0	其他未列明商务服务业 *	1.4	98.6
文具用品零售	2.7	97.3	拍卖 *	1.3	98.7
工艺美术品及收藏品零售	2.6	97.4	其他未列明教育 *	1.2	98.8
其他文化用品零售	2.3	97.7	群众文化活动	0.7	99.3
其他文化艺术经纪代理	2.3	97.7	图书出租	0.7	99.3
广告业	2.2	97.8	其他文化艺术业	0.6	99.4
装订及印刷相关服务	2.2	97.8	文化艺术培训	0.6	99.4
音像制品及电子出版物零售	2.2	97.8	社会人文科学研究	0.5	99.5
贸易代理 *	2.2	97.8	电子游艺厅娱乐活动	0.4	99.6
摄影扩印服务	2.1	97.9	档案馆	0.4	99.6
野生植物保护 *	1.9	98.1	网吧活动	0.1	99.9
其他室内娱乐活动	1.8	98.2	专业性团体（的服务）*	0.0	100.0

3. 各小类规模以上企业数量与占比

2013 年各小类规模以上文化企业的数量及在全国合计值中所占比重如表 2 – 15 所示。其中，规模以上文化企业数量占全国规模以上文化企业总数的比重超过 5% 的小类有 3 个，包括包装装潢及其他印刷、广告业、工程勘察设计 *；比重在 2% ~ 5% 的有 9 个，包括软件开发 *、图书及报刊零售、玩具制造、机制纸及纸板制造 *、游览景区管理、焰火及鞭炮产品制造、其他工艺美术品制造、珠宝首饰零售、家用视听设备零售；比重在 1% ~ 2% 的有 18 个，包括会议及展览服务、文具用品批发、书及报刊印刷、照明灯具制造 *、专业化设计服务、雕塑工艺品制造、互联网信息服务、歌舞厅娱乐活动、首饰和工艺品及收藏品批发、天然植物纤维编织工艺品制造、电影放映、音响设备制造、抽纱刺绣工艺品制造、家用电器批发 *、图书出版、文具用品零售、有线广播电视传输服务、珠宝首饰及有关物品制造。另外，比重在 0.5% ~ 1% 的小类 19 个，比重在 0.1% ~ 0.5% 的 36 个，其余 35 个的比重均不足 0.1%。

表 2 - 15 2013 年各小类规模以上文化企业数量及占比

单位：户，%

小类	数量	占比	小类	数量	占比
包装装潢及其他印刷	3835	9.27	珠宝首饰及有关物品制造	429	1.04
广告业	3246	7.85	其他文化用品批发	410	0.99
工程勘察设计*	2255	5.45	其他未列明商务服务业*	392	0.95
软件开发*	1568	3.79	园林、陈设艺术及其他陶瓷制品制造*	387	0.94
图书、报刊零售	1432	3.46	金属工艺品制造	379	0.92
玩具制造	1391	3.36	报纸出版	363	0.88
机制纸及纸板制造*	1263	3.05	工艺美术品及收藏品零售	356	0.86
游览景区管理	1099	2.66	文具制造	332	0.80
焰火、鞭炮产品制造	1094	2.65	广播电视接收设备及器材制造	329	0.80
其他工艺美术品制造	1060	2.56	油墨及类似产品制造	326	0.79
珠宝首饰零售	1022	2.47	地毯、挂毯制造	315	0.76
家用视听设备零售	986	2.38	印刷专用设备制造	295	0.71
会议及展览服务	813	1.97	文艺创作与表演	276	0.67
文具用品批发	804	1.94	影视录放设备制造	263	0.64
书、报刊印刷	790	1.91	电影和影视节目制作	260	0.63
照明灯具制造*	724	1.75	笔的制造	247	0.60
专业化设计服务	680	1.64	图书批发	241	0.58
雕塑工艺品制造	635	1.54	通讯及广播电视设备批发*	231	0.56
互联网信息服务	622	1.50	本册印制	218	0.53
歌舞厅娱乐活动	613	1.48	期刊出版	205	0.50
首饰、工艺品及收藏品批发	599	1.45	颜料制造	202	0.49
天然植物纤维编织工艺品制造	593	1.43	其他电子设备制造*	186	0.45
电影放映	550	1.33	电视机制造	174	0.42
音响设备制造	542	1.31	信息化学品制造*	173	0.42
抽纱刺绣工艺品制造	533	1.29	摄影扩印服务	172	0.42
家用电器批发*	483	1.17	电视	168	0.41
图书出版	462	1.12	其他文化用品零售	164	0.40
文具用品零售	436	1.05	花画工艺品制造	154	0.37
有线广播电视传输服务	435	1.05	公园管理	151	0.37

续表

小类	数量	占比	小类	数量	占比
游乐园	139	0.34	音像制品及电子出版物批发	31	0.07
装订及印刷相关服务	135	0.33	中乐器制造	31	0.07
其他电信服务 *	133	0.32	音像制品及电子出版物零售	30	0.07
照相机及器材制造	124	0.30	录音制作	30	0.07
复印和胶印设备制造	124	0.30	文化艺术培训	30	0.07
应用电视设备及其他广播电视设备制造	123	0.30	其他娱乐用品制造	30	0.07
漆器工艺品制造	122	0.30	文物及非物质文化遗产保护	27	0.07
西乐器制造	121	0.29	其他出版业	26	0.06
其他文化艺术业	111	0.27	电子乐器制造	26	0.06
贸易代理 *	103	0.25	野生动物保护 *	25	0.06
照相器材零售	91	0.22	新闻业	20	0.05
电气设备批发 *	91	0.22	广播	20	0.05
其他娱乐业	84	0.20	其他未列明教育 *	20	0.05
数字内容服务 *	80	0.19	娱乐及体育设备出租 *	19	0.05
电影和影视节目发行	79	0.19	报刊批发	18	0.04
乐器零售	75	0.18	博物馆	16	0.04
游艺用品及室内游艺器材制造	66	0.16	拍卖 *	14	0.03
知识产权服务 *	64	0.15	电子游艺厅娱乐活动	13	0.03
其他文化艺术经纪代理	61	0.15	文化娱乐经纪人	13	0.03
艺术表演场馆	60	0.15	电子出版物出版	12	0.03
露天游乐场所游乐设备制造	58	0.14	墨水、墨汁制造	12	0.03
网吧活动	56	0.14	电影机械制造	11	0.03
其他室内娱乐活动	51	0.12	卫星传输服务 *	10	0.02
手工纸制造	50	0.12	野生植物保护 *	6	0.01
记录媒介复制	48	0.12	音像制品出租	5	0.01
其他乐器及零件制造	44	0.11	烈士陵园、纪念馆	3	0.01
广播电视节目制作及发射设备制造	43	0.10	图书馆	2	0.005
音像制品出版	39	0.09	社会人文科学研究	2	0.005
幻灯及投影设备制造	39	0.09	档案馆	1	0.002
无线广播电视传输服务	36	0.09	图书出租	1	0.002
群众文化活动	34	0.08	专业性团体（的服务）*	0	0.00

4. 各小类规模以下文化企业数量与占比

2013 年全部 120 个小类规模以下文化企业的数量及占比如表 2 – 16 所示。其中，规模以下文化企业数量占全国规模以下文化企业总数的比重超过 5% 的小类有 4 个，比重在 2%～5% 的有 8 个，比重在 1%～2% 的有 10 个，比重在 0.5%～1% 的有 17 个，比重在 0.1%～0.5% 的有 37 个，剩余 44 个所占比重均不足 0.1%。

表 2 – 16 **2013 年各小类规模以下文化企业数量及占比**

单位：户，%

小类	数量	占比	小类	数量	占比
广告业	141660	19.03	抽纱刺绣工艺品制造	6961	0.94
网吧活动	70749	9.51	其他文化用品零售	6931	0.93
包装装潢及其他印刷	41315	5.55	家用视听设备零售	6788	0.91
专业化设计服务	38293	5.15	游览景区管理	6703	0.90
工程勘察设计 *	32902	4.42	图书、报刊零售	6121	0.82
其他未列明商务服务业 *	27099	3.64	家用电器批发 *	5900	0.79
会议及展览服务	25064	3.37	装订及印刷相关服务	5890	0.79
文具用品批发	19589	2.63	金属工艺品制造	5656	0.76
软件开发 *	19242	2.59	电影和影视节目制作	5402	0.73
其他文化艺术业	17521	2.35	文化艺术培训	5020	0.67
文具用品零售	15861	2.13	群众文化活动	4716	0.63
首饰、工艺品及收藏品批发	15336	2.06	本册印制	4700	0.63
互联网信息服务	14791	1.99	贸易代理 *	4639	0.62
工艺美术品及收藏品零售	13264	1.78	焰火、鞭炮产品制造	4401	0.59
其他文化用品批发	10773	1.45	图书批发	4243	0.57
其他工艺美术品制造	10506	1.41	照明灯具制造 *	4097	0.55
歌舞厅娱乐活动	10111	1.36	通讯及广播电视设备批发 *	3600	0.48
珠宝首饰零售	10026	1.35	电影放映	3468	0.47
雕塑工艺品制造	9205	1.24	珠宝首饰及有关物品制造	3092	0.42
书、报刊印刷	8125	1.09	园林、陈设艺术及其他陶瓷制品制造 *	3063	0.41
摄影扩印服务	8054	1.08	文具制造	3048	0.41
玩具制造	7643	1.03	电子游艺厅娱乐活动	3004	0.40
文艺创作与表演	7105	0.95	其他室内娱乐活动	2822	0.38

续表

小类	数量	占比	小类	数量	占比
机制纸及纸板制造 *	2808	0.38	其他电信服务 *	565	0.08
其他文化艺术经纪代理	2640	0.35	西乐器制造	556	0.07
天然植物纤维编织工艺品制造	2571	0.35	报纸出版	554	0.07
音响设备制造	2422	0.33	娱乐及体育设备出租 *	515	0.07
电气设备批发 *	2286	0.31	露天游乐场所游乐设备制造	515	0.07
印刷专用设备制造	2259	0.30	文物及非物质文化遗产保护	501	0.07
其他娱乐业	2157	0.29	应用电视设备及其他广播电视设备制造	501	0.07
乐器零售	1938	0.26	艺术表演场馆	497	0.07
笔的制造	1812	0.24	其他乐器及零件制造	471	0.06
有线广播电视传输服务	1756	0.24	游艺用品及室内游艺器材制造	453	0.06
其他未列明教育 *	1684	0.23	社会人文科学研究	440	0.06
花画工艺品制造	1493	0.20	其他出版业	424	0.06
其他电子设备制造 *	1397	0.19	复印和胶印设备制造	417	0.06
知识产权服务 *	1354	0.18	专业性团体(的服务) *	391	0.05
音像制品及电子出版物零售	1326	0.18	中乐器制造	384	0.05
地毯、挂毯制造	1322	0.18	博物馆	379	0.05
期刊出版	1307	0.18	照相机及器材制造	370	0.05
油墨及类似产品制造	1268	0.17	颜料制造 *	367	0.05
广播电视接收设备及器材制造	1264	0.17	广播	353	0.05
照相器材零售	1230	0.17	报刊批发	350	0.05
数字内容服务 *	1082	0.15	野生植物保护	314	0.04
拍卖 *	1046	0.14	其他娱乐用品制造	314	0.04
音像制品及电子出版物批发	1021	0.14	电视机制造	291	0.04
漆器工艺品制造	940	0.13	信息化学品制造 *	289	0.04
电影和影视节目发行	840	0.11	音像制品出版	281	0.04
游乐园	839	0.11	档案馆	245	0.03
文化娱乐经纪人	834	0.11	无线广播电视传输服务	223	0.03
电视	800	0.11	新闻业	211	0.03
手工纸制造	764	0.10	幻灯及投影设备制造	171	0.02
公园管理	722	0.10	记录媒介复制	163	0.02
图书出版	677	0.09	图书出租	150	0.02
影视录放设备制造	630	0.08	电子出版物出版	148	0.02
录音制作	608	0.08	墨水、墨汁制造	147	0.02

小类	数量	占比	小类	数量	占比
电子乐器制造	133	0.02	卫星传输服务*	77	0.01
音像制品出租	127	0.02	烈士陵园、纪念馆	65	0.01
广播电视节目制作及发射设备制造	124	0.02	图书馆	56	0.01
电影机械制造	84	0.01	野生动物保护*	52	0.01

（三）　文化事业单位数量小类构成

在 2013 年全部 55 个有事业单位的小类文化产业中，事业单位数量占全国文化事业单位总数的比重超过 5% 的小类有 4 个，比重在 2% ～ 5% 的有 8 个，比重在 1% ～2% 的有 8 个，比重在 0.5% ～1% 的有 14 个，比重在 0.1% ～0.5% 的有 10 个，其余 11 个比重均不足 0.1% （见表 2 - 17）。

表 2 - 17　2013 年各小类文化事业单位数量及占比

单位：户，%

小类	数量	占比	小类	数量	占比
专业性团体（的服务）*	33068	24.89	社会人文科学研究	2313	1.74
网吧活动	16094	12.11	游览景区管理	2256	1.70
群众文化活动	15884	11.95	广播	2048	1.54
文化艺术培训	8241	6.20	公园管理	1706	1.28
文艺创作与表演	4581	3.45	工程勘察设计*	1448	1.09
广告业	4561	3.43	互联网信息服务	1355	1.02
文物及非物质文化遗产保护	3416	2.57	烈士陵园、纪念馆	1290	0.97
图书馆	2948	2.22	电影放映	1187	0.89
档案馆	2924	2.20	歌舞厅娱乐活动	1148	0.86
其他文化艺术业	2902	2.18	新闻业	1110	0.84
有线广播电视传输服务	2801	2.11	其他未列明商务服务业*	1103	0.83
其他未列明教育*	2790	2.10	专业化设计服务	1099	0.83
电视	2621	1.97	报纸出版	1017	0.77
博物馆	2618	1.97	艺术表演场馆	885	0.67

续表

小类	数量	占比	小类	数量	占比
期刊出版	879	0.66	电影和影视节目发行	144	0.11
会议及展览服务	808	0.61	其他文化艺术经纪代理	135	0.10
其他室内娱乐活动	802	0.60	游乐园	119	0.09
摄影扩印服务	797	0.60	知识产权服务*	93	0.07
无线广播电视传输服务	688	0.52	卫星传输服务*	68	0.05
图书出租	681	0.51	文化娱乐经纪人	46	0.03
其他娱乐业	446	0.34	其他电信服务*	34	0.03
电子游艺厅娱乐活动	343	0.26	录音制作	32	0.02
电影和影视节目制作	302	0.23	数字内容服务*	32	0.02
软件开发*	268	0.20	音像制品出版	31	0.02
图书出版	177	0.13	娱乐及体育设备出租*	19	0.01
野生植物保护*	174	0.13	音像制品出租	18	0.01
其他出版业	157	0.12	电子出版物出版	12	0.01
野生动物保护*	148	0.11			

第三章 中国文化产业就业结构

根据第三次全国经济普查的结果，2013 年末我国文化产业从业人员共计 21328468 人，其中文化企业、文化事业单位、文化个体经营户的从业人员数量分别为 15482686 人、2117240 人、3728542 人，分别占比 72.6%、9.9%、17.5%。另外，在全国文化企业中，规模以上文化企业、规模以下文化企业的年末从业人员分别有 7537781 人、7944905 人，分别占全国文化企业年末从业人员总数的 48.7%、51.3%。①

一 中国文化产业法人单位就业的部分构成

（一）各部分文化法人单位的从业人员数量与构成

2013 年末，全国文化法人单位从业人员总数达 17599926 人。其中，"文化产品的生产"部分、"文化相关产品的生产"部分从业人员

---

① 需要说明的是，因第三次经济普查中个体经营户统计资料有限，本章仅在法人单位范围内详细考察分析中国文化产业的就业结构。

分别有 10334544 人、7265382 人，占比分别为 58.7%、41.3%（见表
3 – 1）。

表 3 – 1　　2013 年末全国文化法人单位从业人员数量

单位：人

部分	法人单位		
	合计	企业	事业单位
文化产品的生产	10334544	8245850	2088694
文化相关产品的生产	7265382	7236836	28546

在"文化产品的生产"部分法人单位中，2013 年末企业从业人员
有 8245850 人，占比达 79.8%；事业单位从业人员有 2088694 人，占比
为 20.2%。在"文化相关产品的生产"部分法人单位中，2013 年末企
业从业人员有 7236836 人，占比达 99.6%；事业单位年末从业人员
28546 人，占比仅为 0.4%。

另据计算，2013 年末全国文化事业单位从业人员中，"文化产品的
生产"部分所占比重达 98.7%，而"文化相关产品的生产"部分所占
比重仅为 1.3%。显然，与全国文化事业单位的分布一致，文化事业单
位的就业也集中于"文化产品的生产"部分。

（二）各部分文化企业的从业人员数量与构成

1. 各部分文化企业的从业人员数量及构成

在我国文化企业中，2013 年末"文化产品的生产"部分文化企业
拥有年末从业人员 8245850 人，占全国文化企业从业人员总数的
53.3%；"文化相关产品的生产"部分拥有从业人员 7236836 人，占全
国文化企业从业人员总数的 46.7%。

在 2013 年末"文化产品的生产"部分企业从业人员数量中，规
模以上文化企业、规模以下文化企业所占比重分别为 40.9%、

59.1%；在当年"文化相关产品的生产"部分企业从业人员数量中，规模以上文化企业、规模以下文化企业所占比重分别为 57.6%、42.4%（见表 3 - 2）。

表 3 - 2　2013 年末全国文化企业从业人员的数量与构成

单位：人

部分	文化企业		
	合计	规模以上文化企业	规模以下文化企业
文化产品的生产	8245850	3368814	4877036
文化相关产品的生产	7236836	4168967	3067869

2. 规模以上文化企业与规模以下文化企业从业人员的部分构成

在 2013 年末规模以上文化企业从业人员中，"文化产品的生产"部分企业从业人员数量为 3368814 人，占规模以上文化企业从业人员总数的 44.7%；"文化相关产品的生产"部分从业人员数量为 4168967 人，占规模以上文化企业从业人员总数的 55.3%。

在 2013 年末规模以下文化企业从业人员中，"文化产品的生产"部分文化企业从业人员数量为 4877036 人，占规模以下文化企业从业人员总数的 61.4%；"文化相关产品的生产"部分从业人员数量为 3067869 人，占规模以下文化企业从业人员总数的 38.6%（见表 3 - 3）。

表 3 - 3　2013 年末规模以上文化企业与规模以下

文化企业从业人员各部分的构成

单位：人，%

部　分	规模以上文化企业		规模以下文化企业	
	数量	占比	数量	占比
文化产品的生产	3368814	44.7	4877036	61.4
文化相关产品的生产	4168967	55.3	3067869	38.6
总　计	7537781	100.0	7944905	100.0

二 中国文化产业法人单位就业大类构成

（一）各大类文化法人单位从业人员的数量与构成

1. 各大类文化法人单位的从业人员数量及占比

2013 年末各大类文化法人单位的从业人员数量差别明显（见图 3－1）。其中，文化用品的生产、文化创意和设计服务、工艺美术品的生产、文化产品生产的辅助生产 4 个大类的从业人员数量明显较多，依次为 4199437 人、2925832 人、2461918 人、2456838 人，占全国文化法人单位年末从业人员总数的比重依次为 23.9%、16.6%、14.0%、14.0%；而文化艺术服务、文化休闲娱乐服务、文化信息传输服务、新闻出版发行服务、文化专用设备的生产、广播电视电影服

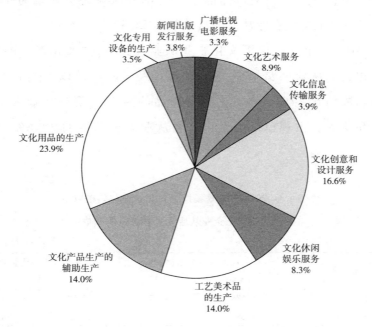

图 3－1 2013 年末文化法人单位从业人员数量的大类构成

务 6 个大类的从业人员数量相对较少，依次为 1558118 人、1459295 人、680813 人、667844 人、609107 人、580724 人，占全国文化法人单位年末从业人员总数的比重依次为 8.9%、8.3%、3.9%、3.8%、3.5%、3.3%。

2. 各大类文化法人单位从业人员数量的构成

如第二章所述，在我国文化产业全部 10 个大类中，工艺美术品的生产、文化用品的生产、文化专用设备的生产 3 个大类的法人单位均系企业，并无事业单位。在余下的文化产品生产的辅助生产、文化创意和设计服务、文化信息传输服务、新闻出版发行服务、文化休闲娱乐服务、广播电视电影服务、文化艺术服务 7 个大类中，2013 年末文化企业占相应大类法人单位从业人员数量的比重依次为 98.8%、97.2%、86.7%、83.4%、80.2%、45.5%、23.1%（见表 3 - 4）。

表 3 - 4　2013 年末 7 个大类文化法人单位从业人员数量的构成

单位：人，%

大类	企业		事业单位	
	数量	占比	数量	占比
新闻出版发行服务	557252	83.4	110592	16.6
广播电视电影服务	263983	45.5	316741	54.5
文化艺术服务	359454	23.1	1198664	76.9
文化信息传输服务	589961	86.7	90852	13.3
文化创意和设计服务	2842586	97.2	83246	2.8
文化休闲娱乐服务	1170696	80.2	288599	19.8
文化产品生产的辅助生产	2428292	98.8	28546	1.2

（二）各大类文化企业从业人员数量与构成

1. 各大类文化企业的从业人员数量及占比

在全部 10 个大类文化企业中，2013 年末文化用品的生产、文化创意和设计服务、工艺美术品的生产、文化产品生产的辅助生产 4 个大类的从业人员数量明显较多，依次达到了 4199437 人、2842586 人、2461918 人、2428292 人，它们占全国文化企业从业人员总数的比重依次为 27.1%、18.4%、15.9%、15.7%；文化休闲娱乐服务、文化专用设备的生产、文化信息传输服务、新闻出版发行服务、文化艺术服务、广播电视电影服务 6 个大类的从业人员数量相对较少，依次有 1170696 人、609107 人、589961 人、557252 人、359454 人、263983 人，占全国文化企业从业人员总数的比重依次为 7.6%、3.9%、3.8%、3.6%、2.3%、1.7%（见图 3－2）。

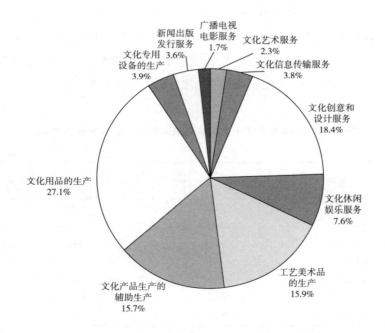

图 3－2　2013 年末文化企业从业人员数量的大类构成

2. 各大类文化企业中规模以上企业从业人员数量的构成

如图 3－3 所示，在 2013 年末各大类文化企业从业人员数量中，规模以上文化企业所占比重超过 50% 的大类有 5 个，包括文化专用设备的生产、新闻出版发行服务、文化用品的生产、文化信息传输服务、工艺美术品的生产，它们所占比重依次为 72.3%、67.1%、64.9%、59.6%、50.1%；在余下的文化产品生产的辅助生产、广播电视电影服务、文化创意和设计服务、文化休闲娱乐服务、文化艺术服务 5 个大类中，规模以上文化企业占相应大类从业人员数量的比重依次为 41.3%、39.4%、33.1%、26.4%、15.4%。

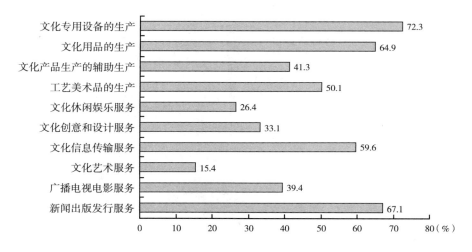

图 3 - 3　2013 年末各大类文化企业中规模以上
企业从业人员数量所占比重

3. 规模以上文化企业从业人员数量的大类构成

2013 年末我国规模以上文化企业从业人员数量的大类构成如图 3-4 所示。其中，文化用品的生产、工艺美术品的生产、文化产品生产的辅助生产、文化创意和设计服务 4 个大类的规模以上文化企业年末从业人员数量明显较多，依次达到了 2726605 人、1233218 人、1002134 人、941573 人，它们占全国规模以上文化企业从业人员数量的比重依次为 36.2%、16.4%、13.3%、12.5%；同时，文化专用设备的生产、新闻出版发行服务、文化信息传输服务、文化休闲娱乐服务、广播电视电影服务、文化艺术服务 6 个大类规模以上文化企业从业人员数量相对较少，依次为 440228 人、373664 人、351515 人、

309282 人、104051 人、55511 人，它们占全国规模以上文化企业从业人员数量的比重依次为 5.8%、5.0%、4.7%、4.1%、1.4%、0.7%。

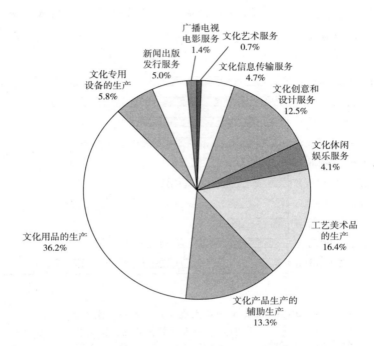

图 3-4　2013 年末规模以上文化企业从业人员数量的大类构成

4. 规模以下文化企业从业人员数量的大类构成

2013 年末我国规模以下文化企业从业人员数量的大类构成如图 3-5所示。其中，文化创意和设计服务、文化用品的生产、文化产品生产的辅助生产、工艺美术品的生产、文化休闲娱乐服务 5 个大类从业人员数量明显较多，依次达到了 1901013 人、1472832 人、1426158人、1228700 人、861414 人，它们占全国规模以下文化企业从业人员数量的比重依次为 23.9%、18.5%、18.0%、15.5%、10.8%；同时，文化艺术服务、文化信息传输服务、新闻出版发行服务、文化专用设备的生产、广播电视电影服务 5 个大类的从业人员数量相对较少，依次为

303943 人、238446 人、183588 人、168879 人、159932 人,它们占全国规模以下文化企业从业人员数量的比重依次为 3.8%、3.0%、2.3%、2.1%、2.0%。

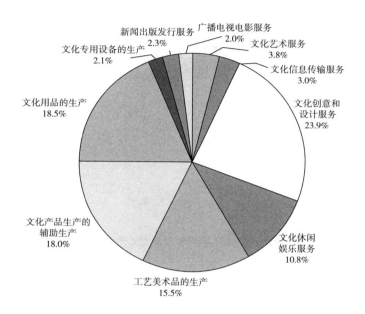

图 3 - 5 　 2013 年末规模以下文化企业从业人员数量的大类构成

(三) 文化事业单位从业人员数量的大类构成

2013 年我国文化事业单位的从业人员分布于文化艺术服务、广播电视电影服务、文化休闲娱乐服务、新闻出版发行服务、文化信息传输服务、文化创意和设计服务、文化产品生产的辅助生产 7 个大类,它们的年末从业人员数量依次有 1198664 人、316741 人、288599 人、110592 人、90852 人、83246 人、28546 人,它们所占全国文化事业单位年末从业人员数量的比重依次为 56.6%、15.0%、13.6%、5.2%、4.3%、3.9%、1.3%(见图 3 - 6)。工艺美术品的生产、文化用品的生产、文化专用设备的生产 3 个大类无事业单位。

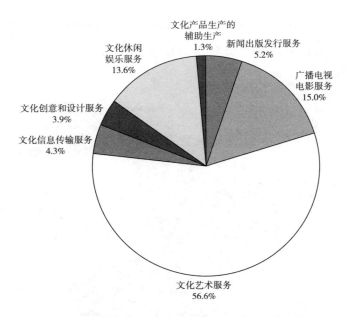

图 3 - 6 2013 年末文化事业单位从业人员数量的大类构成

三 中国文化产业法人单位就业中类构成

（一）各中类文化法人单位的从业人员数量与构成

1. 各中类文化法人单位的从业人员数量及占比

2013 年末我国各中类文化法人单位从业人员数量及占比如表 3 - 5 所示。其中，法人单位从业人员数量占全国文化产业法人单位合计值的比重超过 10% 的中类有 2 个，包括印刷复制服务、工艺美术品的制造；比重在 5% ~10% 的中类有 1 个，即广告服务；比重在2% ~5% 的中类有 12 个，包括玩具的制造、娱乐休闲服务、视听设备的制造、建筑设计服务、文化软件服务、焰火及鞭炮产品的制造、景区游览服务、文化研究和社团服务、文化用纸的制造、专业设计服务、工艺美术品的销售、其他文化用品的制造。另外，占全国文化法人单位年末从业人员总数的比重在 1% ~ 2% 的中类有 17 个，比重在 0.5% ~ 1% 的中类有 7 个，其余 11 个的比重均不足 0.5%。

表 3 - 5　2013 年末各中类文化法人单位从业人员数量及占比

单位：人，%

中类	数量	占比	中类	数量	占比
印刷复制服务	1918838	10.90	会展服务	219121	1.25
工艺美术品的制造	1838874	10.45	其他文化辅助生产	209356	1.19
广告服务	1155722	6.57	文化用家电的销售	206236	1.17
玩具的制造	873404	4.96	其他文化专用设备的制造	204977	1.16
娱乐休闲服务	847215	4.81	文化艺术培训服务	202725	1.15
视听设备的制造	767576	4.36	群众文化服务	202251	1.15
建筑设计服务	759889	4.32	园林、陈设艺术及其他陶瓷制品的制造*	194121	1.10
文化软件服务	580396	3.30	其他文化用品的销售	149822	0.85
焰火及鞭炮产品的制造	546953	3.11	文化遗产保护服务	143280	0.81
景区游览服务	524555	2.98	其他文化艺术服务	124605	0.71
文化研究和社团服务	490752	2.79	乐器的制造	97437	0.55
文化用纸的制造	468226	2.66	图书馆与档案馆服务	95690	0.54
专业设计服务	429825	2.44	文化用油墨颜料的制造	91473	0.52
工艺美术品的销售	428923	2.44	摄影扩印服务	87525	0.50
其他文化用品的制造	366923	2.08	印刷专用设备的制造	84692	0.48
出版服务	349937	1.99	文化用化学品的制造	66036	0.38
广播电视服务	345446	1.96	游艺器材及娱乐用品的制造	59296	0.34
广播电视传输服务	326365	1.85	文化贸易代理与拍卖服务	55436	0.31
互联网信息服务	313850	1.78	广播电视电影专用设备的批发	49894	0.28
文艺创作与表演服务	298815	1.70	新闻服务	46411	0.26
发行服务	271496	1.54	增值电信服务（文化部分）	40598	0.23
文具乐器照相器材的销售	270688	1.54	舞台照明设备的批发	28520	0.16
广播电视电影专用设备的制造	241024	1.37	文化经纪代理服务	26088	0.15
办公用品的制造	235367	1.34	版权服务	19216	0.11
电影和影视录音服务	235278	1.34	文化出租服务	8783	0.05

2. 各中类法人单位从业人员中企业与事业单位的构成

在我国文化产业中，有 24 个中类无事业单位。在余下的 26 个中类中，2013 年末文化事业单位占相应中类法人单位从业人员数量的比重超过 50% 的有 8 个，包括文化研究和社团服务、图书馆与档案馆服务、文化遗产保护服务、群众文化服务、广播电视服务、文化艺术培训服务、新闻服务、文艺创作与表演服务，它们所占比重依次为 98.3%、96.6%、89.1%、85.2%、79.6%、72.2%、65.3%、50.0%；文化事业单位所占比重在 20% ~ 50% 的中类有景区游览服务、广播电视传输服务、出版服务、文化出租服务、其他文化艺术服务 5 个，它们所占比重依次达到了 33.3%、24.1%、22.9%、22.9%、22.7%。此外，文化事业单位所占比重在 10% ~ 20% 的中类有 2 个，在 5% ~ 10% 的有 4 个，不足 5% 的有 7 个（见表 3 - 6）。

表 3 - 6　2013 年末各中类文化法人单位从业人员的构成

单位：%

中类	企业	事业单位	中类	企业	事业单位
文化研究和社团服务	1.7	98.3	电影和影视录音服务	82.3	17.7
图书馆与档案馆服务	3.4	96.6	娱乐休闲服务	87.4	12.7
文化遗产保护服务	10.9	89.1	摄影扩印服务	92.3	7.7
群众文化服务	14.8	85.2	文化经纪代理服务	93.7	6.3
广播电视服务	20.4	79.6	其他文化辅助生产	94.2	5.8
文化艺术培训服务	27.8	72.2	会展服务	94.6	5.4
新闻服务	34.7	65.3	版权服务	95.4	4.6
文艺创作与表演服务	50.0	50.0	建筑设计服务	96.1	3.9
景区游览服务	66.7	33.3	互联网信息服务	96.2	3.8
广播电视传输服务	75.9	24.1	专业设计服务	96.6	3.4
出版服务	77.1	22.9	广告服务	97.0	3.0
文化出租服务	77.1	22.9	文化软件服务	99.2	0.8
其他文化艺术服务	77.3	22.7	增值电信服务（文化部分）	99.3	0.7

（二）各中类文化企业的从业人员数量与构成

1. 各中类文化企业的从业人员数量及占比

从中类层面来看，2013 年末全国各中类文化企业的从业人员数量差别巨大（见表 3 - 7）。据统计，在全部 50 个中类文化企业中，年末从业人员数量占全国文化企业合计值的比重超过 10% 的有 2 个，包括印刷复制服务、工艺美术品的制造；比重在 5% ~ 10% 的同样有 2 个，包括广告服务、玩具的制造；比重在 2% ~ 5% 的有 10 个，包括视听设备的制造、娱乐休闲服务、建筑设计服务、文化软件服务、焰火及鞭炮产品的制造、文化用纸的制造、工艺美术品的销售、专业设计服务、其他文化用品的制造、景区游览服务。此外，占全国文化企业年末从业人员数量比重在 1% ~ 2% 的有 13 个，比重在 0.5% ~ 1% 的有 7 个，其余 16 个的比重均不足 0.5%。

表 3 - 7 2013 年末各中类文化企业从业人员的数量及占比

单位：人，%

中类	数量	占比	中类	数量	占比
印刷复制服务	1918838	12.39	景区游览服务	349882	2.26
工艺美术品的制造	1838874	11.88	互联网信息服务	301832	1.95
广告服务	1120949	7.24	发行服务	271496	1.75
玩具的制造	873404	5.64	文具乐器照相器材的销售	270688	1.75
视听设备的制造	767576	4.96	出版服务	269653	1.74
娱乐休闲服务	740053	4.78	广播电视传输服务	247827	1.60
建筑设计服务	730479	4.72	广播电视电影专用设备的制造	241024	1.56
文化软件服务	575854	3.72	办公用品的制造	235367	1.52
焰火、鞭炮产品的制造	546953	3.53	会展服务	207353	1.34
文化用纸的制造	468226	3.02	文化用家电的销售	206236	1.33
工艺美术品的销售	428923	2.77	其他文化专用设备的制造	204977	1.32
专业设计服务	415304	2.68	其他文化辅助生产	197126	1.27
其他文化用品的制造	366923	2.37	园林、陈设艺术及其他陶瓷制品的制造	194121	1.25

中类	数量	占比	中类	数量	占比
电影和影视录音服务	193545	1.25	文化贸易代理与拍卖服务	55436	0.36
其他文化用品的销售	149822	0.97	广播电视电影专用设备的批发	49894	0.32
文艺创作与表演服务	149445	0.97	增值电信服务（文化部分）	40302	0.26
乐器的制造	97437	0.63	群众文化服务	29950	0.19
其他文化艺术服务	96265	0.62	舞台照明设备的批发	28520	0.18
文化用油墨颜料的制造	91473	0.59	文化经纪代理服务	24444	0.16
印刷专用设备的制造	84692	0.55	版权服务	18326	0.12
摄影扩印服务	80761	0.52	新闻服务	16103	0.10
广播电视服务	70438	0.45	文化遗产保护服务	15623	0.10
文化用化学品的制造	66036	0.43	文化研究和社团服务	8531	0.06
游艺器材及娱乐用品的制造	59296	0.38	文化出租服务	6769	0.04
文化艺术培训服务	56372	0.36	图书馆与档案馆服务	3268	0.02

2. 各中类文化企业规模以上企业从业人员数量的构成

如表 3 - 8 所示，在各中类文化企业中，规模以上文化企业占相应中类文化企业年末从业人员数量的比重超过 80% 的有 4 个，比重在 70% ~ 80% 的同样有 4 个，比重在 60% ~ 70% 的有 8 个，比重在50% ~ 60% 的有 8 个，比重在 30% ~ 50% 的有 7 个，比重在 10% ~ 30% 的有 13 个，其余 6 个中类的比重均小于 10%。

表 3 - 8　2013 年末规模以上文化企业占各中类文化企业从业人员数量的比重

单位：%

中类	占比	中类	占比
文化用化学品的制造	91.6	出版服务	73.0
其他文化专用设备的制造	90.0	文化用油墨颜料的制造	71.5
视听设备的制造	87.7	玩具的制造	69.8
文化用纸的制造	83.9	其他文化用品的制造	68.9
新闻服务	78.2	广播电视传输服务	66.6
广播电视电影专用设备的制造	76.4	增值电信服务（文化部分）	66.2

续表

中类	占比	中类	占比
乐器的制造	63.8	文化遗产保护服务	26.7
广播电视服务	61.8	文艺创作与表演服务	24.6
园林、陈设艺术及其他陶瓷制品的制造	61.6	会展服务	21.8
发行服务	60.5	摄影扩印服务	19.3
文化软件服务	57.4	舞台照明设备的批发	19.2
印刷专用设备的制造	56.0	专业设计服务	19.2
景区游览服务	55.5	文化出租服务	18.8
办公用品的制造	55.5	其他文化用品的销售	17.4
游艺器材及娱乐用品的制造	54.9	文具乐器照相器材的销售	16.6
工艺美术品的制造	53.1	广告服务	15.9
互联网信息服务	52.9	娱乐休闲服务	13.5
焰火、鞭炮产品的制造	50.5	文化经纪代理服务	13.4
建筑设计服务	48.3	其他文化辅助生产	12.9
文化用家电的销售	48.2	文化贸易代理与拍卖服务	9.6
印刷复制服务	47.7	文化艺术培训服务	9.5
版权服务	40.8	群众文化服务	9.3
广播电视电影专用设备的批发	37.4	图书馆与档案馆服务	7.0
工艺美术品的销售	31.9	其他文化艺术服务	6.2
电影和影视录音服务	31.3	文化研究和社团服务	3.9

3. 规模以上文化企业从业人员数量的中类构成

在全部 50 个中类规模以上文化企业中，2013 年末从业人员数量占全国规模以上文化企业从业人员数量的比重超过 10% 的中类有 2 个，包括工艺美术品的制造、印刷复制服务，它们的从业人员数量依次为 976691 人、914341 人，所占比重依次达到了 12.96%、12.13%；比重在 5%～10% 的有 3 个，包括视听设备的制造、玩具的制造、文化用纸的制造，它们的从业人员数量依次为 673013 人、609857 人、393033 人，所占比重依次为 8.93%、8.09%、5.21%；比重在 2%～5% 的有 12 个，包括建筑设计服务、文化软件服务、焰火及鞭炮产品的制造、其他文化用品的制造、出版服务、景区游览服务、其他文化专用设备的制造、广播电视电影专用设备的制造、广告服务、广播电视传输服务、发行服务、互联网信息服务，它们的从业人员数量依次为352920人、330551人、276194人、252954人、196791人、194168人、184446人、184205人、178398人、165062人、164285人、159770人，所占比重依次为4.68%、4.39%、3.66%、3.36%、2.61%、2.58%、2.45%、2.44%、2.37%、2.19%、2.18%、2.12%。此外，年末从业人员数量占全国规模以上文化企业合计值的比重在1%~2%的中类有6个，比重在0.5%~1%的有8个，其余19个中类的比重均不足0.5%（见表3-9）。

表3-9　2013年末规模以上文化企业从业人员数量的中类构成

单位：人，%

中　类	数量	占比	中　类	数量	占比
工艺美术品的制造	976691	12.96	娱乐休闲服务	99549	1.32
印刷复制服务	914341	12.13	文化用家电的销售	99472	1.32
视听设备的制造	673013	8.93	专业设计服务	79704	1.06
玩具的制造	609857	8.09	文化用油墨颜料的制造	65357	0.87
文化用纸的制造	393033	5.21	乐器的制造	62191	0.83
建筑设计服务	352920	4.68	电影和影视录音服务	60538	0.80
文化软件服务	330551	4.39	文化用化学品的制造	60462	0.80
焰火、鞭炮产品的制造	276194	3.66	印刷专用设备的制造	47417	0.63
其他文化用品的制造	252954	3.36	会展服务	45102	0.60
出版服务	196791	2.61	文具乐器照相器材的销售	44872	0.60
景区游览服务	194168	2.58	广播电视服务	43513	0.58
其他文化专用设备的制造	184446	2.45	文艺创作与表演服务	36690	0.49
广播电视电影专用设备的制造	184205	2.44	游艺器材及娱乐用品的制造	32548	0.43
广告服务	178398	2.37	增值电信服务（文化部分）	26683	0.35
广播电视传输服务	165062	2.19	其他文化用品的销售	26074	0.35
发行服务	164285	2.18	其他文化辅助生产	25350	0.34
互联网信息服务	159770	2.12	广播电视电影专用设备的批发	18672	0.25
工艺美术品的销售	137019	1.82	摄影扩印服务	15565	0.21
办公用品的制造	130578	1.73	新闻服务	12588	0.17
园林、陈设艺术及其他陶瓷制品的制造	119508	1.59	版权服务	7469	0.10

续表

中　类	数量	占比	中　类	数量	占比
其他文化艺术服务	5924	0.08	文化经纪代理服务	3275	0.04
舞台照明设备的批发	5488	0.07	群众文化服务	2796	0.04
文化艺术培训服务	5373	0.07	文化出租服务	1274	0.02
文化贸易代理与拍卖服务	5323	0.07	文化研究和社团服务	329	0.004
文化遗产保护服务	4170	0.06	图书馆与档案馆服务	229	0.003

4. 规模以下文化企业从业人员数量的中类构成

2013 年末各中类规模以下文化企业从业人员数量及占比如表 3 – 10 所示。其中，年末从业人员数量占全国规模以下文化企业合计值的比重超过 10% 的中类有 3 个，比重在 5% ~10% 的有 1 个，比重在 2% ~5% 的有 9 个，比重在 1% ~2% 的有 12 个，比重在 0.5% ~1% 的有 7 个，其余 18 个的比重均不足 0.5%。

表 3 – 10　2013 年末规模以下文化企业从业人员数量的中类构成

单位：人，%

中　类	数量	占比	中　类	数量	占比
印刷复制服务	1004497	12.64	互联网信息服务	142062	1.79
广告服务	942551	11.86	电影和影视录音服务	133007	1.67
工艺美术品的制造	862183	10.85	其他文化用品的销售	123748	1.56
娱乐休闲服务	640504	8.06	其他文化用品的制造	113969	1.43
建筑设计服务	377559	4.75	文艺创作与表演服务	112755	1.42
专业设计服务	335600	4.22	发行服务	107211	1.35
工艺美术品的销售	291904	3.67	文化用家电的销售	106764	1.34
焰火、鞭炮产品的制造	270759	3.41	办公用品的制造	104789	1.32
玩具的制造	263547	3.32	视听设备的制造	94563	1.19
文化软件服务	245303	3.09	其他文化艺术服务	90341	1.14
文具乐器照相器材的销售	225816	2.84	广播电视传输服务	82765	1.04
其他文化辅助生产	171776	2.16	文化用纸的制造	75193	0.95
会展服务	162251	2.04	园林、陈设艺术及其他陶瓷制品的制造	74613	0.94
景区游览服务	155714	1.96	出版服务	72862	0.92

续表

中　类	数量	占比	中　类	数量	占比
摄影扩印服务	65196	0.82	舞台照明设备的批发	23032	0.29
广播电视电影专用设备的制造	56819	0.72	文化经纪代理服务	21169	0.27
文化艺术培训服务	50999	0.64	其他文化专用设备的制造	20531	0.26
文化贸易代理与拍卖服务	50113	0.63	增值电信服务（文化部分）	13619	0.17
印刷专用设备的制造	37275	0.47	文化遗产保护服务	11453	0.14
乐器的制造	35246	0.44	版权服务	10857	0.14
广播电视电影专用设备的批发	31222	0.39	文化研究和社团服务	8202	0.10
群众文化服务	27154	0.34	文化用化学品的制造	5574	0.07
广播电视服务	26925	0.34	文化出租服务	5495	0.07
游艺器材及娱乐用品的制造	26748	0.34	新闻服务	3515	0.04
文化用油墨颜料的制造	26116	0.33	图书馆与档案馆服务	3039	0.04

（三）文化事业单位从业人员数量的中类构成

在 2013 年全部 50 个中类文化产业中，事业单位分布于 26 个中类。其中，年末从业人员数量占全国文化事业单位合计值的比重超过 10% 的中类有 2 个，比重在 5% ~ 10% 的有 6 个，比重在 2% ~ 5% 的有 3 个，比重在 1% ~ 2% 的有 5 个，比重在 0.5% ~ 1% 的有 4 个，其余 6 个的比重均不足 0.5%（见表 3 - 11）。

表 3 - 11　2013 年末文化事业单位从业人员数量的中类构成

单位：人，%

中　类	数量	占比	中　类	数量	占比
文化研究和社团服务	482221	22.78	娱乐休闲服务	107162	5.06
广播电视服务	275008	12.99	图书馆与档案馆服务	92422	4.37
景区游览服务	174673	8.25	出版服务	80284	3.79
群众文化服务	172301	8.14	广播电视传输服务	78538	3.71
文艺创作与表演服务	149370	7.05	电影和影视录音服务	41733	1.97
文化艺术培训服务	146353	6.91	广告服务	34773	1.64
文化遗产保护服务	127657	6.03	新闻服务	30308	1.43

中　类	数量	占比	中　类	数量	占比
建筑设计服务	29410	1.39	摄影扩印服务	6764	0.32
其他文化艺术服务	28340	1.34	文化软件服务	4542	0.21
专业设计服务	14521	0.69	文化出租服务	2014	0.10
其他文化辅助生产	12230	0.58	文化经纪代理服务	1644	0.08
互联网信息服务	12018	0.57	版权服务	890	0.04
会展服务	11768	0.56	增值电信服务（文化部分）	296	0.01

四　中国文化产业法人单位就业小类构成

（一）各小类文化法人单位的从业人员数量与构成

1. 各小类文化法人单位的从业人员数量及占比

2013 年末我国各小类文化法人单位从业人员的数量及占比如表 3 - 12 所示。其中，年末从业人员数量占全国文化产业法人单位年末从业人员总数的比重超过 5% 的小类有 2 个，包括包装装潢及其他印刷、广告业；比重在 2% ~ 5% 的有 10 个，包括玩具制造、工程勘察设计*、软件开发*、焰火及鞭炮产品制造、其他工艺美术品制造、机制纸及纸板制造*、专业性团体（的服务）*、网吧活动、专业化设计服务、游览景区管理；比重在 1% ~ 2% 的有 22 个，包括书及报刊印刷，音响设备制造，互联网信息服务，有线广播电视传输服务，雕塑工艺品制造，文艺创作与表演，电视，珠宝首饰及有关物品制造，抽纱刺绣工艺品制造，歌舞厅娱乐活动，照明灯具制造*，电视机制造，影视录放设备制造，会议及展览服务，报纸出版，其他未列明商务服务业*，群众文化活动，园林*、陈设艺术及其他陶瓷制品制造*，金属工艺品制造，天然植物纤维编织工艺品制造，首饰、工艺品及收藏品批发，广播电视接收设备及器材制造。此外，年末从业人员数量占全国文化产业法人单位年末从业人员合计值比重在 0.5% ~ 1% 的有 22 个，比重在 0.1% ~ 0.5% 的有 38 个，其余 26 个的比重均不足 0.1%。

表 3 - 12　2013 年末各小类文化法人单位从业人员的数量与占比

单位：人，%

小　类	数量	占比	小　类	数量	占比
包装装潢及其他印刷	1360402	7.73	园林、陈设艺术及其他陶瓷制品制造 *	194121	1.10
广告业	1155722	6.57	金属工艺品制造	185760	1.06
玩具制造	873404	4.96	天然植物纤维编织工艺品制造	180476	1.03
工程勘察设计 *	759889	4.32	首饰、工艺品及收藏品批发	180402	1.03
软件开发 *	558363	3.17	广播电视接收设备及器材制造	176033	1.00
焰火、鞭炮产品制造	546953	3.11	图书、报刊零售	162683	0.92
其他工艺美术品制造	470234	2.67	文具用品批发	151281	0.86
机制纸及纸板制造 *	447256	2.54	文具制造	142813	0.81
专业性团体(的服务) *	440087	2.50	珠宝首饰零售	142383	0.81
网吧活动	433322	2.46	文化艺术培训	137678	0.78
专业化设计服务	429825	2.44	其他电子设备制造 *	133401	0.76
游览景区管理	378535	2.15	公园管理	126627	0.72
书、报刊印刷	328621	1.87	其他文化艺术业	124605	0.71
音响设备制造	314670	1.79	家用电器批发 *	114900	0.65
互联网信息服务	313850	1.78	本册印制	114019	0.65
有线广播电视传输服务	284107	1.61	电影放映	110116	0.63
雕塑工艺品制造	283669	1.61	地毯、挂毯制造	109136	0.62
文艺创作与表演	258083	1.47	照相机及器材制造	108579	0.62
电视	255539	1.45	工艺美术品及收藏品零售	106138	0.60
珠宝首饰及有关物品制造	255274	1.45	装订及印刷相关服务	104511	0.59
抽纱刺绣工艺品制造	245601	1.40	文具用品零售	96079	0.55
歌舞厅娱乐活动	241767	1.37	其他文化用品批发	95932	0.55
照明灯具制造 *	233522	1.33	电影和影视节目制作	93954	0.53
电视机制造	230615	1.31	家用视听设备零售	91336	0.52
影视录放设备制造	222291	1.26	广播	89907	0.51
会议及展览服务	219121	1.25	笔的制造	89133	0.51
报纸出版	216926	1.23	摄影扩印服务	87525	0.50
其他未列明商务服务业 *	209356	1.19	复印和胶印设备制造	84750	0.48
群众文化活动	202251	1.15	印刷专用设备制造	84692	0.48

小　类	数量	占比	小　类	数量	占比
图书批发	74738	0.42	电子游艺厅娱乐活动	20343	0.12
图书出版	70757	0.40	其他文化艺术经纪代理	19427	0.11
游乐园	66352	0.38	知识产权服务*	19216	0.11
信息化学品制造*	66036	0.38	露天游乐场所游乐设备制造	19186	0.11
博物馆	65421	0.37	烈士陵园、纪念馆	18941	0.11
花画工艺品制造	65317	0.37	其他乐器及零件制造	15989	0.09
其他未列明教育*	65047	0.37	报刊批发	15230	0.09
文物及非物质文化遗产保护	58918	0.33	其他娱乐用品制造	14642	0.08
图书馆	55997	0.32	中乐器制造	14421	0.08
油墨及类似产品制造	55122	0.31	其他出版业	13965	0.08
其他文化用品零售	53890	0.31	电子乐器制造	13530	0.08
西乐器制造	53497	0.30	乐器零售	12290	0.07
社会人文科学研究	50665	0.29	幻灯及投影设备制造	11648	0.07
应用电视设备及其他广播电视设备制造	50216	0.29	记录媒介复制	11285	0.06
通信及广播电视设备批发*	49894	0.28	照相器材零售	11038	0.06
新闻业	46411	0.26	野生动物保护*	11003	0.06
贸易代理*	45837	0.26	广播电视节目制作及发射设备制造	10859	0.06
其他娱乐业	44384	0.25	拍卖*	9599	0.05
漆器工艺品制造	43407	0.25	音像制品及电子出版物批发	9576	0.05
其他室内娱乐活动	41047	0.23	音像制品及电子出版物零售	9269	0.05
艺术表演场馆	40732	0.23	野生植物保护*	8390	0.05
其他电信服务*	40598	0.23	文化娱乐经纪人	6661	0.04
期刊出版	40301	0.23	录音制作	6499	0.04
档案馆	39693	0.23	音像制品出版	5033	0.03
无线广播电视传输服务	37783	0.21	娱乐及体育设备出租*	4993	0.03
颜料制造*	36351	0.21	卫星传输服务*	4475	0.03
电气设备批发*	28520	0.16	电影机械制造	3916	0.02
游艺用品及室内游艺器材制造	25468	0.14	墨水、墨汁制造	3421	0.02
电影和影视节目发行	24709	0.14	电子出版物出版	2955	0.02
数字内容服务*	22033	0.13	图书出租	2665	0.02
手工纸制造	20970	0.12	音像制品出租	1125	0.01

2. 各小类法人单位中企业与事业单位从业人员数量的构成

2013 年全国 120 个文化产业小类中都包含企业，事业单位则分布于 55 个小类，这 55 个小类产业中企业和事业单位的从业人员数量构成如表 3 – 13 所示。在这 55 个小类中，事业单位占相应小类年末从业人员数量的比重超过 50% 的有 17 个，包括专业性团体（的服务）*、图书馆、档案馆、烈士陵园及纪念馆、博物馆、社会人文科学研究、广播、群众文化活动、文物及非物质文化遗产保护、电视、其他未列明教育*、公园管理、文化艺术培训、图书出租、新闻业、艺术表演场馆、无线广播电视传输服务；比重在 20% ~50% 的有 9 个，包括文艺创作与表演、野生动物保护*、野生植物保护*、卫星传输服务*、电影和影视节目发行、报纸出版、期刊出版、其他文化艺术业、有线广播电视传输服务；比重不足 20% 的有 29 个。

表 3 – 13　2013 年末各小类法人单位从业人员数量的构成

单位：%

小　类	企业	事业单位	小　类	企业	事业单位
专业性团体（的服务）*	1.0	99.0	艺术表演场馆	44.7	55.3
图书馆	1.7	98.3	无线广播电视传输服务	49.5	50.5
档案馆	5.8	94.2	文艺创作与表演	50.9	49.2
烈士陵园、纪念馆	7.5	92.5	野生动物保护*	51.5	48.5
博物馆	7.6	92.4	野生植物保护*	56.2	43.8
社会人文科学研究	7.8	92.2	卫星传输服务*	56.8	43.2
广播	12.0	88.0	电影和影视节目发行	69.4	30.6
群众文化活动	14.8	85.2	报纸出版	72.	28.0
文物及非物质文化遗产保护	15.7	84.3	期刊出版	73.5	26.5
电视	23.4	76.7	其他文化艺术业	77.3	22.7
其他未列明教育*	25.3	74.7	有线广播电视传输服务	79.8	20.3
公园管理	28.0	72.0	游览景区管理	80.3	19.7
文化艺术培训	29.0	71.0	其他出版业	81.5	18.5
图书出租	33.8	66.2	电影和影视节目制作	82.2	17.8
新闻业	34.7	65.3	网吧活动	82.9	17.1

小　类	企业	事业单位	小　类	企业	事业单位
其他室内娱乐活动	83.8	16.2	音像制品出版	95.1	5.0
电影放映	84.5	15.5	知识产权服务*	95.4	4.6
其他娱乐业	85.8	14.2	文化娱乐经纪人	95.4	4.6
电子出版物出版	89.9	10.1	工程勘察设计*	96.1	3.9
音像制品出租	90.5	9.5	互联网信息服务	96.2	3.8
电子游艺厅娱乐活动	90.5	9.5	游乐园	96.5	3.5
图书出版	92.0	8.0	专业化设计服务	96.6	3.4
摄影扩印服务	92.3	7.7	广告业	97.0	3.0
录音制作	93.0	7.0	娱乐及体育设备出租*	97.1	2.9
其他文化艺术经纪代理	93.1	6.9	数字内容服务*	98.6	1.4
歌舞厅娱乐活动	93.5	6.6	软件开发*	99.2	0.8
其他未列明商务服务业*	94.2	5.8	其他电信服务*	99.3	0.7
会议及展览服务	94.6	5.4			

（二）各小类文化企业从业人员的数量与构成

1. 各小类文化企业从业人员的数量及占比

2013 年末我国 120 个小类文化企业从业人员的数量及占比如表3 - 14 所示。其中，文化企业年末从业人员数量占全国合计值的比重超过 5% 的小类有 3 个，包括包装装潢及其他印刷、广告业、玩具制造；比重在 2% ~5% 的有 9 个，包括工程勘察设计*、软件开发*、焰火及鞭炮产品制造、其他工艺美术品制造、机制纸及纸板制造*、专业化设计服务、网吧活动、书及报刊印刷、音响设备制造；比重在 1% ~2% 的有 19 个，包括游览景区管理，互联网信息服务，雕塑工艺品制造，珠宝首饰及有关物品制造，抽纱刺绣工艺品制造，照明灯具制造*，电视机制造，有线广播电视传输服务，歌舞厅娱乐活动，影视录放设备制造，会议及展览服务，其他未列明商务服务业*，园林、陈设艺术及其他陶瓷制品制造*，金属工艺品制造，天然植物纤维编织工艺品制造，首

饰、工艺品及收藏品批发，广播电视接收设备及器材制造，图书及报刊
零售，报纸出版。此外，年末从业人员数量占全国文化企业合计值的比
重在 0.5% ~ 1% 的有 21 个，比重在 0.1% ~ 0.5% 的有 36 个，其余 32
个的比重均不足 0.1%。

表 3 – 14   2013 年末各小类文化企业从业人员的数量及占比

单位：人，%

小 类	数量	占比	小 类	数量	占比
包装装潢及其他印刷	1360402	8.79	天然植物纤维编织工艺品制造	180476	1.17
广告业	1120949	7.24	首饰、工艺品及收藏品批发*	180402	1.17
玩具制造	873404	5.64	广播电视接收设备及器材制造	176033	1.14
工程勘察设计*	730479	4.72	图书、报刊零售	162683	1.05
软件开发*	554127	3.58	报纸出版	156115	1.01
焰火、鞭炮产品制造	546953	3.53	文具用品批发	151281	0.98
其他工艺美术品制造	470234	3.04	文具制造	142813	0.92
机制纸及纸板制造*	447256	2.89	珠宝首饰零售	142383	0.92
专业化设计服务	415304	2.68	其他电子设备制造*	133401	0.86
网吧活动	359156	2.32	文艺创作与表演	131243	0.85
书、报刊印刷	328621	2.12	家用电器批发*	114900	0.74
音响设备制造	314670	2.03	本册印制	114019	0.74
游览景区管理	304043	1.96	地毯、挂毯制造	109136	0.70
互联网信息服务	301832	1.95	照相机及器材制造	108579	0.70
雕塑工艺品制造	283669	1.83	工艺美术品及收藏品零售	106138	0.69
珠宝首饰及有关物品制造	255274	1.65	装订及印刷相关服务	104511	0.68
抽纱刺绣工艺品制造	245601	1.59	其他文化艺术业	96265	0.62
照明灯具制造*	233522	1.51	文具用品零售	96079	0.62
电视机制造	230615	1.49	其他文化用品批发	95932	0.62
有线广播电视传输服务	226574	1.46	电影放映	93090	0.6
歌舞厅娱乐活动	225940	1.46	家用视听设备零售	91336	0.59
影视录放设备制造	222291	1.44	笔的制造	89133	0.58
会议及展览服务	207353	1.34	复印和胶印设备制造	84750	0.55
其他未列明商务服务业*	197126	1.27	印刷专用设备制造	84692	0.55
园林、陈设艺术及其他陶瓷制品制造*	194121	1.25	摄影扩印服务	80761	0.52
金属工艺品制造	185760	1.20	电影和影视节目制作	77271	0.50

小　类	数量	占比	小　类	数量	占比
图书批发	74738	0.48	其他乐器及零件制造	15989	0.10
信息化学品制造 *	66036	0.43	报刊批发	15230	0.10
花画工艺品制造	65317	0.42	其他娱乐用品制造	14642	0.09
图书出版	65090	0.42	中乐器制造	14421	0.09
游乐园	64047	0.41	电子乐器制造	13530	0.09
电视	59678	0.39	乐器零售	12290	0.08
油墨及类似产品制造	55122	0.36	幻灯及投影设备制造	11648	0.08
其他文化用品零售	53890	0.35	其他出版业	11384	0.07
西乐器制造	53497	0.35	记录媒介复制	11285	0.07
应用电视设备及其他广播电视设备制造	50216	0.32	照相器材零售	11038	0.07
通讯及广播电视设备批发 *	49894	0.32	广播电视节目制作及发射设备制造	10859	0.07
贸易代理 *	45837	0.30	广播	10760	0.07
漆器工艺品制造	43407	0.28	拍卖 *	9599	0.06
其他电信服务 *	40302	0.26	音像制品及电子出版物批发	9576	0.06
文化艺术培训	39931	0.26	音像制品及电子出版物零售	9269	0.06
其他娱乐业	38100	0.25	文物及非物质文化遗产保护	9263	0.06
颜料制造 *	36351	0.23	文化娱乐经纪人	6356	0.04
公园管理	35454	0.23	录音制作	6046	0.04
其他室内娱乐活动	34391	0.22	野生动物保护 *	5667	0.04
群众文化活动	29950	0.19	博物馆	4944	0.03
期刊出版	29623	0.19	娱乐及体育设备出租 *	4850	0.03
电气设备批发 *	28520	0.18	音像制品出版	4784	0.03
游艺用品及室内游艺器材制造	25468	0.16	野生植物保护 *	4718	0.03
数字内容服务 *	21727	0.14	专业性团体（的服务）*	4570	0.03
手工纸制造	20970	0.14	社会人文科学研究	3961	0.03
露天游乐场所游乐设备制造	19186	0.12	电影机械制造	3916	0.03
无线广播电视传输服务	18710	0.12	墨水、墨汁制造	3421	0.02
电子游艺厅娱乐活动	18419	0.12	电子出版物出版	2657	0.02
知识产权服务 *	18326	0.12	卫星传输服务 *	2543	0.02
艺术表演场馆	18202	0.12	档案馆	2324	0.02
其他文化艺术经纪代理 *	18088	0.12	烈士陵园、纪念馆	1416	0.01
电影和影视节目发行	17138	0.11	音像制品出租	1018	0.01
其他未列明教育 *	16441	0.11	图书馆	944	0.01
新闻业	16103	0.10	图书出租	901	0.01

2. 各小类文化企业规模以上企业与规模以下企业中从业人员数量的构成

如表 3－15 所示，在全部 120 个小类文化企业中，2013 年末规模以上文化企业从业人员数量所占比重超过 90% 的有 5 个，比重在 80% ～ 90% 的有 6 个，比重在 70% ～80% 的有 11 个，比重在 60% ～70% 的有 13 个，比重在 50% ～60% 的有 13 个，比重在 40% ～50% 的有 18 个，比重在 30% ～40% 的有 13 个，比重在 20% ～30% 的有 13 个，比重在 10% ～20% 的有 16 个，其余 12 个的比重均小于 10% 。

表 3－15　2013 年末各小类规模以上与规模以下文化企业从业人员的构成

单位：%

小　类	规模以上企业	规模以下企业	小　类	规模以上企业	规模以下企业
电视机制造	96.7	3.3	幻灯及投影设备制造	74.5	25.5
影视录放设备制造	91.8	8.2	图书、报刊零售	74.2	25.8
信息化学品制造 *	91.6	8.4	西乐器制造	73.5	26.5
照相机及器材制造	91.0	9.0	电子乐器制造	72.9	27.1
复印和胶印设备制造	90.8	9.2	玩具制造	69.8	30.2
机制纸及纸板制造 *	86.4	13.6	珠宝首饰及有关物品制造	68.6	31.4
野生动物保护 *	83.0	17.0	其他电信服务 *	66.2	33.8
颜料制造 *	82.9	17.2	有线广播电视传输服务	65.8	34.2
无线广播电视传输服务	81.3	18.7	地毯、挂毯制造	65.7	34.3
图书出版	80.7	19.3	记录媒介复制	65.6	34.4
报纸出版	80.0	20.0	照明灯具制造 *	65.4	34.7
新闻业	78.2	21.8	电视	64.7	35.3
音响设备制造	78.1	21.9	天然植物纤维编织工艺品制造	64.1	35.9
应用电视设备及其他广播电视设备制造	77.7	22.3	油墨及类似产品制造	63.9	36.1
广播电视节目制作及发射设备制造	77.2	22.9	游艺用品及室内游艺器材制造	62.0	38.0
广播电视接收设备及器材制造	76.7	23.3	园林、陈设艺术及其他陶瓷制品制造 *	61.6	38.4
其他电子设备制造 *	75.2	24.8	公园管理	61.1	38.9
游乐园	75.1	24.9	漆器工艺品制造	58.7	41.3

续表

小　类	规模以上企业	规模以下企业	小　类	规模以上企业	规模以下企业
软件开发 *	58.0	42.0	珠宝首饰零售	35.8	64.2
笔的制造	56.7	43.3	电子出版物出版	35.6	64.4
印刷专用设备制造	56.0	44.0	电影放映	33.0	67.0
文具制造	55.3	44.7	墨水、墨汁制造	31.4	68.6
游览景区管理	55.0	45.0	报刊批发	31.3	68.7
书、报刊印刷	55.0	45.1	手工纸制造	31.1	68.9
花画工艺品制造	53.9	46.1	博物馆	31.1	68.9
家用电器批发 *	53.7	46.3	卫星传输服务 *	30.2	69.8
其他工艺美术品制造	53.1	46.9	照相器材零售	30.2	69.8
互联网信息服务	52.9	47.1	电影和影视节目制作	26.0	74.0
露天游乐场所游乐设备制造	51.3	48.8	文物及非物质文化遗产保护	22.9	77.2
焰火、鞭炮产品制造	50.5	49.5	装订及印刷相关服务	22.8	77.2
电影和影视节目发行	48.7	51.3	录音制作	22.6	77.4
图书批发	48.6	51.5	文艺创作与表演	22.5	77.5
工程勘察设计 *	48.3	51.7	图书馆	22.1	77.9
包装装潢及其他印刷	48.2	51.8	其他出版业	21.8	78.2
其他娱乐用品制造	47.2	52.8	会议及展览服务	21.8	78.3
期刊出版	47.0	53.0	娱乐及体育设备出租 *	21.5	78.5
电影机械制造	45.8	54.2	其他娱乐业	21.2	78.8
广播	45.6	54.4	其他文化用品零售	21.2	78.8
中乐器制造	45.6	54.4	其他未列明教育 *	21.1	78.9
抽纱刺绣工艺品制造	44.0	56.0	音像制品出租	20.4	79.6
金属工艺品制造	42.4	57.6	摄影扩印服务	19.3	80.7
数字内容服务 *	42.1	57.9	电气设备批发 *	19.2	80.8
音像制品出版	41.7	58.3	专业化设计服务	19.2	80.8
家用视听设备零售	41.4	58.7	音像制品及电子出版物零售	17.8	82.2
雕塑工艺品制造	41.2	58.8	工艺美术品及收藏品零售	17.4	82.6
本册印制	40.9	59.1	文具用品批发	16.9	83.1
知识产权服务 *	40.8	59.2	歌舞厅娱乐活动	16.3	83.7
其他乐器及零件制造	40.3	59.7	广告业	15.9	84.1
艺术表演场馆	39.5	60.5	其他文化用品批发	15.3	84.7
首饰、工艺品及收藏品批发	37.4	62.6	文具用品零售	14.9	85.2
通讯及广播电视设备批发 *	37.4	62.6	其他文化艺术经纪代理	14.6	85.4
烈士陵园、纪念馆	36.4	63.6	乐器零售	14.3	85.7

续表

小　类	规模以上企业	规模以下企业	小　类	规模以上企业	规模以下企业
其他未列明商务服务业*	12.9	87.1	社会人文科学研究	8.3	91.7
野生植物保护*	12.1	87.9	其他文化艺术业	6.2	93.9
其他室内娱乐活动	10.3	89.7	文化艺术培训	4.8	95.2
文化娱乐经纪人	10.1	90.0	图书出租	2.7	97.3
贸易代理*	9.8	90.2	电子游艺厅娱乐活动	2.5	97.5
群众文化活动	9.3	90.7	档案馆	0.9	99.1
音像制品及电子出版物批发	9.1	90.9	网吧活动	0.7	99.3
拍卖*	8.4	91.6	专业性团体（的服务）*	0.0	100.0

3. 各小类规模以上文化企业从业人员的数量与占比

2013 年末各小类规模以上文化企业从业人员数量及占比如表 3 – 16 所示。其中，从业人员数量占全国规模以上文化企业合计值的比重超过 5% 的小类有 3 个，包括包装装潢及其他印刷、玩具制造、机制纸及纸板制造*；比重在 2% ~5% 的有 13 个，包括工程勘察设计*、软件开发*、焰火及鞭炮产品制造、其他工艺美术品制造、音响设备制造、电视机制造、影视录放设备制造、书及报刊印刷、广告业、珠宝首饰及有关物品制造、游览景区管理、互联网信息服务、照明灯具制造*；比重在 1% ~2% 的有 14 个，包括有线广播电视传输服务，广播电视接收设备及器材制造，报纸出版，图书及报刊零售，园林、陈设艺术及其他陶瓷制品制造*，雕塑工艺品制造，天然植物纤维编织工艺品制造，抽纱刺绣工艺品制造，其他电子设备制造*，照相机及器材制造，专业化设计服务，文具制造，金属工艺品制造，复印和胶印设备制造。此外，年末从业人员数量占全国规模以上文化企业合计值的比重在 0.5% ~1% 的小类有 15 个，比重在 0.1% ~0.5% 的有 34 个，其余 41 个的比重均不足 0.1%。

表 3-16　2013 年末各小类规模以上文化企业从业人员的数量及占比

单位：人，%

小　类	数量	占比	小　类	数量	占比
包装装潢及其他印刷	655911	8.70	首饰、工艺品及收藏品批发	67541	0.90
玩具制造	609857	8.09	家用电器批发 *	61701	0.82
机制纸及纸板制造 *	386505	5.13	信息化学品制造 *	60462	0.80
工程勘察设计 *	352920	4.68	图书出版	52556	0.70
软件开发 *	321402	4.26	珠宝首饰零售	50984	0.68
焰火、鞭炮产品制造	276194	3.66	笔的制造	50554	0.67
其他工艺美术品制造	249799	3.31	游乐园	48093	0.64
音响设备制造	245872	3.26	印刷专用设备制造	47417	0.63
电视机制造	223045	2.96	本册印制	46653	0.62
影视录放设备制造	204096	2.71	会议及展览服务	45102	0.60
书、报刊印刷	180561	2.40	西乐器制造	39307	0.52
广告业	178398	2.37	应用电视设备及其他广播电视设备制造	39016	0.52
珠宝首饰及有关物品制造	175183	2.32	电视	38607	0.51
游览景区管理	167226	2.22	家用视听设备零售	37771	0.50
互联网信息服务	159770	2.12	歌舞厅娱乐活动	36861	0.49
照明灯具制造 *	152613	2.02	图书批发	36287	0.48
有线广播电视传输服务	149086	1.98	油墨及类似产品制造	35239	0.47
广播电视接收设备及器材制造	135016	1.79	花画工艺品制造	35191	0.47
报纸出版	124889	1.66	电影放映	30758	0.41
图书、报刊零售	120705	1.60	颜料制造 *	30118	0.40
园林、陈设艺术及其他陶瓷制品制造 *	119508	1.59	文艺创作与表演	29503	0.39
雕塑工艺品制造	116889	1.55	其他电信服务 *	26683	0.35
天然植物纤维编织工艺品制造	115716	1.54	文具用品批发	25513	0.34
抽纱刺绣工艺品制造	107955	1.43	漆器工艺品制造	25473	0.34
其他电子设备制造 *	100341	1.33	其他未列明商务服务业 *	25350	0.34
照相机及器材制造	98811	1.31	装订及印刷相关服务	23812	0.32
专业化设计服务	79704	1.06	公园管理	21668	0.29
文具制造	78949	1.05	电影和影视节目制作	20070	0.27
金属工艺品制造	78775	1.05	通讯及广播电视设备批发 *	18672	0.25
复印和胶印设备制造	76955	1.02	工艺美术品及收藏品零售	18494	0.25
地毯、挂毯制造	71710	0.95	游艺用品及室内游艺器材制造	15800	0.21

续表

小 类	数量	占比	小 类	数量	占比
摄影扩印服务	15565	0.21	照相器材零售	3333	0.04
无线广播电视传输服务	15208	0.20	群众文化活动	2796	0.04
其他文化用品批发	14656	0.19	其他文化艺术经纪代理	2636	0.03
文具用品零售	14271	0.19	网吧活动	2495	0.03
期刊出版	13920	0.18	其他出版业	2486	0.03
新闻业	12588	0.17	文物及非物质文化遗产保护	2117	0.03
其他文化用品零售	11418	0.15	音像制品出版	1993	0.03
电子乐器制造	9865	0.13	文化艺术培训	1904	0.03
露天游乐场所游乐设备制造	9832	0.13	电影机械制造	1795	0.02
数字内容服务 *	9149	0.12	乐器零售	1755	0.02
幻灯及投影设备制造	8680	0.12	音像制品及电子出版物零售	1653	0.02
广播电视节目制作及发射设备制造	8378	0.11	博物馆	1537	0.02
电影和影视节目发行	8343	0.11	录音制作	1367	0.02
其他娱乐业	8082	0.11	墨水、墨汁制造	1075	0.01
知识产权服务 *	7469	0.10	娱乐及体育设备出租 *	1042	0.01
记录媒介复制	7404	0.10	电子出版物出版	947	0.01
艺术表演场馆	7187	0.10	音像制品及电子出版物批发	874	0.01
其他娱乐用品制造	6916	0.09	拍卖 *	810	0.01
中乐器制造	6570	0.09	卫星传输服务 *	768	0.01
手工纸制造	6528	0.09	文化娱乐经纪人	639	0.01
其他乐器及零件制造	6449	0.09	野生植物保护 *	572	0.01
其他文化艺术业	5924	0.08	烈士陵园、纪念馆	516	0.01
电气设备批发 *	5488	0.07	电子游艺厅娱乐活动	461	0.01
广播	4906	0.07	社会人文科学研究	329	0.004
报刊批发	4766	0.06	图书馆	209	0.003
野生动物保护 *	4702	0.06	音像制品出租	208	0.003
贸易代理 *	4513	0.06	图书出租	24	0.0003
其他室内娱乐活动	3557	0.05	档案馆	20	0.0003
其他未列明教育 *	3469	0.05	专业性团体（的服务）*	0	0.00

4. 各小类规模以下文化企业从业人员的数量与占比

2013 年末全部 120 个小类规模以下文化企业从业人员的数量及占比如表 3 - 17 所示。其中，从业人员数量占全国规模以下文化企业合计值的比重超过 5% 的小类有 2 个，比重在 2% ~ 5% 的有 11 个，比重在 1% ~ 2% 的有 16 个，比重在 0.5% ~ 1% 的有 16 个，比重在 0.1% ~ 0.5% 的有 47 个，其余 28 个的比重均不足 0.1%。

表 3 - 17　2013 年末各小类规模以下文化企业从业人员的数量及占比

单位：人，%

小　类	数量	占比	小　类	数量	占比
广告业	942551	11.86	装订及印刷相关服务	80699	1.02
包装装潢及其他印刷	704491	8.87	珠宝首饰及有关物品制造	80091	1.01
工程勘察设计 *	377559	4.75	有线广播电视传输服务	77488	0.98
网吧活动	356661	4.49	园林、陈设艺术及其他陶瓷制品制造 *	74613	0.94
专业化设计服务	335600	4.22	音响设备制造	68798	0.87
焰火、鞭炮产品制造	270759	3.41	本册印制	67366	0.85
玩具制造	263547	3.32	摄影扩印服务	65196	0.82
软件开发 *	232725	2.93	天然植物纤维编织工艺品制造	64760	0.82
其他工艺美术品制造	220435	2.77	文具制造	63864	0.80
歌舞厅娱乐活动	189079	2.38	电影放映	62332	0.78
其他未列明商务服务业 *	171776	2.16	机制纸及纸板制造 *	60751	0.76
雕塑工艺品制造	166780	2.10	电影和影视节目制作	57201	0.72
会议及展览服务	162251	2.04	家用视听设备零售	53565	0.67
书、报刊印刷	148060	1.86	家用电器批发 *	53199	0.67
互联网信息服务	142062	1.79	其他文化用品零售	42472	0.53
抽纱刺绣工艺品制造	137646	1.73	图书、报刊零售	41978	0.53
游览景区管理	136817	1.72	贸易代理 *	41324	0.52
文具用品批发	125768	1.58	广播电视接收设备及器材制造	41017	0.52
首饰、工艺品及收藏品批发	112861	1.42	笔的制造	38579	0.49
金属工艺品制造	106985	1.35	图书批发	38451	0.48
文艺创作与表演	101740	1.28	文化艺术培训	38027	0.48
珠宝首饰零售	91399	1.15	地毯、挂毯制造	37426	0.47
其他文化艺术业	90341	1.14	印刷专用设备制造	37275	0.47
工艺美术品及收藏品零售	87644	1.10	其他电子设备制造 *	33060	0.42
文具用品零售	81808	1.03	报纸出版	31226	0.39
其他文化用品批发	81276	1.02	通信及广播电视设备批发 *	31222	0.39
照明灯具制造 *	80909	1.02	其他室内娱乐活动	30834	0.39

续表

小　类	数量	占比	小　类	数量	占比
花画工艺品制造	30126	0.38	复印和胶印设备制造	7795	0.10
其他娱乐业	30018	0.38	其他娱乐用品制造	7726	0.10
群众文化活动	27154	0.34	照相器材零售	7705	0.10
电气设备批发 *	23032	0.29	音像制品及电子出版物零售	7616	0.10
电视	21071	0.27	电视机制造	7570	0.10
油墨及类似产品制造	19883	0.25	文物及非物质文化遗产保护	7146	0.09
影视录放设备制造	18195	0.23	颜料制造 *	6233	0.08
电子游艺厅娱乐活动	17958	0.23	广播	5854	0.07
漆器工艺品制造	17934	0.23	文化娱乐经纪人	5717	0.07
游乐园	15954	0.20	信息化学品制造 *	5574	0.07
期刊出版	15703	0.20	录音制作	4679	0.06
其他文化艺术经纪代理	15452	0.19	专业性团体（的服务）*	4570	0.06
手工纸制造	14442	0.18	野生植物保护 *	4146	0.05
西乐器制造	14190	0.18	记录媒介复制	3881	0.05
公园管理	13786	0.17	娱乐及体育设备出租 *	3808	0.05
其他电信服务 *	13619	0.17	电子乐器制造	3665	0.05
其他未列明教育 *	12972	0.16	社会人文科学研究	3632	0.05
数字内容服务 *	12578	0.16	新闻业	3515	0.04
图书出版	12534	0.16	无线广播电视传输服务	3502	0.04
应用电视设备及其他广播电视设备制造	11200	0.14	博物馆	3407	0.04
艺术表演场馆	11015	0.14	幻灯及投影设备制造	2968	0.04
知识产权服务 *	10857	0.14	音像制品出版	2791	0.04
乐器零售	10535	0.13	广播电视节目制作及发射设备制造	2481	0.03
报刊批发	10464	0.13	墨水、墨汁制造	2346	0.03
照相机及器材制造	9768	0.12	档案馆	2304	0.03
游艺用品及室内游艺器材制造	9668	0.12	电影机械制造	2121	0.03
其他乐器及零件制造	9540	0.12	卫星传输服务 *	1775	0.02
露天游乐场所游乐设备制造	9354	0.12	电子出版物出版	1710	0.02
其他出版业	8898	0.11	野生动物保护 *	965	0.01
电影和影视节目发行	8795	0.11	烈士陵园、纪念馆	900	0.01
拍卖 *	8789	0.11	图书出租	877	0.01
音像制品及电子出版物批发	8702	0.11	音像制品出租	810	0.01
中乐器制造	7851	0.10	图书馆	735	0.01

（三） 文化事业单位从业人员数量的小类构成

在 2013 年末全部 55 个有事业单位的小类文化产业中，事业单位从业人员数量占全国文化事业单位总数的比重超过 5% 的有 4 个，比重在 2%～5% 的有 12 个，比重在 1%～2% 的有 6 个，比重在 0.5%～1% 的有 10 个，比重在 0.1%～0.5% 的有 10 个，其余 13 个的比重均不足 0.1%（见表 3 – 18）。

表 3 – 18　2013 年末各小类事业单位从业人员的数量及占比

单位：人，%

小　类	数量	占比	小　类	数量	占比
专业性团体（的服务）*	435517	20.57	无线广播电视传输服务	19073	0.90
电视	195861	9.25	烈士陵园、纪念馆	17525	0.83
群众文化活动	172301	8.14	电影放映	17026	0.80
文艺创作与表演	126840	5.99	电影和影视节目制作	16683	0.79
文化艺术培训	97747	4.62	歌舞厅娱乐活动	15827	0.75
公园管理	91173	4.31	专业化设计服务	14521	0.69
广播	79147	3.74	其他未列明商务服务业*	12230	0.58
游览景区管理	74492	3.52	互联网信息服务	12018	0.57
网吧活动	74166	3.50	会议及展览服务	11768	0.56
报纸出版	60811	2.87	期刊出版	10678	0.50
博物馆	60477	2.86	电影和影视节目发行	7571	0.36
有线广播电视传输服务	57533	2.72	摄影扩印服务	6764	0.32
图书馆	55053	2.60	其他室内娱乐活动	6656	0.31
文物及非物质文化遗产保护	49655	2.35	其他娱乐业	6284	0.30
其他未列明教育*	48606	2.30	图书出版	5667	0.27
社会人文科学研究	46704	2.21	野生动物保护*	5336	0.25
档案馆	37369	1.76	软件开发*	4236	0.20
广告业	34773	1.64	野生植物保护*	3672	0.17
新闻业	30308	1.43	其他出版业	2581	0.12
工程勘察设计*	29410	1.39	游乐园	2305	0.11
其他文化艺术业	28340	1.34	卫星传输服务*	1932	0.09
艺术表演场馆	22530	1.06	电子游艺厅娱乐活动	1924	0.09

续表

小　类	数量	占比	小　类	数量	占比
图书出租	1764	0.08	电子出版物出版	298	0.01
其他文化艺术经纪代理	1339	0.06	其他电信服务*	296	0.01
知识产权服务*	890	0.04	音像制品出版	249	0.01
录音制作	453	0.02	娱乐及体育设备出租*	143	0.01
数字内容服务*	306	0.01	音像制品出租	107	0.01
文化娱乐经纪人	305	0.01			

第四章　中国文化产业资产结构

根据第三次全国经济普查的结果，2013 年末我国文化产业法人单位资产总额达 103407.09 亿元。其中，文化企业的资产总额为 95422.05 亿元，占比 92.3%；事业单位的资产总额为 7985.04 亿元，占比 7.7%。在全国文化企业中，2013 年末规模以上企业的资产总额为 57568.48 亿元，占全国文化企业合计值的 60.3%；规模以下企业资产总额为 37853.58 亿元，占全国文化企业合计值的 39.7%。①

一　中国文化产业法人单位资产的部分构成

（一）各部分文化法人单位的资产与构成

2013 年末"文化产品的生产"部分法人单位的资产总额为 66794.94 亿元，占全国文化法人单位资产总额的 64.6%；"文化相关产品的生产"部分法人单位的资产总额为 36612.15 亿元，占全国文化法人单位资产总额的 35.4%（见表 4-1）。

---

① 因第三次全国经济普查不涉及个体经营户的资产状况，故本章关于中国文化产业资产结构的分析仅限于法人单位范围。

表 4 - 1　2013 年末各部分文化法人单位资产总额

单位：亿元

部　分	法人单位		
	合计	企业	事业单位
文化产品的生产	66794.94	58932.78	7862.16
文化相关产品的生产	36612.15	36489.27	122.88

在"文化产品的生产"部分中，2013 年末文化企业的资产总额为 58932.78 亿元，占该部分法人单位资产总额的 88.2%；文化事业单位的资产总额为 7862.16 亿元，占该部分法人单位资产总额的 11.8%。

在"文化相关产品的生产"部分中，2013 年末文化企业的资产总额为 36489.27 亿元，占该部分法人单位资产总额的 99.7%；文化事业单位的资产总额为 122.88 亿元，占该部分法人单位资产总额的 0.3%。

另据考察，文化事业单位的资产主要集中于"文化产品的生产"部分。统计显示，在 2013 年末文化事业单位资产总额中，"文化产品的生产"部分和"文化相关产品的生产"部分占比分别为 98.5% 和 1.5%。

（二）各部分文化企业的资产与构成

1. 各部分文化企业的资产总额及构成

在 2013 年末全国文化企业资产总额中，"文化产品的生产"部分、"文化相关产品的生产"部分所占比重分别为 61.8%、38.2%。

在"文化产品的生产"部分中，2013 年末规模以上文化企业资产总额为 31759.92 亿元，占比为 53.9%；规模以下文化企业资产总额为 27172.86 亿元，占比为 46.1%。

在"文化相关产品的生产"部分中，2013 年末规模以上文化企业资产总额为 25808.56 亿元，占比为 70.7%；规模以下文化企业资产总额为 10680.71 亿元，占比为 29.3%（见表 4 - 2）。

表 4 - 2　2013 年末各部分文化企业的资产与构成

单位：亿元

部　分	文化企业		
	合计	规模以上企业	规模以下企业
文化产品的生产	58932.78	31759.92	27172.86
文化相关产品的生产	36489.27	25808.56	10680.71

2. 规模以上文化企业与规模以下文化企业资产的部分构成

在 2013 年末全国规模以上文化企业中，"文化产品的生产"部分、"文化相关产品的生产"部分所占比重分别为 55.2%、44.8%。在 2013 年末全国规模以下文化企业中，"文化产品的生产"部分、"文化相关产品的生产"部分所占比重分别为 71.8%、28.2%（见表 4 - 3）。

表 4 - 3　2013 年末规模以上企业与规模以下企业资产总额的部分构成

单位：亿元，%

部　分	规模以上企业		规模以下企业	
	金额	占比	金额	占比
文化产品的生产	31759.92	55.2	27172.86	71.8
文化相关产品的生产	25808.56	44.8	10680.72	28.2
总　计	57568.48	100.0	37853.58	100.0

二　中国文化产业法人单位资产大类构成

（一）各大类文化法人单位的年末资产总额与构成

1. 各大类文化法人单位的年末资产总额及占比

2013 年末各大类文化法人单位的资产规模差异很大。其中，文化用品的生产、文化创意和设计服务、文化产品生产的辅助生产 3 个大类的年末资产总额明显较大，依次为 21068.12 亿元、19597.00 亿元、

12068.94 亿元，它们占全国文化法人单位年末资产总额的比重依次达到了 20.4% 、19.0% 、11.7% ；同时，工艺美术品的生产、文化休闲娱乐服务、文化信息传输服务、新闻出版发行服务、广播电视电影服务、文化艺术服务、文化专用设备的生产 7 个大类的年末资产总额相对较小，依次为 10258.41 亿元、10118.10 亿元、7378.20 亿元、6930.07 亿元、6719.29 亿元、5793.88 亿元、3475.10 亿元，它们占全国文化法人单位年末资产总额的比重依次为 9.9% 、9.8% 、7.1% 、6.7% 、6.5% 、5.6% 、3.4% （见图 4 - 1）。

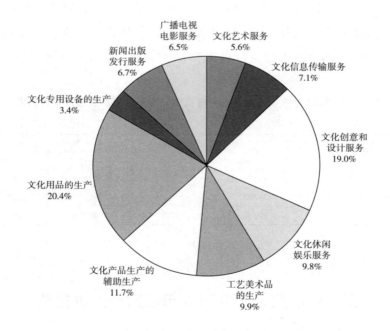

图 4 - 1　2013 年末全国文化法人单位资产总额的大类构成

2. 各大类文化法人单位资产的构成

如第二章所述，在我国文化产业全部 10 个大类中，工艺美术品的生产、文化用品的生产、文化专用设备的生产 3 个大类的法人单位均系企业，并无事业单位。在余下的文化艺术服务、广播电视电影服务、文化休闲娱乐服务、新闻出版发行服务、文化信息传输服务、文化产品生产的辅助生产、文化创意和设计服务 7 个大类中，事业单位所占相应大类法人单位年末资产总额的比重依次为 51.7%、37.1%、11.1%、8.4%、6.8%、1.0%、0.9%（见表 4 - 4）。

表 4 - 4　2013 年末 7 个大类文化法人单位资产总额的构成

单位：亿元，%

大　类	企业		事业单位	
	金额	占比	金额	占比
文化艺术服务	2798.56	48.3	2995.33	51.7
广播电视电影服务	4226.75	62.9	2492.53	37.1
文化休闲娱乐服务	8995.60	88.9	1122.50	11.1
新闻出版发行服务	6349.12	91.6	580.95	8.4
文化信息传输服务	6877.41	93.2	500.78	6.8
文化产品生产的辅助生产	11946.06	99.0	122.88	1.0
文化创意和设计服务	19426.93	99.1	170.07	0.9

（二）各大类文化企业的资产与构成

1. 各大类文化企业的资产总额及占比

在 2013 年末全国文化企业资产总额中，文化用品的生产、文化创意和设计服务、文化产品生产的辅助生产、工艺美术品的生产 4 个大类的企业资产总额明显较大，依次为 21068.12 亿元、19426.93 亿元、11946.06 亿元、10258.41 亿元，它们占全国文化企业资产总额的比重也依次达到了 22.1%、20.4%、12.5%、10.8%；文化休闲娱乐服务、文化信息传输服务、新闻出版发行服务、广播电视电影服务、文化专用设备的生产、文化艺术服务 6 个大类的企业年末资产总额相对较小，依次为 8995.60 亿元、6877.41 亿元、6349.12 亿元、4226.75亿元、3475.10 亿元、2798.56 亿元，它们占全国文化企业年末资产总额的比重则依次为 9.4%、7.2%、6.7%、4.4%、3.6%、2.9%（见图 4 - 2）。

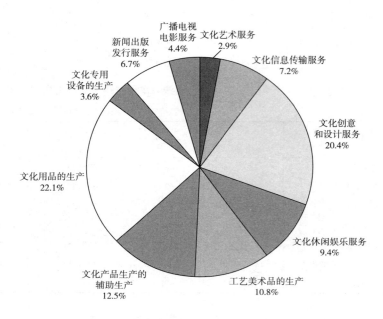

图 4 - 2 2013 年末全国文化企业资产总额的大类构成

2. 各大类文化企业资产中规模以上企业和规模以下企业的构成

在 2013 年各大类文化企业中，规模以上企业年末资产总额占相应大类文化企业年末资产总额的比重超过 50% 的有 7 个，依次为文化专用设备的生产、文化用品的生产、新闻出版发行服务、文化信息传输服务、广播电视电影服务、工艺美术品的生产、文化产品生产的辅助生产，它们所占比重依次为 82.2%、79.1%、77.3%、69.9%、65.9%、58.0%、52.6%。在余下的文化休闲娱乐服务、文化创意和设计服务、文化艺术服务 3 个大类文化企业中，规模以上企业所占相应大类年末资产总额的比重依次为 49.9%、40.5%、33.9%（见图 4 - 3）。

3. 规模以上文化企业资产的大类构成

在 2013 年末全国规模以上文化企业资产总额中，文化用品的生产、

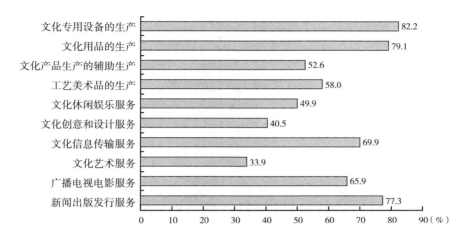

图 4-3　2013 年末各大类文化企业资产总额中规模以上企业所占比重

文化创意和设计服务、文化产品生产的辅助生产、工艺美术品的生产 4 个大类企业的年末资产总额明显较多，依次为 16663. 16 亿元、7864. 92 亿元、6288. 45 亿元、5946. 72 亿元，它们占全国规模以上文化企业年末资产总额的比重依次为 28. 9%、13. 7%、10. 9%、10. 3%；新闻出版发行服务、文化信息传输服务、文化休闲娱乐服务、文化专用设备的生产、广播电视电影服务、文化艺术服务 6 个大类规模以上文化企业的年末资产总额相对较少，依次为 4909. 98 亿元、4810. 46 亿元、4493. 03 亿元、2856. 95 亿元、2787. 23 亿元、947. 59 亿元，它们占全国规模以上文化企业年末资产总额的比重依次为 8. 5%、8. 4%、7. 8%、5. 0%、4. 8%、1. 6%（见图 4-4）。

4. 规模以下文化企业资产的大类构成

在 2013 年末全国各大类规模以下文化企业中，文化创意和设计服务、文化产品生产的辅助生产、文化休闲娱乐服务、文化用品的生产、工艺美术品的生产 5 个大类企业的资产总额明显较大，依次为 11562. 01 亿元、5657. 61 亿元、4502. 57 亿元、4404. 96 亿元、4311. 69 亿元，它们占全国规模以下文化企业资产总额的比重依次为 30. 5%、14. 9%、

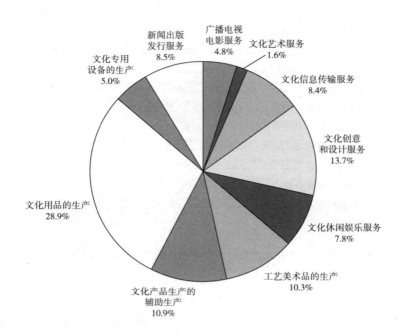

图 4 - 4　2013 年末规模以上文化企业资产总额的大类分布

11.9%、11.6%、11.4%；文化信息传输服务、文化艺术服务、广播电视电影服务、新闻出版发行服务、文化专用设备的生产5个大类规模以下企业的年末资产总额相对较小，依次为2066.95亿元、1850.96亿元、1439.52亿元、1439.14亿元、618.15亿元，它们占全国规模以下文化企业年末资产总额的比重依次为5.5%、4.9%、3.8%、3.8%、1.6%（见图4-5）。

（三）文化事业单位从业人员数量的大类构成

2013年我国文化事业单位分布于文化艺术服务、广播电视电影服务、文化休闲娱乐服务、新闻出版发行服务、文化信息传输服务、文化创意和设计服务、文化产品生产的辅助生产7个大类，这7个大类文化事业单位的年末资产总额依次为2995.33亿元、2492.53亿元、1122.50亿元、580.95亿元、500.78亿元、170.07亿元、122.88亿元，它们占

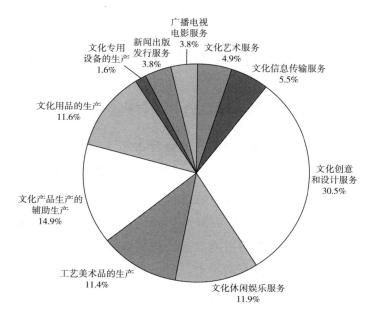

图 4 - 5 2013 年末全国规模以下文化企业资产总额的大类构成

全国文化事业单位年末资产总额的比重依次为 37.5%、31.2%、14.1%、7.3%、6.3%、2.1%、1.5%（见图 4 - 6）。

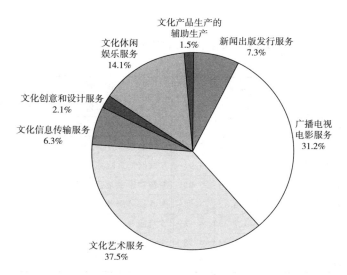

图 4 - 6 2013 年末全国文化事业单位资产总额的大类构成

89

三　中国文化产业法人单位资产中类构成

（一）各中类文化法人单位的资产与构成

1. 各中类文化法人单位的资产总额及占比

2013 年末我国各中类文化法人单位资产总额及占比如表 4 – 5 所示。其中，法人单位资产总额占全国文化产业法人单位合计值的比重超过 5% 的中类有 5 个，包括广告服务、景区游览服务、印刷复制服务、工艺美术品的制造、文化用纸的制造；比重在 2% ~5% 的有 13 个，包括建筑设计服务、视听设备的制造、出版服务、广播电视传输服务、工艺美术品的销售、文化软件服务、广播电视服务、互联网信息服务、电影和影视录音服务、专业设计服务、发行服务、娱乐休闲服务、会展服务。此外，2013 年末法人单位资产总额占全国文化法人单位合计值的比重在 1% ~2% 的中类有 9 个，在 0.5% ~1% 的有 11 个，不足 0.5% 的有 12 个。

表 4 – 5　2013 年末各中类文化法人单位资产总额及占比

单位：亿元，%

中　类	金额	占比	中　类	金额	占比
广告服务	8907.82	8.61	工艺美术品的销售	3774.38	3.65
景区游览服务	7697.70	7.44	文化软件服务	3638.64	3.52
印刷复制服务	7093.81	6.86	广播电视服务	3485.94	3.37
工艺美术品的制造	6143.52	5.94	互联网信息服务	3274.83	3.17
文化用纸的制造	6104.73	5.90	电影和影视录音服务	3233.35	3.13
建筑设计服务	4696.12	4.54	专业设计服务	2354.42	2.28
视听设备的制造	4327.39	4.18	发行服务	2324.02	2.25
出版服务	4321.34	4.18	娱乐休闲服务	2276.93	2.20
广播电视传输服务	3820.27	3.69	会展服务	2276.12	2.20

续表

中 类	金额	占比	中 类	金额	占比
文具乐器照相器材的销售	1865.44	1.80	办公用品的制造	578.25	0.56
其他文化辅助生产	1765.06	1.71	文化用油墨颜料的制造	574.85	0.56
文化用家电的销售	1654.28	1.60	文化贸易代理与拍卖服务	548.63	0.53
其他文化用品的制造	1489.89	1.44	文化研究和社团服务	528.24	0.51
文化遗产保护服务	1311.91	1.27	乐器的制造	501.47	0.48
文艺创作与表演服务	1278.97	1.24	印刷专用设备的制造	407.07	0.39
玩具的制造	1184.86	1.15	文化艺术培训服务	370.14	0.36
广播电视电影专用设备的制造	1167.36	1.13	园林、陈设艺术及其他陶瓷制品的制造	340.51	0.33
其他文化艺术服务	1041.16	1.01	新闻服务	284.71	0.28
其他文化用品的销售	1012.70	0.98	增值电信服务（文化部分）	283.10	0.27
文化用化学品的制造	903.11	0.87	舞台照明设备的批发	274.48	0.27
广播电视电影专用设备的批发	836.01	0.81	文化经纪代理服务	251.42	0.24
其他文化专用设备的制造	790.19	0.76	游艺器材及娱乐用品的制造	214.98	0.21
焰火、鞭炮产品的制造	656.16	0.63	摄影扩印服务	143.47	0.14
图书馆与档案馆服务	639.56	0.62	版权服务	89.67	0.09
群众文化服务	623.90	0.60	文化出租服务	44.23	0.04

2. 各中类法人单位中企业与事业单位资产的构成

在我国文化产业中，有 24 个中类无事业单位。在余下的 26 个中类中，2013 年末事业单位占相应中类法人单位资产总额的比重超过 50% 的有 6 个，包括图书馆与档案馆服务、文化研究和社团服务、文化遗产保护服务、文化艺术培训服务、广播电视服务、群众文化服务，所占比重依次为 98.5%、94.3%、72.5%、65.8%、64.4%、52.1%；所占比重在 20% ~50% 的包括新闻服务、文艺创作与表演服务 2 个，所占比重分别为 47.2%、22.6%。此外，文化事业单位占相应中类法人单位资产总额的比重在 10% ~20% 的有 3 个，在 5% ~10% 的也有 3 个，其余 12 个所占比重均不足 5%（见表 4 -6）。

表 4 - 6   **2013 年末 26 个中类文化法人单位资产总额的构成**

单位：%

中　类	企业	事业单位	中　类	企业	事业单位
图书馆与档案馆服务	1.5	98.5	其他文化艺术服务	94.4	5.6
文化研究和社团服务	5.7	94.3	版权服务	95.4	4.6
文化遗产保护服务	27.5	72.5	会展服务	96.1	3.9
文化艺术培训服务	34.2	65.8	文化出租服务	97.1	2.9
广播电视服务	35.6	64.4	建筑设计服务	97.8	2.2
群众文化服务	47.9	52.1	文化经纪代理服务	98.1	1.9
新闻服务	52.8	47.2	互联网信息服务	98.3	1.7
文艺创作与表演服务	77.4	22.6	专业设计服务	98.4	1.6
景区游览服务	85.8	14.2	其他文化辅助生产	98.6	1.4
广播电视传输服务	88.8	11.2	娱乐休闲服务	98.6	1.4
出版服务	89.7	10.3	摄影扩印服务	99.5	0.5
电影和影视录音服务	92.3	7.7	广告服务	99.7	0.3
增值电信服务（文化部分）	94.2	5.8	文化软件服务	99.9	0.1

（二）各中类文化企业的资产与构成

1. 各中类文化企业的资产总额及占比

从中类层面来看，2013 年末全国各中类文化企业的资产规模差别巨大（见表 4 - 7）。其中，资产总额占全国文化企业年末资产总额的比重超过 5% 的中类有 5 个，包括广告服务、印刷复制服务、景区游览服务、工艺美术品的制造、文化用纸的制造；比重在 2% ~ 5% 的有 12 个，包括建筑设计服务、视听设备的制造、出版服务、工艺美术品的销售、文化软件服务、广播电视传输服务、互联网信息服务、电影和影视录音服务、发行服务、专业设计服务、娱乐休闲服务、会展服务。此外，占全国文化企业年末资产总额的比重在 1% ~ 2% 的中类有 10 个，比重在 0.5% ~ 1% 的有 8 个，比重在 0.1% ~ 0.5% 的有 11 个，其余 4 个的比重均不足 0.1%。

表 4 - 7　2013 年末各中类文化企业的资产总额及占比

单位：亿元，%

中　类	金额	占比	中　类	金额	占比
广告服务	8882.86	9.31	文艺创作与表演服务	989.74	1.04
印刷复制服务	7093.81	7.43	其他文化艺术服务	982.86	1.03
景区游览服务	6607.29	6.92	文化用化学品的制造	903.11	0.95
工艺美术品的制造	6143.52	6.44	广播电视电影专用设备的批发	836.01	0.88
文化用纸的制造	6104.73	6.40	其他文化专用设备的制造	790.19	0.83
建筑设计服务	4591.73	4.81	焰火及鞭炮产品的制造	656.16	0.69
视听设备的制造	4327.39	4.53	办公用品的制造	578.25	0.61
出版服务	3874.85	4.06	文化用油墨颜料的制造	574.85	0.60
工艺美术品的销售	3774.38	3.96	文化贸易代理与拍卖服务	548.63	0.57
文化软件服务	3634.74	3.81	乐器的制造	501.47	0.53
广播电视传输服务	3391.95	3.55	印刷专用设备的制造	407.07	0.43
互联网信息服务	3218.88	3.37	文化遗产保护服务	360.20	0.38
电影和影视录音服务	2985.48	3.13	园林、陈设艺术及其他陶瓷制品的制造	340.51	0.36
发行服务	2324.02	2.44	群众文化服务	299.13	0.31
专业设计服务	2317.60	2.43	舞台照明设备的批发	274.48	0.29
娱乐休闲服务	2245.62	2.35	增值电信服务（文化部分）	266.58	0.28
会展服务	2187.87	2.29	文化经纪代理服务	246.62	0.26
文具乐器照相器材的销售	1865.44	1.95	游艺器材及娱乐用品的制造	214.98	0.23
其他文化辅助生产	1740.60	1.82	新闻服务	150.25	0.16
文化用家电的销售	1654.28	1.73	摄影扩印服务	142.69	0.15
其他文化用品的制造	1489.89	1.56	文化艺术培训服务	126.76	0.13
广播电视服务	1241.27	1.30	版权服务	85.57	0.09
玩具的制造	1184.86	1.24	文化出租服务	42.95	0.05
广播电视电影专用设备的制造	1167.36	1.22	文化研究和社团服务	30.31	0.03
其他文化用品的销售	1012.70	1.06	图书馆与档案馆服务	9.55	0.01

2. 各中类文化企业资产中规模以上企业与规模以下企业的构成

如表 4 - 8 所示，在各中类文化企业中，2013 年规模以上企业占相应中类企业年末资产总额的比重超过 90% 的有 4 个，比重在 80% ~ 90% 的有 4 个，比重在 70% ~ 80% 的有 8 个，比重在 60% ~ 70% 的有 8 个，比重在 50% ~ 60% 的有 8 个，比重在 40% ~ 50% 的有 5 个，比重在 30% ~ 40% 的有 3 个，比重在 20% ~ 30% 的有 3 个，其余 7 个的比重小于 20% 。

表 4 - 8　2013 年末各中类文化企业资产总额中规模以上企业所占比重

单位：%

中　类	占比	中　类	占比
文化用化学品的制造	95.7	园林、陈设艺术及其他陶瓷制品的制造	59.7
文化用纸的制造	95.5	电影和影视录音服务	59.1
视听设备的制造	93.4	文艺创作与表演服务	57.0
其他文化专用设备的制造	90.9	建筑设计服务	55.2
广播电视电影专用设备的制造	89.2	景区游览服务	53.5
新闻服务	86.7	焰火、鞭炮产品的制造	53.4
文化用油墨颜料的制造	84.5	工艺美术品的销售	53.3
广播电视服务	82.5	文化遗产保护服务	48.7
广播电视电影专用设备的批发	77.7	会展服务	48.1
发行服务	77.6	文具乐器照相器材的销售	42.2
互联网信息服务	76.9	娱乐休闲服务	41.7
出版服务	76.8	其他文化用品的销售	40.3
增值电信服务（文化部分）	74.3	乐器的制造	38.4
文化用家电的销售	73.7	文化贸易代理与拍卖服务	35.0
玩具的制造	73.6	专业设计服务	34.5
其他文化用品的制造	73.2	文化经纪代理服务	29.6
印刷专用设备的制造	69.6	广告服务	24.6
游艺器材及娱乐用品的制造	67.2	文化出租服务	23.6
办公用品的制造	64.6	其他文化辅助生产	19.4
文化软件服务	64.5	摄影扩印服务	16.7
印刷复制服务	64.4	图书馆与档案馆服务	16.0
广播电视传输服务	63.0	其他文化艺术服务	15.1
版权服务	62.4	群众文化服务	14.1
工艺美术品的制造	60.7	文化艺术培训服务	13.0
舞台照明设备的批发	59.8	文化研究和社团服务	1.3

3. 规模以上文化企业资产总额的中类构成

在全部 50 个中类规模以上文化企业中，2013 年末资产总额占全国规模以上企业合计值的比重超过 10% 的是文化用纸的制造，其资产总额达 5832.11 亿元，占比 10.13%；比重在 5%～10% 的有 5 个，包括印刷复制服务、视听设备的制造、工艺美术品的制造、景区游览服务、出版服务，它们的资产总额依次为 4570.05 亿元、4042.27 亿元、3730.58 亿元、3532.70 亿元、2976.87 亿元，所占比重依次为 7.94%、7.02%、6.48%、6.14%、5.17%；比重在 2%～5% 的有 9 个，包括建筑设计服务、互联网信息服务、文化软件服务、广告服务、广播电视传输服务、工艺美术品的销售、发行服务、电影和影视录音服务、文化用家电的销售，它们的年末资产总额依次为 2532.69 亿元、2474.70 亿元、2343.27 亿元、2188.63 亿元、2137.60 亿元、2012.85 亿元、1802.79 亿元、1763.65 亿元、1219.12 亿元，所占比重依次为 4.40%、4.30%、4.07%、3.80%、3.71%、3.50%、3.13%、3.06%、2.12%。此外，占全国规模以上文化企业年末资产总额的比重在 1%～2% 的有 11 个，比重在 0.5%～1% 的有 6 个，还有 18 个的比重均不足 0.5%（见表 4－9）。

表 4－9　2013 年末各中类规模以上文化企业资产总额及占比

单位：亿元，%

中　类	金额	占比	中　类	金额	占比
文化用纸的制造	5832.11	10.13	电影和影视录音服务	1763.65	3.06
印刷复制服务	4570.05	7.94	文化用家电的销售	1219.12	2.12
视听设备的制造	4042.27	7.02	其他文化用品的制造	1090.90	1.89
工艺美术品的制造	3730.58	6.48	会展服务	1052.17	1.83
景区游览服务	3532.70	6.14	广播电视电影专用设备的制造	1041.70	1.81
出版服务	2976.87	5.17	广播电视服务	1023.58	1.78
建筑设计服务	2532.69	4.40	娱乐休闲服务	936.43	1.63
互联网信息服务	2474.70	4.30	玩具的制造	872.34	1.52
文化软件服务	2343.27	4.07	文化用化学品的制造	864.61	1.50
广告服务	2188.63	3.80	专业设计服务	800.33	1.39
广播电视传输服务	2137.60	3.71	文具乐器照相器材的销售	787.15	1.37
工艺美术品的销售	2012.85	3.50	其他文化专用设备的制造	718.35	1.25
发行服务	1802.79	3.13	广播电视电影专用设备的批发	649.54	1.13

续表

中　类	金额	占比	中　类	金额	占比
文艺创作与表演服务	563.63	0.98	舞台照明设备的批发	164.23	0.29
文化用油墨颜料的制造	485.70	0.84	其他文化艺术服务	147.88	0.26
其他文化用品的销售	407.78	0.71	游艺器材及娱乐用品的制造	144.48	0.25
办公用品的制造	373.55	0.65	新闻服务	130.33	0.23
焰火、鞭炮产品的制造	350.36	0.61	文化经纪代理服务	72.87	0.13
其他文化辅助生产	337.64	0.59	版权服务	53.38	0.09
印刷专用设备的制造	283.14	0.49	群众文化服务	42.11	0.07
园林、陈设艺术及其他陶瓷制品的制造	203.29	0.35	摄影扩印服务	23.89	0.04
增值电信服务（文化部分）	198.16	0.34	文化艺术培训服务	16.5	0.03
乐器的制造	192.79	0.33	文化出租服务	10.15	0.02
文化贸易代理与拍卖服务	192.19	0.33	图书馆与档案馆服务	1.53	0.003
文化遗产保护服务	175.54	0.30	文化研究和社团服务	0.41	0.001

4. 规模以下文化企业资产总额的中类构成

2013 年各中类规模以下文化企业年末资产总额及占比如表 4 – 10 所示。其中，年末资产总额占全国规模以下文化企业年末资产总额的比重超过 10% 的中类只有 1 个，比重在 5% ~ 10% 的有 4 个，比重在 2% ~ 5% 的有 11 个，比重在 1% ~ 2% 的有 6 个，比重在 0.5% ~ 1% 的有 9 个，还有 19 个的比重均不足 0.5%。

表 4 – 10　2013 年末各中类规模以下文化企业的资产总额及占比

单位：亿元，%

中　类	金额	占比	中　类	金额	占比
广告服务	6694.23	17.68	专业设计服务	1517.27	4.01
景区游览服务	3074.59	8.12	其他文化辅助生产	1402.96	3.71
印刷复制服务	2523.76	6.67	娱乐休闲服务	1309.18	3.46
工艺美术品的制造	2412.94	6.37	文化软件服务	1291.47	3.41
建筑设计服务	2059.04	5.44	广播电视传输服务	1254.35	3.31
工艺美术品的销售	1761.54	4.65	电影和影视录音服务	1221.84	3.23

中　类	金额	占比	中　类	金额	占比
会展服务	1135.70	3.00	广播电视电影专用设备的批发	186.48	0.49
文具乐器照相器材的销售	1078.30	2.85	文化遗产保护服务	184.66	0.49
出版服务	897.98	2.37	文化经纪代理服务	173.75	0.46
其他文化艺术服务	834.98	2.21	园林、陈设艺术及其他陶瓷制品的制造	137.22	0.36
互联网信息服务	744.18	1.97	广播电视电影专用设备的制造	125.66	0.33
其他文化用品的销售	604.92	1.60	印刷专用设备的制造	123.93	0.33
发行服务	521.24	1.38	摄影扩印服务	118.80	0.31
文化用家电的销售	435.16	1.15	文化艺术培训服务	110.26	0.29
文艺创作与表演服务	426.11	1.13	舞台照明设备的批发	110.25	0.29
其他文化用品的制造	398.99	1.05	文化用油墨颜料的制造	89.15	0.24
文化贸易代理与拍卖服务	356.45	0.94	其他文化专用设备的制造	71.83	0.19
玩具的制造	312.51	0.83	游艺器材及娱乐用品的制造	70.50	0.19
乐器的制造	308.68	0.82	增值电信服务（文化部分）	68.42	0.18
焰火、鞭炮产品的制造	305.8	0.81	文化用化学品的制造	38.50	0.10
视听设备的制造	285.12	0.75	文化出租服务	32.81	0.09
文化用纸的制造	272.62	0.72	版权服务	32.19	0.09
群众文化服务	257.02	0.68	文化研究和社团服务	29.91	0.08
广播电视服务	217.69	0.58	新闻服务	19.93	0.05
办公用品的制造	204.7	0.54	图书馆与档案馆服务	8.02	0.02

（三）　文化事业单位资产的中类构成

在 2013 年全部 50 个中类文化产业中，事业单位分布于 26 个中类。在这 26 个中类中，年末资产总额占全国文化事业单位合计值的比重超过 10% 的有 3 个，比重在 5% ~ 10% 的有 4 个，比重在 2% ~ 5% 的有 4 个，比重在 1% ~ 2% 的有 3 个，比重在 0.5% ~ 1% 的有 2 个，其余 10 个的比重均不足 0.5%（见表 4 - 11）。

表 4 – 11   2013 年末 26 个中类文化事业单位的资产总额及占比

单位：亿元，%

中　类	金额	占比	中　类	金额	占比
广播电视服务	2244.67	28.11	会展服务	88.25	1.11
景区游览服务	1090.41	13.66	其他文化艺术服务	58.30	0.73
文化遗产保护服务	951.71	11.92	互联网信息服务	55.95	0.70
图书馆与档案馆服务	630.00	7.89	专业设计服务	36.82	0.46
文化研究和社团服务	497.92	6.24	娱乐休闲服务	31.32	0.39
出版服务	446.50	5.59	广告服务	24.96	0.31
广播电视传输服务	428.32	5.36	其他文化辅助生产	24.46	0.31
群众文化服务	324.77	4.07	增值电信服务（文化部分）	16.51	0.21
文艺创作与表演服务	289.23	3.62	文化经纪代理服务	4.80	0.06
电影和影视录音服务	247.87	3.10	版权服务	4.10	0.05
文化艺术培训服务	243.39	3.05	文化软件服务	3.90	0.05
新闻服务	134.45	1.68	文化出租服务	1.27	0.02
建筑设计服务	104.38	1.31	摄影扩印服务	0.78	0.01

四　中国文化产业法人单位资产小类构成

（一）各小类文化法人单位的资产总额与构成

1. 各小类文化法人单位的资产总额及占比

2013 年末我国各小类文化法人单位资产总额及占比如表 4 – 12 所示。其中，年末资产总额占全国文化产业法人单位合计值的比重超过 5% 的小类有 3 个，包括广告业、游览景区管理、机制纸及纸板制造*；比重在 2%～5% 的有 12 个，包括包装装潢及其他印刷，工程勘察设计*，软件开发*，有线广播电视传输服务，互联网信息服务，电视，电视机制造，珠宝首饰及有关物品制造，专业化设计服务，图书出版，会议及展览服务，首饰、工艺品及收藏品批发；比重在 1%～2% 的也有 12 个，包括其他未列明商务服务业*、电影和影视节目制作、报纸出版、文具用品批发、家用电器批发[*]、公园管理、书及报刊印刷、玩具制造、图书批发、图书及报刊零售、其他文化艺术业、珠宝首饰零售。此外，占全国文化法人单位年末资产总额的比重在 0.5% ~ 1% 的小类有 22 个，比重在 0.1% ~ 0.5% 的有 42 个，还有 29 个小类所占比重均不足 0.1%。

表 4 – 12　2013 年末各小类文化法人单位的资产总额及占比

单位：亿元，%

小　类	金额	占比	小　类	金额	占比
广告业	8907.82	8.61	其他文化艺术业	1041.16	1.01
游览景区管理	6292.08	6.08	珠宝首饰零售	1033.34	1.00
机制纸及纸板制造[*]	6037.99	5.84	其他工艺美术品制造	1027.13	0.99
包装装潢及其他印刷	5146.79	4.98	文艺创作与表演	991.42	0.96
工程勘察设计[*]	4696.12	4.54	影视录放设备制造	984.84	0.95
软件开发[*]	3535.73	3.42	电影和影视节目发行	945.61	0.91
有线广播电视传输服务	3359.99	3.25	信息化学品制造[*]	903.11	0.87
互联网信息服务	3274.83	3.17	游乐园	898.84	0.87
电视	2997.91	2.90	照明灯具制造[*]	886.83	0.86
电视机制造	2590.28	2.50	通讯及广播电视设备批发[*]	836.01	0.81
珠宝首饰及有关物品制造	2479.84	2.40	其他文化用品批发	825.26	0.80
专业化设计服务	2354.42	2.28	音响设备制造	752.27	0.73
图书出版	2287.8	2.21	雕塑工艺品制造	722.75	0.70
会议及展览服务	2276.12	2.20	广播电视接收设备及器材制造	702.38	0.68
首饰、工艺品及收藏品批发	2222.71	2.15	焰火、鞭炮产品制造	656.16	0.63
其他未列明商务服务业[*]	1765.06	1.71	电影放映	639.51	0.62
电影和影视节目制作	1615.37	1.56	群众文化活动	623.90	0.60
报纸出版	1609.04	1.56	其他电子设备制造[*]	603.06	0.58
文具用品批发	1524.02	1.47	博物馆	592.71	0.57
家用电器批发[*]	1317.7	1.27	文物及非物质文化遗产保护	579.35	0.56
公园管理	1276.03	1.23	抽纱刺绣工艺品制造	563.41	0.54
书及报刊印刷	1267.33	1.23	网吧活动	537.36	0.52
玩具制造	1184.86	1.15	图书馆	533.14	0.52
图书批发	1093.41	1.06	工艺美术品及收藏品零售	518.33	0.50
图书及报刊零售	1049.71	1.02	广播	488.03	0.47

续表

小　类	金额	占比	小　类	金额	占比
金属工艺品制造	424.97	0.41	其他文化用品零售	187.44	0.18
无线广播电视传输服务	424.29	0.41	拍卖 *	163.03	0.16
西乐器制造	410.76	0.40	其他未列明教育 *	159.75	0.15
印刷专用设备制造	407.07	0.39	摄影扩印服务	143.47	0.14
地毯、挂毯制造	400.96	0.39	烈士陵园、纪念馆	139.86	0.14
贸易代理 *	385.61	0.37	漆器工艺品制造	128.64	0.12
文具制造	366.53	0.35	其他出版业	124.83	0.12
照相机及器材制造	364.04	0.35	花画工艺品制造	117.06	0.11
复印和胶印设备制造	362.48	0.35	档案馆	106.41	0.10
歌舞厅娱乐活动	355.83	0.34	数字内容服务 *	102.92	0.10
应用电视设备及其他广播电视设备制造	346.28	0.33	其他室内娱乐活动	99.94	0.10
油墨及类似产品制造	344.67	0.33	野生动物保护 *	95.54	0.09
园林、陈设艺术及其他陶瓷制品制造 *	340.51	0.33	露天游乐场所游乐设备制造	91.75	0.09
本册印制	337.68	0.33	知识产权服务 *	89.67	0.09
家用视听设备零售	336.59	0.33	广播电视节目制作及发射设备制造	88.87	0.09
其他娱乐业	335.50	0.32	记录媒介复制	88.68	0.09
专业性团体(的服务) *	289.53	0.28	游艺用品及室内游艺器材制造	84.14	0.08
艺术表演场馆	287.55	0.28	音像制品及电子出版物批发	68.05	0.07
新闻业	284.71	0.28	手工纸制造	66.74	0.06
其他电信服务 *	283.10	0.27	音像制品及电子出版物零售	64.24	0.06
天然植物纤维编织工艺品制造	278.76	0.27	幻灯及投影设备制造	63.67	0.06
电气设备批发 *	274.48	0.27	音像制品出版	53.49	0.05
文具用品零售	261.8	0.25	电子游艺厅娱乐活动	49.47	0.05
装订及印刷相关服务	253.34	0.24	报刊批发	48.61	0.05
社会人文科学研究	238.71	0.23	乐器零售	42.41	0.04
颜料制造 *	230.18	0.22	其他娱乐用品制造	39.09	0.04
期刊出版	221.64	0.21	照相器材零售	37.21	0.04
其他文化艺术经纪代理	219.03	0.21	卫星传输服务 *	35.99	0.03
文化艺术培训	210.39	0.20	其他乐器及零件制造	34.41	0.03
笔的制造	197.54	0.19	野生植物保护 *	34.05	0.03

续表

小　类	金额	占比	小　类	金额	占比
录音制作	32.86	0.03	电子出版物出版	24.54	0.02
文化娱乐经纪人	32.39	0.03	音像制品出租	21.86	0.02
电影机械制造	29.83	0.03	娱乐及体育设备出租*	17.93	0.02
电子乐器制造	28.78	0.03	墨水、墨汁制造	14.18	0.01
中乐器制造	27.53	0.03	图书出租	4.43	0.004

2. 各小类法人单位中企业与事业单位资产总额的构成

　　如第二章所述，2013 年全国 120 个文化产业小类中都包含企业，而事业单位则分布于 55 个小类，这 55 个小类产业中企业和事业单位的年末资产总额构成如表 4 - 13 所示。在这 55 个小类中，事业单位占相应小类年末资产总额的比重超过 50% 的有 14 个，包括图书馆、专业性团体（的服务）*、档案馆、博物馆、烈士陵园及纪念馆、社会人文科学研究、广播、其他未列明教育*、文化艺术培训、电视、野生植物保护*、群众文化活动、艺术表演场馆、文物及非物质文化遗产保护；比重在 20% ~ 50% 的有 6 个，包括新闻业、无线广播电视传输服务、公园管理、图书出租、野生动物保护*、卫星传输服务*；比重不足 20% 的有 35 个。

表 4 - 13　2013 年末 55 个小类文化法人单位资产总额的构成

单位：%

小　类	企业	事业单位	小　类	企业	事业单位
图书馆	0.3	99.7	其他未列明教育*	33.7	66.3
专业性团体（的服务）*	1.6	98.4	文化艺术培训	34.7	65.3
档案馆	7.4	92.6	电视	38.9	61.1
博物馆	10.1	89.9	野生植物保护*	45.6	54.4
烈士陵园、纪念馆	10.7	89.3	群众文化活动	47.9	52.1
社会人文科学研究	10.7	89.3	艺术表演场馆	49.0	51.0
广播	15.1	84.9	文物及非物质文化遗产保护	49.2	50.8

续表

小　类	企业	事业单位	小　类	企业	事业单位
新闻业	52.8	47.2	会议及展览服务	96.1	3.9
无线广播电视传输服务	61.8	38.2	录音制作	96.3	3.7
公园管理	71.5	28.5	音像制品出版	97.1	2.9
图书出租	74.5	25.5	工程勘察设计*	97.8	2.2
野生动物保护*	75.0	25.0	其他文化艺术经纪代理	97.8	2.2
卫星传输服务*	78.8	21.2	其他娱乐业	97.9	2.1
文艺创作与表演	85.6	14.4	互联网信息服务	98.3	1.7
期刊出版	87.5	12.5	专业化设计服务	98.4	1.6
其他室内娱乐活动	87.6	12.4	其他未列明商务服务业*	98.6	1.4
报纸出版	88.6	11.4	网吧活动	98.6	1.4
游览景区管理	89.1	10.9	摄影扩印服务	99.5	0.5
图书出版	90.1	9.9	音像制品出租	99.5	0.5
电影和影视节目制作	90.4	9.6	歌舞厅娱乐活动	99.6	0.4
有线广播电视传输服务	92.3	7.7	电子游艺厅娱乐活动	99.6	0.4
电影和影视节目发行	93.7	6.3	游乐园	99.7	0.3
其他出版业	93.9	6.1	数字内容服务*	99.7	0.3
其他电信服务*	94.2	5.8	广告业	99.7	0.3
其他文化艺术业	94.4	5.6	文化娱乐经纪人	99.7	0.3
电影放映	95.0	5.0	娱乐及体育设备出租*	99.8	0.2
电子出版物出版	95.3	4.7	软件开发*	99.9	0.1
知识产权服务*	95.4	4.6			

（二）　各小类文化企业的资产构成

1. 各小类文化企业的资产总额及占比

2013 年末我国 120 个小类文化企业的资产总额及占比如表 4 - 14 所示。其中，年末资产总额占全国文化企业合计值的比重超过 5% 的小类有 4 个，包括广告业、机制纸及纸板制造*、游览景区管理、包装装潢及其他印刷；比重在 2% ~ 5% 的有 10 个，包括工程勘察设计*，软件开发*，互联网信息服务，有线广播电视传输服务，电视机制造，珠宝首饰及有关物品制造，专业化设计服务，首饰、工艺品及收藏品批发，会议及展览服务，图书出版；比重在 1%～2% 的有 14 个，包括其他未列明商务服务业*、文具用品批发、电影和影视节目制作、报纸出版、家用电器批发*、书及报刊印刷、玩具制造、电视、图书批发、图书及报刊零售、珠宝首饰零售、其他工艺美术品制造、影视录放设备制造、其他文化艺术业。此外，占全国文化企业年末资产总额的比重在 0.5%～1% 的小类有 17 个，比重在 0.1%～0.5% 的有 37 个，其余 38 个的比重均不足 0.1%。

表 4-14　2013 年末各小类文化企业的资产总额及占比

单位：亿元，%

小　类	金额	占比	小　类	金额	占比
广告业	8882.86	9.31	电视	1167.44	1.22
机制纸及纸板制造*	6037.99	6.33	图书批发	1093.41	1.15
游览景区管理	5607.59	5.88	图书、报刊零售	1049.71	1.10
包装装潢及其他印刷	5146.79	5.39	珠宝首饰零售	1033.34	1.08
工程勘察设计*	4591.73	4.81	其他工艺美术品制造	1027.13	1.08
软件开发*	3532.15	3.70	影视录放设备制造	984.84	1.03
互联网信息服务*	3218.88	3.37	其他文化艺术业	982.86	1.03
有线广播电视传输服务	3101.30	3.25	公园管理	912.54	0.96
电视机制造	2590.28	2.71	信息化学品制造*	903.11	0.95
珠宝首饰及有关物品制造	2479.84	2.60	游乐园	895.85	0.94
专业化设计服务	2317.60	2.43	照明灯具制造*	886.83	0.93
首饰、工艺品及收藏品批发	2222.71	2.33	电影和影视节目发行	885.62	0.93
会议及展览服务	2187.87	2.29	文艺创作与表演	848.73	0.89
图书出版	2062.31	2.16	通讯及广播电视设备批发*	836.01	0.88
其他未列明商务服务业*	1740.60	1.82	其他文化用品批发	825.26	0.86
文具用品批发	1524.02	1.60	音响设备制造	752.27	0.79
电影和影视节目制作	1460.40	1.53	雕塑工艺品制造	722.75	0.76
报纸出版	1426.02	1.49	广播电视接收设备及器材制造	702.38	0.74
家用电器批发*	1317.70	1.38	焰火、鞭炮产品制造	656.16	0.69
书、报刊印刷	1267.33	1.33	电影放映	607.81	0.64
玩具制造	1184.86	1.24	其他电子设备制造*	603.06	0.63

续表

小　类	金额	占比	小　类	金额	占比
抽纱刺绣工艺品制造	563.41	0.59	拍卖 *	163.03	0.17
网吧活动	530.04	0.56	新闻业	150.25	0.16
工艺美术品及收藏品零售	518.33	0.54	摄影扩印服务	142.69	0.15
金属工艺品制造	424.97	0.45	艺术表演场馆	141.02	0.15
西乐器制造	410.76	0.43	漆器工艺品制造	128.64	0.13
印刷专用设备制造	407.07	0.43	其他出版业	117.25	0.12
地毯、挂毯制造	400.96	0.42	花画工艺品制造	117.06	0.12
贸易代理 *	385.61	0.40	数字内容服务 *	102.60	0.11
文具制造	366.53	0.38	露天游乐场所游乐设备制造	91.75	0.10
照相机及器材制造	364.04	0.38	广播电视节目制作及发射设备制造	88.87	0.09
复印和胶印设备制造	362.48	0.38	记录媒介复制	88.68	0.09
歌舞厅娱乐活动	354.28	0.37	其他室内娱乐活动	87.58	0.09
应用电视设备及其他广播电视设备制造	346.28	0.36	知识产权服务 *	85.57	0.09
油墨及类似产品制造	344.67	0.36	游艺用品及室内游艺器材制造	84.14	0.09
园林、陈设艺术及其他陶瓷制品制造 *	340.51	0.36	广播	73.83	0.08
本册印制	337.68	0.35	文化艺术培训	72.91	0.08
家用视听设备零售	336.59	0.35	野生动物保护 *	71.63	0.08
其他娱乐业	328.61	0.34	音像制品及电子出版物批发	68.05	0.07
群众文化活动	299.13	0.31	手工纸制造	66.74	0.07
文物及非物质文化遗产保护	285.14	0.30	音像制品及电子出版物零售	64.24	0.07
天然植物纤维编织工艺品制造	278.76	0.29	幻灯及投影设备制造	63.67	0.07
电气设备批发 *	274.48	0.29	博物馆	60.12	0.06
其他电信服务 *	266.58	0.28	其他未列明教育 *	53.85	0.06
无线广播电视传输服务	262.28	0.27	音像制品出版	51.95	0.05
文具用品零售	261.80	0.27	电子游艺厅娱乐活动	49.25	0.05
装订及印刷相关服务	253.34	0.27	报刊批发	48.61	0.05
颜料制造 *	230.18	0.24	乐器零售	42.41	0.04
其他文化艺术经纪代理	214.31	0.22	其他娱乐用品制造	39.09	0.04
笔的制造	197.54	0.21	照相器材零售	37.21	0.04
期刊出版	193.92	0.20	其他乐器及零件制造	34.41	0.04
其他文化用品零售	187.44	0.20	文化娱乐经纪人	32.3	0.03

小　类	金额	占比	小　类	金额	占比
录音制作	31.64	0.03	娱乐及体育设备出租*	17.89	0.02
电影机械制造	29.83	0.03	野生植物保护*	15.53	0.02
电子乐器制造	28.78	0.03	烈士陵园、纪念馆	14.95	0.02
卫星传输服务	28.37	0.03	墨水、墨汁制造	14.18	0.01
中乐器制造	27.53	0.03	档案馆	7.86	0.01
社会人文科学研究	25.66	0.03	专业性团体(的服务)*	4.66	0.005
电子出版物出版	23.39	0.02	图书出租	3.3	0.003
音像制品出租	21.76	0.02	图书馆	1.69	0.002

2. 各小类文化企业资产总额中规模以上企业与规模以下企业的构成

如表4-15所示，在全部120个小类文化企业中，2013年规模以上企业年末资产总额所占比重超过90%的有7个，比重在80%~90%的有13个，比重在70%~80%的有17个，比重在60%~70%的有19个，比重在50%~60%的有16个，比重在40%~50%的有13个，比重在30%~40%的有10个，比重在20%~30%的有11个，比重在10%~20%的有8个，其余6个的比重均小于10%。

表4-15　2013年末各小类文化企业资产总额的构成

单位：%

小　类	规模以上企业	规模以下企业	小　类	规模以上企业	规模以下企业
机制纸及纸板制造*	95.9	4.1	颜料制造*	89.4	10.6
信息化学品制造*	95.7	4.3	广播电视接收设备及器材制造	89.3	10.7
电视机制造	95.6	4.4	无线广播电视传输服务	89.0	11.0
影视录放设备制造	94.6	5.4	报纸出版	88.2	11.8
照相机及器材制造	92.7	7.3	电影和影视节目发行	88.1	11.9
复印和胶印设备制造	91.9	8.1	新闻业	86.7	13.3
应用电视设备及其他广播电视设备制造	90.5	9.5	图书、报刊零售	84.9	15.1
广播电视节目制作及发射设备制造	89.7	10.3	音响设备制造	84.4	15.6

续表

小　类	规模以上企业	规模以下企业	小　类	规模以上企业	规模以下企业
电视	84.2	15.8	图书馆	62.3	37.7
电子乐器制造 *	81.8	18.3	花画工艺品制造	61.8	38.2
游乐园	81.2	18.8	首饰、工艺品及收藏品批发	61.5	38.5
油墨及类似产品制造	81.2	18.8	有线广播电视传输服务	60.8	39.3
家用电器批发 *	79.4	20.6	抽纱刺绣工艺品制造	60.8	39.3
通信及广播电视设备批发 *	77.7	22.3	音像制品出版	60.6	39.4
互联网信息服务	76.9	23.1	文艺创作与表演	60.4	39.6
记录媒介复制	76.5	23.5	电气设备批发	59.8	40.2
漆器工艺品制造	75.9	24.1	园林、陈设艺术及其他陶瓷制品制造 *	59.7	40.3
幻灯及投影设备制造	75.4	24.6	手工纸制造	59.4	40.6
图书批发	75.1	24.9	本册印制	59.3	40.8
地毯、挂毯制造	74.6	25.4	其他工艺美术品制造	57.0	43.0
其他电信服务 *	74.3	25.7	金属工艺品制造	56.3	43.7
期刊出版	73.8	26.3	工程勘察设计 *	55.2	44.8
照明灯具制造 *	73.7	26.3	广播	55.2	44.9
玩具制造	73.6	26.4	其他娱乐用品制造	54.6	45.4
游艺用品及室内游艺器材制造	73.6	26.4	博物馆	54.1	45.9
图书出版	72.8	27.2	游览景区管理	53.7	46.3
其他电子设备制造 *	72.5	27.5	焰火及鞭炮产品制造	53.4	46.6
电影机械制造	71.7	28.4	公园管理	51.7	48.3
卫星传输服务 *	71.3	28.7	电影和影视节目制作	51.4	48.6
印刷专用设备制造	69.6	30.4	家用视听设备零售	51.3	48.7
野生动物保护 *	68.2	31.8	墨水、墨汁制造	51.1	48.9
书、报刊印刷	68.1	31.9	其他乐器及零件制造	49.7	50.3
露天游乐场所游乐设备制造	66.7	33.3	拍卖 *	48.7	51.3
音像制品及电子出版物零售	66.1	33.9	文物及非物质文化遗产保护	48.6	51.4
文具制造	65.5	34.5	会议及展览服务	48.1	51.9
天然植物纤维编织工艺品制造	65.3	34.7	数字内容服务 *	47.9	52.2
包装装潢及其他印刷	65.1	34.9	图书出租	47.4	52.6
软件开发 *	65.0	35.1	文具用品批发	46.4	53.6
珠宝首饰及有关物品制造	64.3	35.7	音像制品及电子出版物批发	44.3	55.7
笔的制造	63.9	36.2	雕塑工艺品制造	43.9	56.1
知识产权服务 *	62.4	37.6	珠宝首饰零售	43.7	56.3

小　类	规模以上企业	规模以下企业	小　类	规模以上企业	规模以下企业
中乐器制造	43.5	56.5	电子出版物出版	26.2	73.8
其他文化用品批发	42.8	57.2	乐器零售	25.8	74.2
录音制作	40.0	60.0	广告业	24.6	75.4
工艺美术品及收藏品零售	37.7	62.3	文具用品零售	22.4	77.6
报刊批发	37.5	62.6	其他未列明教育 *	21.9	78.2
电影放映	36.2	63.8	其他未列明商务服务业 *	19.4	80.6
艺术表演场馆	36.2	63.8	歌舞厅娱乐活动	19.3	80.7
装订及印刷相关服务	34.9	65.2	摄影扩印服务	16.7	83.3
专业化设计服务	34.5	65.5	音像制品出租	15.1	84.9
西乐器制造	34.1	65.9	其他文化艺术业	15.1	85.0
其他娱乐业	33.0	67.0	群众文化活动	14.1	85.9
其他文化艺术经纪代理	32.3	67.7	文化娱乐经纪人	11.1	88.9
其他出版业	30.9	69.1	野生植物保护 *	10.2	89.9
娱乐及体育设备出租 *	29.6	70.4	文化艺术培训	6.5	93.5
烈士陵园、纪念馆	29.5	70.5	档案馆	6.0	94.0
其他室内娱乐活动	29.4	70.6	社会人文科学研究	1.6	98.4
贸易代理 *	29.3	70.7	电子游艺厅娱乐活动	1.2	98.8
其他文化用品零售	28.9	71.1	网吧活动	1.1	98.9
照相器材零售	27.0	73.0	专业性团体(的服务) *	0.0	100.0

3. 各小类规模以上企业的资产总额与占比

2013 年末各小类规模以上企业的资产总额及占比如表 4 - 16 所示。其中，年末资产总额占全国规模以上企业合计值的比重超过 5% 的小类有 3 个，包括机制纸及纸板制造 *、包装装潢及其他印刷、游览景区管理；比重在 2% ~ 5% 的有 10 个，包括工程勘察设计 *，电视机制造，互联网信息服务，软件开发 *，广告业，有线广播电视传输服务，珠宝首饰及有关物品制造，图书出版，首饰、工艺品及收藏品批发，报纸出版；比重在 1% ~ 2% 的有 19 个，包括会议及展览服务、家用电器批发 *、电视、影视录放设备制造、图书及报刊零售、玩具制造、信息化学品制造 *、书及报刊印刷、图书批发、专业化设计服务、电影和影视节目发行、电影和影视节目制作、游乐园、文具用品批发、照明灯具制造*、通信及广播电视设备批发*、音响设备制造、广播电视接收设备及器材制造、其他工艺美术品制造。此外，占全国规模以上文化企业年末资产总额的比重在 0.5% ~1% 的小类有 13 个，比重在 0.1% ~0.5% 的有 33 个，其余 42 个的比重均不足 0.1%。

表 4 – 16　2013 年末各小类规模以上企业的资产总额及分布

单位：亿元，%

小　类	金额	占比	小　类	金额	占比
机制纸及纸板制造*	5792.47	10.06	电影和影视节目制作	750.36	1.30
包装装潢及其他印刷	3351.17	5.82	游乐园	727.48	1.26
游览景区管理	3010.11	5.23	文具用品批发	707.61	1.23
工程勘察设计*	2532.69	4.40	照明灯具制造*	653.49	1.14
电视机制造	2475.67	4.30	通讯及广播电视设备批发*	649.54	1.13
互联网信息服务	2474.70	4.30	音响设备制造	634.78	1.10
软件开发*	2294.17	3.99	广播电视接收设备及器材制造	627.28	1.09
广告业	2188.63	3.80	其他工艺美术品制造	585.73	1.02
有线广播电视传输服务	1883.99	3.27	文艺创作与表演	512.60	0.89
珠宝首饰及有关物品制造	1594.92	2.77	公园管理	472.15	0.82
图书出版	1501.96	2.61	珠宝首饰零售	451.48	0.78
首饰、工艺品及收藏品批发	1365.99	2.37	其他电子设备制造*	437.41	0.76
报纸出版	1258.06	2.19	其他文化用品批发	353.58	0.61
会议及展览服务	1052.17	1.83	焰火、鞭炮产品制造	350.36	0.61
家用电器批发*	1046.54	1.82	抽纱刺绣工艺品制造	342.24	0.59
电视	982.86	1.71	其他未列明商务服务业*	337.64	0.59
影视录放设备制造	931.83	1.62	照相机及器材制造	337.34	0.59
图书、报刊零售	891.31	1.55	复印和胶印设备制造	333.03	0.58
玩具制造	872.34	1.52	雕塑工艺品制造	317.22	0.55
信息化学品制造*	864.61	1.50	应用电视设备及其他广播电视设备制造	313.35	0.54
书及报刊印刷	862.71	1.50	地毯、挂毯制造	299.16	0.52
图书批发	820.70	1.43	印刷专用设备制造	283.14	0.49
专业化设计服务	800.33	1.39	油墨及类似产品制造	279.89	0.49
电影和影视节目发行	780.42	1.36	文具制造	240.18	0.42

续表

小　类	金额	占比	小　类	金额	占比
金属工艺品制造	239.25	0.42	知识产权服务 *	53.38	0.09
无线广播电视传输服务	233.38	0.41	艺术表演场馆	51.04	0.09
电影放映	220.21	0.38	数字内容服务 *	49.10	0.09
颜料制造 *	205.81	0.36	野生动物保护 *	48.87	0.08
园林、陈设艺术及其他陶瓷制品制造 *	203.29	0.35	幻灯及投影设备制造	47.99	0.08
本册印制	200.07	0.35	音像制品及电子出版物零售	42.45	0.07
其他电信服务 *	198.16	0.34	群众文化活动	42.11	0.07
工艺美术品及收藏品零售	195.38	0.34	广播	40.72	0.07
天然植物纤维编织工艺品制造	182.06	0.32	手工纸制造	39.64	0.07
家用视听设备零售	172.58	0.30	其他出版业	36.20	0.06
电气设备批发 *	164.23	0.29	博物馆	32.54	0.06
其他文化艺术业	147.88	0.26	音像制品出版	31.49	0.05
期刊出版	143.03	0.25	音像制品及电子出版物批发	30.13	0.05
西乐器制造	140.20	0.24	其他室内娱乐活动	25.74	0.04
文物及非物质文化遗产保护	138.59	0.24	摄影扩印服务	23.89	0.04
新闻业	130.33	0.23	电子乐器制造	23.53	0.04
笔的制造	126.12	0.22	电影机械制造	21.37	0.04
贸易代理 *	112.82	0.20	其他娱乐用品制造	21.35	0.04
其他娱乐业	108.42	0.19	卫星传输服务 *	20.23	0.04
漆器工艺品制造	97.67	0.17	报刊批发	18.20	0.03
装订及印刷相关服务	88.30	0.15	其他乐器及零件制造	17.08	0.03
广播电视节目制作及发射设备制造	79.69	0.14	录音制作	12.66	0.02
拍卖 *	79.36	0.14	中乐器制造	11.98	0.02
花画工艺品制造	72.34	0.13	其他未列明教育 *	11.76	0.02
其他文化艺术经纪代理	69.27	0.12	乐器零售	10.94	0.02
歌舞厅娱乐活动	68.39	0.12	照相器材零售	10.05	0.02
记录媒介复制	67.80	0.12	墨水、墨汁制造	7.25	0.01
游艺用品及室内游艺器材制造	61.90	0.11	电子出版物出版	6.14	0.01
露天游乐场所游乐设备制造	61.23	0.11	网吧活动	5.80	0.01
文具用品零售	58.55	0.10	娱乐及体育设备出租 *	5.29	0.01
其他文化用品零售	54.20	0.09	文化艺术培训	4.74	0.01

续表

小　类	金额	占比	小　类	金额	占比
烈士陵园、纪念馆	4.41	0.01	图书馆	1.06	0.002
文化娱乐经纪人	3.60	0.01	电子游艺厅娱乐活动	0.60	0.001
音像制品出租	3.29	0.01	档案馆	0.47	0.001
野生植物保护*	1.58	0.003	社会人文科学研究	0.41	0.001
图书出租	1.56	0.003	专业性团体（的服务）*	0.00	0.00

4. 各小类规模以下文化企业的资产总额与占比

2013 年末全部 120 个小类规模以下文化企业的资产总额及占比如表 4 – 17 所示。其中，年末资产总额占全国规模以下文化企业合计值的比重超过 5% 的小类有 3 个，比重在 2% ~ 5% 的有 10 个，比重在 1% ~ 2% 的有 11 个，比重在 0.5% ~ 1% 的有 15 个，比重在 0.1% ~ 0.5% 的有 40 个，其余 41 个的比重均不足 0.1%。

表 4 – 17　2013 年末各小类规模以下文化企业的资产总额及占比

单位：亿元，%

小　类	金额	占比	小　类	金额	占比
广告业	6694.23	17.68	图书出版	560.34	1.48
游览景区管理	2597.48	6.86	网吧活动	524.25	1.38
工程勘察设计*	2059.04	5.44	其他文化用品批发	471.68	1.25
包装装潢及其他印刷	1795.62	4.74	其他工艺美术品制造	441.40	1.17
专业化设计服务	1517.27	4.01	公园管理	440.39	1.16
其他未列明商务服务业*	1402.96	3.71	雕塑工艺品制造	405.54	1.07
软件开发*	1237.98	3.27	书及报刊印刷	404.62	1.07
有线广播电视传输服务	1217.31	3.22	电影放映	387.60	1.02
会议及展览服务	1135.70	3.00	文艺创作与表演	336.13	0.89
珠宝首饰及有关物品制造	884.93	2.34	工艺美术品及收藏品零售	322.95	0.85
首饰、工艺品及收藏品批发	856.72	2.26	玩具制造	312.51	0.83
其他文化艺术业	834.98	2.21	焰火、鞭炮产品制造	305.80	0.81
文具用品批发	816.41	2.16	歌舞厅娱乐活动	285.88	0.76
互联网信息服务	744.18	1.97	贸易代理*	272.78	0.72
电影和影视节目制作	710.04	1.88	图书批发	272.72	0.72
珠宝首饰零售	581.87	1.54	家用电器批发*	271.16	0.72

续表

小　类	金额	占比	小　类	金额	占比
西乐器制造	270.56	0.71	广播电视接收设备及器材制造	75.09	0.20
群众文化活动	257.02	0.68	笔的制造	71.42	0.19
机制纸及纸板制造 *	245.52	0.65	其他电信服务 *	68.42	0.18
照明灯具制造 *	233.34	0.62	文化艺术培训	68.18	0.18
抽纱刺绣工艺品制造	221.16	0.58	油墨及类似产品制造	64.78	0.17
其他娱乐业	220.19	0.58	其他室内娱乐活动	61.84	0.16
文具用品零售	203.25	0.54	数字内容服务 *	53.50	0.14
通信及广播电视设备批发 *	186.48	0.49	影视录放设备制造	53.02	0.14
金属工艺品制造	185.72	0.49	期刊出版	50.90	0.13
电视	184.57	0.49	电子游艺厅娱乐活动	48.65	0.13
游乐园	168.37	0.44	花画工艺品制造	44.72	0.12
报纸出版	167.96	0.44	其他未列明教育 *	42.08	0.11
其他电子设备制造 *	165.65	0.44	信息化学品制造 *	38.50	0.10
装订及印刷相关服务	165.04	0.44	音像制品及电子出版物批发	37.92	0.10
家用视听设备零售	164.00	0.43	广播	33.12	0.09
图书及报刊零售	158.40	0.42	应用电视设备及其他广播电视设备制造	32.92	0.09
文物及非物质文化遗产保护	146.55	0.39	知识产权服务 *	32.19	0.09
其他文化艺术经纪代理	145.05	0.38	乐器零售	31.47	0.08
本册印制	137.61	0.36	漆器工艺品制造	30.97	0.08
园林、陈设艺术及其他陶瓷制品制造 *	137.22	0.36	露天游乐场所游乐设备制造	30.52	0.08
其他文化用品零售	133.24	0.35	报刊批发	30.40	0.08
文具制造	126.35	0.33	复印和胶印设备制造	29.45	0.08
印刷专用设备制造	123.93	0.33	无线广播电视传输服务	28.90	0.08
摄影扩印服务	118.80	0.31	文化娱乐经纪人	28.70	0.08
音响设备制造	117.49	0.31	博物馆	27.58	0.07
电视机制造	114.61	0.30	照相器材零售	27.16	0.07
电气设备批发 *	110.25	0.29	手工纸制造	27.10	0.07
电影和影视节目发行	105.21	0.28	照相机及器材制造	26.70	0.07
地毯、挂毯制造	101.80	0.27	社会人文科学研究	25.25	0.07
天然植物纤维编织工艺品制造	96.70	0.26	颜料制造 *	24.37	0.06
艺术表演场馆	89.98	0.24	野生动物保护 *	22.77	0.06
拍卖 *	83.66	0.22	游艺用品及室内游艺器材制造	22.24	0.06
其他出版业	81.05	0.21	音像制品及电子出版物零售	21.79	0.06

续表

小　类	金额	占比	小　类	金额	占比
记录媒介复制	20.87	0.06	娱乐及体育设备出租*	12.60	0.03
音像制品出版	20.47	0.05	烈士陵园、纪念馆	10.53	0.03
新闻业	19.93	0.05	广播电视节目制作及发射设备制造	9.19	0.02
录音制作	18.99	0.05	电影机械制造	8.46	0.02
音像制品出租	18.47	0.05	卫星传输服务*	8.14	0.02
其他娱乐用品制造	17.74	0.05	档案馆	7.38	0.02
其他乐器及零件制造	17.32	0.05	墨水、墨汁制造	6.93	0.02
电子出版物出版	17.26	0.05	电子乐器制造	5.25	0.01
幻灯及投影设备制造	15.68	0.04	专业性团体(的服务)*	4.66	0.01
中乐器制造	15.55	0.04	图书出租	1.74	0.005
野生植物保护*	13.95	0.04	图书馆	0.64	0.002

（三）文化事业单位资产的小类构成

在 2013 年全部 55 个有事业单位的小类文化产业中，事业单位年末资产总额占全国文化事业单位合计值的比重超过 5% 的小类有 5 个，比重在 2%～5% 的有 9 个，比重在 1%～2% 的有 10 个，比重在 0.5%～1% 的有 3 个，比重在 0.1%～0.5% 的有 10 个，其余 18 个小类的比重均不足 0.1%（见表 4-18）。

表 4-18　2013 年末 55 个小类文化事业单位的资产总额及占比

单位：亿元，%

小　类	金额	占比	小　类	金额	占比
电视	1830.47	22.92	群众文化活动	324.77	4.07
游览景区管理	684.49	8.57	文物及非物质文化遗产保护	294.21	3.68
博物馆	532.59	6.67	专业性团体(的服务)*	284.87	3.57
图书馆	531.45	6.66	有线广播电视传输服务	258.70	3.24
广播	414.20	5.19	图书出版	225.50	2.82
公园管理	363.49	4.55	社会人文科学研究	213.05	2.67

小　类	金额	占比	小　类	金额	占比
报纸出版	183.02	2.29	其他电信服务 *	16.51	0.21
无线广播电视传输服务	162.01	2.03	其他室内娱乐活动	12.36	0.15
电影和影视节目制作	154.97	1.94	卫星传输服务 *	7.61	0.1
艺术表演场馆	146.53	1.84	其他出版业	7.58	0.09
文艺创作与表演	142.70	1.79	网吧活动	7.32	0.09
文化艺术培训	137.48	1.72	其他娱乐业	6.88	0.09
新闻业	134.45	1.68	其他文化艺术经纪代理	4.71	0.06
烈士陵园、纪念馆	124.91	1.56	知识产权服务 *	4.10	0.05
其他未列明教育 *	105.90	1.33	软件开发 *	3.58	0.04
工程勘察设计 *	104.38	1.31	游乐园	2.99	0.04
档案馆	98.56	1.23	歌舞厅娱乐活动	1.55	0.02
会议及展览服务	88.25	1.11	音像制品出版	1.54	0.02
电影和影视节目发行	59.99	0.75	录音制作	1.22	0.02
其他文化艺术业	58.30	0.73	电子出版物出版	1.15	0.01
互联网信息服务	55.95	0.70	图书出租	1.13	0.01
专业化设计服务	36.82	0.46	摄影扩印服务	0.78	0.01
电影放映	31.70	0.40	数字内容服务 *	0.32	0.004
期刊出版	27.71	0.35	电子游艺厅娱乐活动	0.22	0.003
广告业	24.96	0.31	音像制品出租	0.10	0.001
其他未列明商务服务业 *	24.46	0.31	文化娱乐经纪人	0.08	0.001
野生动物保护 *	23.90	0.30	娱乐及体育设备出租 *	0.04	0.0005
野生植物保护 *	18.52	0.23			

五　中国文化产业规模以上企业的净资产及构成

　　由于第三次经济普查不涉及规模以下文化企业的净资产，因此本节我们只能在全国规模以上文化企业的范围内，对其净资产规模及产业构成作一初步分析。据统计，2013 年末全国规模以上文化企业的净资产达 26259.69 亿元，平均资产负债率为 54.4%。其中，"文化产品的生产"部分、"文化相关产品的生产"部分规模以上文化企业的净资产分别达到了 15169.37 亿元和 11090.31 亿元，所占比重分别为 57.8% 和 42.2%，平均资产负债率分别为 52.2% 和 57.0%。

（一）全国规模以上文化企业净资产的大类构成

在各大类规模以上文化企业中，2013 年末文化用品的生产、文化创意和设计服务、文化产品生产的辅助生产、新闻出版发行服务 4 个大类的净资产相对较大，依次达到了 6742.86 亿元、3485.49 亿元、3166.93 亿元、2773.44 亿元，分别占规模以上文化企业合计值的 25.7%、13.3%、12.1%、10.6%。同时，文化信息传输服务、工艺美术品的生产、文化休闲娱乐服务、广播电视电影服务、文化专用设备的生产、文化艺术服务 6 个大类的净资产相对较小，依次为 2544.18 亿元、2433.23 亿元、2072.86 亿元、1511.86 亿元、1180.53 亿元、348.31 亿元，占全部规模以上文化企业合计值的比重分别为 9.7%、9.3%、7.9%、5.8%、4.5%、1.3%（见图 4-7）。

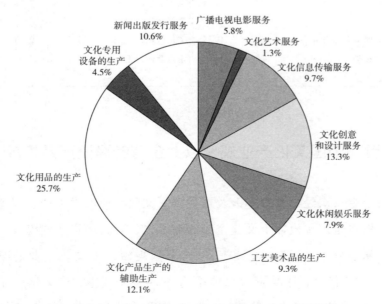

图 4-7　2013 年末规模以上文化企业净资产的大类构成

各大类规模以上文化企业的资产负债率也有一定差别（见图4－8）。由低至高排序依次为新闻出版发行服务、广播电视电影服务、文化信息传输服务、文化产品生产的辅助生产、文化休闲娱乐服务、文化创意和设计服务、文化专用设备的生产、工艺美术品的生产、文化用品的生产、文化艺术服务，它们的资产负债率依次为43.5%、45.8%、47.1%、49.6%、53.9%、55.7%、58.7%、59.1%、59.5%、63.2%。

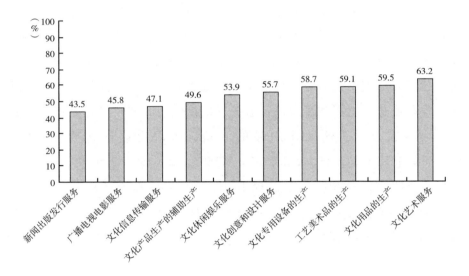

图4－8 2013年末各大类规模以上文化企业的资产负债率

正因为各大类资产负债率的差别，使得与前述全国规模以上文化企业年末资产总额的大类构成相比净资产的大类构成也有相应的差别。其中，年末净资产所占比重高于年末资产总额所占比重的大类包括新闻出版发行服务、文化产品生产的辅助生产、工艺美术品的生产、广播电视电影服务、文化创意和设计服务5个大类，其高出的程度依次为2.0、1.3、1.1、0.9、0.1个百分点；同时，文化信息传输服务、文化休闲娱乐服务、文化艺术服务、文化专用设备的生产、文化用品的生产5个大类占全国规模以上文化企业年末净资产的比重依次比其占年末资产总额的比重低 0.3、0.4、0.5、1.1、3.3 个百分点。

（二） 全国规模以上文化企业净资产的中类构成

在 50 个中类规模以上文化企业中，2013 年末净资产占全国规模以上文化企业合计值的比重在 5%～10% 的有 7 个，包括文化用纸的制造、印刷复制服务、出版服务、景区游览服务、工艺美术品的制造、视听设备的制造、文化软件服务，所占比重依次为 9.30%、8.93%、7.19%、6.57%、6.22%、5.55%、5.21%；比重在 2%～5% 的有 10 个，包括互联网信息服务、广播电视传输服务、建筑设计服务、广告服务、发行服务、电影和影视录音服务、广播电视服务、工艺美术品的销售、会展服务、其他文化用品的制造，所占比重依次为 4.84%、4.36%、3.55%、3.23%、3.11%、3.09%、2.67%、2.61%、2.21%、2.16%。此外，在 2013 年全国规模以上文化企业净资产总额中所占比重在 1%～2% 的中类有 7 个，在 0.1%～1% 的有 19 个，其余 7 个所占比重均低于 0.1%（见表 4－19）。

表 4－19　2013 年末各中类规模以上文化企业的净资产及占比

单位：亿元，%

中　类	金额	占比	中　类	金额	占比
文化用纸的制造	2441.05	9.30	广告服务	848.86	3.23
印刷复制服务	2345.55	8.93	发行服务	817.74	3.11
出版服务	1887.68	7.19	电影和影视录音服务	812.01	3.09
景区游览服务	1725.25	6.57	广播电视服务	699.85	2.67
工艺美术品的制造	1632.76	6.22	工艺美术品的销售	686.12	2.61
视听设备的制造	1456.21	5.55	会展服务	579.18	2.21
文化软件服务	1368.72	5.21	其他文化用品的制造	567.81	2.16
互联网信息服务	1270.55	4.84	广播电视电影专用设备的制造	501.05	1.91
广播电视传输服务	1145.56	4.36	文化用化学品的制造	443.92	1.69
建筑设计服务	932.87	3.55	玩具的制造	434.80	1.66

中 类	金额	占比	中 类	金额	占比
其他文化专用设备的制造	379.79	1.45	其他文化用品的销售	108.99	0.42
娱乐休闲服务	338.62	1.29	游艺器材及娱乐用品的制造	73.46	0.28
专业设计服务	335.03	1.28	文化遗产保护服务	70.93	0.27
文化用家电的销售	282.99	1.08	新闻服务	68.01	0.26
文化用油墨颜料的制造	254.87	0.97	文化贸易代理与拍卖服务	59.35	0.23
焰火、鞭炮产品的制造	238.01	0.91	文化经纪代理服务	41.19	0.16
文艺创作与表演服务	209.49	0.80	其他文化艺术服务	39.58	0.15
文具乐器照相器材的销售	165.61	0.63	舞台照明设备的批发	27.54	0.10
办公用品的制造	164.71	0.63	群众文化服务	18.69	0.07
印刷专用设备的制造	142.63	0.54	版权服务	16.40	0.06
广播电视电影专用设备的批发	129.52	0.49	摄影扩印服务	8.99	0.03
增值电信服务（文化部分）	128.08	0.49	文化艺术培训服务	8.68	0.03
其他文化辅助生产	120.98	0.46	文化出租服务	4.26	0.02
园林、陈设艺术及其他陶瓷制品的制造	114.35	0.44	图书馆与档案馆服务	0.64	0.002
乐器的制造	110.44	0.42	文化研究和社团服务	0.30	0.001

与前述全国规模以上文化企业年末资产的中类构成相比，净资产的中类构成的差别相对较小。其中，在 25 个年末净资产占比高于年末资产总额占比的中类中，只有出版服务、文化软件服务、印刷复制服务、广播电视服务、广播电视传输服务、互联网信息服务 6 个中类的差距超过了 0.5 个百分点，依次为 2.02、1.14、0.99、0.89、0.65、0.54 个百分点。在 25 个年末净资产占比低于年末资产总额占比的中类中，也只有广告服务、广播电视电影专用设备的批发、文具乐器照相器材的销售、文化用纸的制造、建筑设计服务、工艺美术品的销售、文化用家电的销售、视听设备的制造 8 个中类的差距超过了 0.5 个百分点，依次为 0.57、0.64、0.74、0.83、0.85、0.88、1.04、1.48 个百分点。

（三）全国规模以上文化企业净资产的小类构成

2013 年各小类规模以上文化企业的净资产及所占比重如表 4 - 20

所示。其中，在当年全国规模以上文化企业净资产总额中所占比重超过5%的小类有4个，包括机制纸及纸板制造*、包装装潢及其他印刷、游览景区管理、软件开发*，所占比重依次为 9.24%、6.66%、5.73%、5.11%；比重在2%～5%的有9个，包括互联网信息服务、图书出版、有线广播电视传输服务、工程勘察设计*、广告业、电视机制造、报纸出版、电视、会议及展览服务，所占比重依次为 4.84%、3.90%、3.76%、3.55%、3.23%、3.10%、2.75%、2.57%、2.21%；比重在1%～2%的有15个，包括珠宝首饰及有关物品制造，电影和影视节目制作，首饰、工艺品及收藏品批发，信息化学品制造*，玩具制造，图书及报刊零售，书及报刊印刷，图书批发，影视录放设备制造，专业化设计服务，照明灯具制造*，其他工艺美术品制造，广播电视接收设备及器材制造，游乐园，音响设备制造，所占比重依次为 1.94%、1.77%、1.69%、1.69%、1.66%、1.58%、1.56%、1.49%、1.44%、1.28%、1.21%、1.21%、1.15%、1.03%、1.01%。此外，所占比重在0.5%～1%的小类有17个，在0.1%～0.5%的有35个，还有40个所占比重不足0.1%。

表4－20　2013年末各小类规模以上文化企业的净资产及占比

单位：亿元，%

小　类	金额	占比	小　类	金额	占比
机制纸及纸板制造*	2427.12	9.24	报纸出版	723.14	2.75
包装装潢及其他印刷	1747.71	6.66	电视	673.62	2.57
游览景区管理	1504.20	5.73	会议及展览服务	579.18	2.21
软件开发*	1342.21	5.11	珠宝首饰及有关物品制造	508.68	1.94
互联网信息服务	1270.55	4.84	电影和影视节目制作	465.69	1.77
图书出版	1024.98	3.90	首饰、工艺品及收藏品批发	444.38	1.69
有线广播电视传输服务	986.19	3.76	信息化学品制造*	443.92	1.69
工程勘察设计*	932.87	3.55	玩具制造	434.80	1.66
广告业	848.86	3.23	图书、报刊零售	413.60	1.58
电视机制造	812.97	3.10	书及报刊印刷	410.69	1.56

续表

小　类	金额	占比	小　类	金额	占比
图书批发	391.70	1.49	本册印制	101.26	0.39
影视录放设备制造	377.61	1.44	期刊出版	93.26	0.36
专业化设计服务	335.03	1.28	颜料制造*	92.83	0.35
照明灯具制造*	318.96	1.21	工艺美术品及收藏品零售	87.78	0.33
其他工艺美术品制造	317.16	1.21	电影放映	83.94	0.32
广播电视接收设备及器材制造	302.80	1.15	其他文化用品批发	83.37	0.32
游乐园	270.92	1.03	西乐器制造	79.13	0.30
音响设备制造	265.63	1.01	新闻业	68.01	0.26
电影和影视节目发行	256.72	0.98	漆器工艺品制造	59.61	0.23
其他电子设备制造*	248.85	0.95	家用视听设备零售	56.00	0.21
焰火、鞭炮产品制造	238.01	0.91	笔的制造	55.67	0.21
家用电器批发*	226.99	0.86	文物及非物质文化遗产保护	53.16	0.20
公园管理	215.59	0.82	广播电视节目制作及发射设备制造	47.64	0.18
照相机及器材制造	197.20	0.75	花画工艺品制造	44.12	0.17
雕塑工艺品制造	190.77	0.73	装订及印刷相关服务	44.01	0.17
文艺创作与表演	183.11	0.70	记录媒介复制	41.89	0.16
油墨及类似产品制造	162.04	0.62	拍卖*	39.95	0.15
抽纱刺绣工艺品制造	160.67	0.61	其他文化艺术业	39.58	0.15
复印和胶印设备制造	159.07	0.61	其他文化艺术经纪代理	39.21	0.15
珠宝首饰零售	153.96	0.59	其他娱乐业	34.12	0.13
无线广播电视传输服务	149.35	0.57	游艺用品及室内游艺器材制造	30.85	0.12
印刷专用设备制造	142.63	0.54	露天游乐场所游乐设备制造	30.51	0.12
应用电视设备及其他广播电视设备制造	142.00	0.54	电气设备批发*	27.54	0.10
文具用品批发	136.57	0.52	数字内容服务*	26.51	0.10
地毯、挂毯制造	131.22	0.50	艺术表演场馆	26.38	0.10
通信及广播电视设备批发*	129.52	0.49	广播	26.23	0.10
其他电信服务*	128.08	0.49	其他文化用品零售	25.62	0.10
其他未列明商务服务业*	120.98	0.46	其他出版业	25.14	0.10
园林、陈设艺术及其他陶瓷制品制造*	114.35	0.44	歌舞厅娱乐活动	23.82	0.09
金属工艺品制造	113.27	0.43	幻灯及投影设备制造	23.52	0.09
天然植物纤维编织工艺品制造	107.26	0.41	文具用品零售	21.89	0.08
文具制造	103.80	0.40	贸易代理*	19.40	0.07

续表

小 类	金额	占比	小 类	金额	占比
群众文化活动	18.69	0.07	网吧活动	4.31	0.02
音像制品出版	17.75	0.07	照相器材零售	3.67	0.01
知识产权服务 *	16.40	0.06	乐器零售	3.48	0.01
博物馆	15.32	0.06	报刊批发	3.47	0.01
电子乐器制造	14.87	0.06	电子出版物出版	3.40	0.01
手工纸制造	13.92	0.05	音像制品及电子出版物零售	3.26	0.01
其他娱乐用品制造	12.10	0.05	娱乐及体育设备出租 *	2.74	0.01
卫星传输服务 *	10.02	0.04	烈士陵园、纪念馆	2.45	0.01
其他乐器及零件制造	9.29	0.04	文化娱乐经纪人	1.97	0.01
摄影扩印服务	8.99	0.03	文化艺术培训	1.29	0.005
电影机械制造	8.62	0.03	音像制品出租	1.21	0.005
其他未列明教育 *	7.39	0.03	野生植物保护 *	0.86	0.003
中乐器制造	7.16	0.03	图书馆	0.55	0.002
音像制品及电子出版物批发	5.71	0.02	电子游艺厅娱乐活动	0.40	0.002
录音制作	5.67	0.02	图书出租	0.31	0.001
墨水、墨汁制造	5.23	0.02	社会人文科学研究	0.30	0.001
其他室内娱乐活动	5.04	0.02	档案馆	0.09	0.0003
野生动物保护 *	4.60	0.02	专业性团体（的服务）*	0	0

与前述全国规模以上文化企业年末资产总额中各小类所占比重相比，各小类占全国规模以上文化企业净资产比重的差别较小。其中，在占净资产比重高于占资产总额比重的 69 个小类中，只有 11 个的差距大于 0.2 个百分点，包括图书出版、软件开发、电视、包装装潢及其他印刷、报纸出版、互联网信息服务、游览景区管理、有线广播电视传输服务、电影和影视节目制作、会议及展览服务、焰火及鞭炮产品制造，它们的差距依次为 1.29、1.13、0.86、0.83、0.57、0.54、0.50、0.48、0.47、0.38、0.30 个百分点。在占净资产比重低于占资产总额比重的 50 个小类中，差距超过 0.2 个百分点的也只有 12 个，包括游乐园，其

他文化用品批发，电影和影视节目发行，广告业，通信及广播电视设备批发*，首饰、工艺品及收藏品批发，文具用品批发，机制纸及纸板制造*，珠宝首饰及有关物品制造，工程勘察设计*，家用电器批发*，电视机制造，它们的差距依次为 0.23、0.30、0.38、0.57、0.64、0.68、0.71、0.82、0.83、0.85、0.95、1.20 个百分点。

第五章　中国文化产业产出结构

如第一章所述，由于第三次全国经济普查对事业单位和个体经营户不进行产出统计，因此本章关于中国文化产业产出结构的分析实际上限于文化企业的范围。普查结果显示，2013 年末全国文化企业营业收入达 83743.44 亿元，主营业务收入为 82610.98 亿元。其中，规模以上企业的营业收入为 64000.69 亿元，主营业务收入为 63135.61 亿元，均占当年全国文化企业相应合计值的 76.4%；规模以下企业的营业收入、主营业务收入分别为 19742.75 亿元、19475.37 亿元，均占全国文化企业相应合计值的 23.6%。

一　中国文化企业产出的部分构成

（一）各部分文化企业的产出规模及构成

2013 年"文化产品的生产"部分企业的营业收入、主营业务收入分别为 38180.31 亿元、37655.54 亿元，它们占全国文化企业相应合计值的比重均为 45.6%；"文化相关产品的生产"部分企业的营业收入、主营业务收入分别为 45563.13 亿元、44955.44 亿元，它们占全国文化企业相应合计值的比重均为 54.4%。

另外，在"文化产品的生产"部分中，2013 年规模以上企业的营业收入、主营业务收入占当年该部分文化企业相应指标合计值的比重均为 70.6%；同时，该部分规模以下企业的营业收入、主营业务收入占该部分文化企业相应指标合计值的比重均为 29.4%。在"文化相关产品的生产"部分中，2013 年规模以上企业的营业收入、主营业务收入占该部分文化企业相应指标合计值的比重均为 81.3%；同时，该部分规模以下企业的营业收入、主营业务收入占该部分文化企业相应指标合计值的比重均为 18.7%（见表 5 - 1）。

表 5 - 1　2013 年末全国文化企业营业收入与主营业务收入的构成

单位：亿元

部分	规模以上企业		规模以下企业		合计	
	营业收入	主营业务收入	营业收入	主营业务收入	营业收入	主营业务收入
文化产品的生产	26954.34	26594.97	11225.97	11060.57	38180.31	37655.54
文化相关产品的生产	37046.35	36540.64	8516.78	8414.80	45563.13	44955.44
合　计	64000.69	63135.61	19742.75	19475.37	83743.44	82610.98

（二）规模以上文化企业和规模以下文化企业的产出构成

在全国规模以上文化企业中，2013 年"文化产品的生产"部分的营业收入、主营业务收入分别为 26954.34 亿元、26594.97 亿元，它们占 2013 年全国规模以上文化企业相应指标合计值的比重均为 42.1%；"文化相关产品的生产"部分的营业收入、主营业务收入分别为 37046.35 亿元、36540.64 亿元，它们占全国规模以上文化企业相应指标合计值的比重也均为 57.9%（见表 5 - 2）。

表5-2 2013年规模以上文化企业和规模以下文化企业的产出构成

单位：%

部分	规模以上文化企业		规模以下文化企业	
	营业收入	主营业务收入	营业收入	主营业务收入
文化产品的生产	42.1	42.1	56.9	56.8
文化相关产品的生产	57.9	57.9	43.1	43.2
合　计	100.0	100.0	100.0	100.0

在全国规模以下文化企业中，2013年"文化产品的生产"部分的营业收入、主营业务收入分别为11225.97亿元、11060.57亿元，分别占全国规模以下企业相应指标合计值的56.9%、56.8%；"文化相关产品的生产"部分的营业收入、主营业务收入分别为8516.78亿元、8414.80亿元，分别占全国规模以下企业相应指标合计值的43.1%、43.2%。

二　中国文化企业产出大类构成

（一）各大类文化企业的产出规模及构成

1. 各大类文化企业的产出及占比

在全国各大类文化企业中，2013年文化用品的生产大类的产出规模非常大，其营业收入和主营业务收入分别为29190.37亿元和28743.63亿元，分别占全国文化企业相应指标合计值的34.9%和34.8%。此外，工艺美术品的生产、文化创意和设计服务、文化产品生产的辅助生产3个大类的产出规模也较大，其营业收入分别为15991.89亿元、12016.53亿元、10560.41亿元，分别占全国文化企业营业收入的19.1%、14.3%、12.6%；它们的主营业务收入分别为15888.19亿元、11889.86亿元、10448.60亿元，分别占全国文化企业主营业务收入的19.2%、14.4%、12.6%（见表5-3）。

表 5 - 3　2013 年全国各大类文化企业的营业收入和主营业务收入

单位：亿元，%

大类	营业收入		主营业务收入	
	金额	占比	金额	占比
新闻出版发行服务	3264.13	3.9	3176.88	3.8
广播电视电影服务	1244.22	1.5	1178.09	1.4
文化艺术服务	682.41	0.8	666.05	0.8
文化信息传输服务	3069.20	3.7	2997.88	3.6
文化创意和设计服务	12016.53	14.3	11889.86	14.4
文化休闲娱乐服务	1911.93	2.3	1858.58	2.2
工艺美术品的生产	15991.89	19.1	15888.19	19.2
文化产品生产的辅助生产	10560.41	12.6	10448.60	12.6
文化用品的生产	29190.37	34.9	28743.63	34.8
文化专用设备的生产	5812.35	6.9	5763.20	7.0

2013 年文化专用设备的生产、新闻出版发行服务、文化信息传输服务、文化休闲娱乐服务、广播电视电影服务、文化艺术服务 6 个大类的产出规模相对较小，其营业收入依次为 5812.35 亿元、3264.13 亿元、3069.20 亿元、1911.93 亿元、1244.22 亿元、682.41 亿元，占全国文化企业合计值的比重分别只有 6.9%、3.9%、3.7%、2.3%、1.5%、0.8%；它们的主营业务收入依次为 5763.20 亿元、3176.88 亿元、2997.88 亿元、1858.58 亿元、1178.09 亿元、666.05 亿元，分别占全国文化企业合计值的 7.0%、3.8%、3.6%、2.2%、1.4%、0.8%。

2. 各大类文化企业产出中规模以上文化企业和规模以下文化企业的构成

如图 5 - 1 所示，在 2013 年末全国文化企业产出中，规模以上文化企业占多数份额的有 8 个大类。这些大类包括文化专用设备的生产、文化用品的生产、文化信息传输服务、新闻出版发行服务、工艺美术品的生产、广播电视电影服务、文化产品生产的辅助生产、文化创意和设计服务，它们占全国文化企业营业收入的比重依次为 87.5%、85.4%、82.3%、81.6%、79.2%、70.9%、66.7%、60.0%，占全国文化企业主营业务收入的比重依次为 87.5%、85.3%、82.4%、80.7%、79.2%、70.2%、66.8%、60.2%。另外，文化艺术服务、文化休闲娱乐服务 2 个大类中规模以上文化企业的产出份额相对较少，它们占全国文化企业营业收入的比重分别为 41.3%、38.5%，占全国文化企业主营业务收入的比重分别为 41.5%、38.2%。

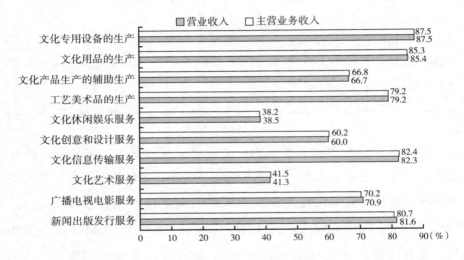

图 5 - 1　2013 年全国各大类文化企业产出中规模以上企业所占比重

（二）全国规模以上文化企业产出的大类构成

在 2013 年各大类规模以上文化企业中，文化用品的生产大类产出规模最大，其营业收入、主营业务收入分别为 24919.37 亿元、24521.34 亿元，分别占全国规模以上文化企业合计值的 38.9%、38.8%。同时，工艺美术品的生产、文化创意和设计服务、文化产品生产的辅助生产 3 个大类的产出规模也相对较大，它们的营业收入分别为 12662.00 亿元、7205.33 亿元、7043.35 亿元，占全国规模以上文化企业合计值的比重分别为 19.8%、11.3%、11.0%；它们的主营业务收入分别为 12588.45 亿元、7160.71 亿元、6976.56 亿元，占全国规模以上文化企业合计值的比重分别为 19.9%、11.3%、11.1%。

文化专用设备的生产、新闻出版发行服务、文化信息传输服务、文化休闲娱乐服务、广播电视电影服务、文化艺术服务 6 个大类的产出规模明显较小，它们的营业收入依次为 5083.63 亿元、2662.23 亿元、2525.55 亿元、882.59 亿元、735.15 亿元、281.50 亿元，占全国规模以上文化企业合计值的比重分别为 7.9%、4.2%、3.9%、1.4%、1.1%、0.4%；它们的主营业务收入依次为 5042.74 亿元、2563.28 亿元、2469.48 亿元、709.85 亿元、826.54 亿元、276.64 亿元，占全国规模以上文化企业合计值的比重分别为 8.0%、4.1%、3.9%、1.1%、1.3%、0.4%（见表 5-4）。

表 5-4　2013 年全国各大类规模以上文化企业的营业收入和主营业务收入

单位：亿元，%

大类	营业收入		主营业务收入	
	金额	占比	金额	占比
新闻出版发行服务	2662.23	4.2	2563.28	4.1
广播电视电影服务	882.59	1.4	826.54	1.3
文化艺术服务	281.50	0.4	276.64	0.4
文化信息传输服务	2525.55	3.9	2469.48	3.9
文化创意和设计服务	7205.33	11.3	7160.71	11.3
文化休闲娱乐服务	735.15	1.1	709.85	1.1
工艺美术品的生产	12662.00	19.8	12588.45	19.9
文化产品生产的辅助生产	7043.35	11.0	6976.56	11.1
文化用品的生产	24919.37	38.9	24521.34	38.8
文化专用设备的生产	5083.63	7.9	5042.74	8.0

（三）全国规模以下文化企业产出的大类构成

在 2013 年各大类规模以下文化企业中，文化创意和设计服务大类产出规模最大，其营业收入、主营业务收入分别为 4811.20 亿元、4729.15 亿元，分别占全国规模以下文化企业相应合计值的 24.4%、24.3%。同时，工艺美术品的生产、文化产品生产的辅助生产、文化用品的生产 3 个大类的产出规模也相对较大，它们的营业收入分别为3329.89 亿元、3517.06 亿元、4271.00 亿元，占全国非联网单位合计值的比重分别为 16.9%、17.8%、21.6%；它们的主营业务收入分别为 3299.74 亿元、3472.04 亿元、4222.29 亿元，占全国规模以下文化企业合计值的比重分别为 16.9%、17.8%、21.7%（见表 5-5）。

表 5-5　2013 年全国各大类规模以下文化企业的营业收入和主营业务收入

单位：亿元，%

大类	营业收入		主营业务收入	
	金额	占比	金额	占比
新闻出版发行服务	601.90	3.0	613.60	3.2
广播电视电影服务	361.63	1.8	351.55	1.8
文化艺术服务	400.91	2.0	389.41	2.0
文化信息传输服务	543.65	2.8	528.40	2.7
文化创意和设计服务	4811.20	24.4	4729.15	24.3
文化休闲娱乐服务	1176.78	6.0	1148.73	5.9
工艺美术品的生产	3329.89	16.9	3299.74	16.9
文化产品生产的辅助生产	3517.06	17.8	3472.04	17.8
文化用品的生产	4271.00	21.6	4222.29	21.7
文化专用设备的生产	728.72	3.7	720.46	3.7

文化休闲娱乐服务、文化专用设备的生产、新闻出版发行服务、文化信息传输服务、文化艺术服务、广播电视电影服务 6 个大类规

模以下文化企业的产出规模明显较小，它们的营业收入依次为1176.78亿元、728.72亿元、601.90亿元、543.65亿元、400.91亿元、361.53亿元，占全国规模以下文化企业合计值的比重分别为6.0%、3.7%、3.0%、2.8%、2.0%、1.8%；它们的主营业务收入依次为1148.73亿元、720.47亿元、613.60亿元、528.40亿元、389.40亿元、351.54亿元，占全国规模以下文化企业合计值的比重分别为5.9%、3.7%、3.2%、2.7%、2.0%、1.8%。

三　中国文化企业产出中类构成

（一）　全国各中类文化企业的产出规模及构成

1. 各中类文化企业的营业收入及占比

在全部50个中类文化企业中，按2013年营业收入占全国文化企业合计值的比重排序，工艺美术品的制造中类产出规模最大，其营业收入及主营业务收入分别为10058.22亿元和9996.47亿元，所占比重分别为12.0%和12.1%。

进一步观察显示，在全国文化企业营业收入和主营业务收入中，几乎所有中类的占比都极其接近。因此，若从营业收入指标来看，除工艺美术品的制造之外，占营业收入的比重在5%～10%的中类有5个，包括印刷复制服务、视听设备的制造、广告服务、工艺美术品的销售、文化用纸的制造，它们的营业收入依次为8317.55亿元、7481.19亿元、5401.40亿元、5332.37亿元、4727.22亿元，所占比重依次为9.93%、8.93%、6.45%、6.37%、5.64%；所占比重在2%～5%的中类有9个，包括文化用家电的销售、建筑设计服务、文具乐器照相器材的销售、其他文化用品的制造、文化软件服务、玩具的制造、广播电视电影专用设备的批发、互联网信息服务、发行服务，它们的营业收入依次为 3813.28 亿元、2900.37 亿元、2780.02 亿元、2323.28 亿元、2302.62 亿元、2104.05 亿元、2064.60 亿元、2005.80 亿元、1853.20 亿元，所占比重依次为 4.55%、3.46%、3.32%、2.77%、2.75%、2.51%、2.47%、2.40%、2.21%。此外，占全国文化企业营业收入的比重在 1%～2% 的中类有 9 个，在 0.5%～1% 的有 11 个，在 0.1%～0.5% 的有 6 个，其余 9 个所占比重均不足 0.1%（见表 5-6）。

表 5-6　2013 年全国各中类文化企业的营业收入及占比

单位：亿元，%

中类	金额	占比	中类	金额	占比
工艺美术品的制造	10058.22	12.01	其他文化专用设备的制造	1445	1.73
印刷复制服务	8317.55	9.93	专业设计服务	1412.13	1.69
视听设备的制造	7481.19	8.93	出版服务	1373.17	1.64
广告服务	5401.40	6.45	广播电视电影专用设备的制造	1369.24	1.64
工艺美术品的销售	5332.37	6.37	其他文化用品的销售	1319.42	1.58
文化用纸的制造	4727.22	5.64	娱乐休闲服务	1054.96	1.26
文化用家电的销售	3813.28	4.55	办公用品的制造	858.59	1.03
建筑设计服务	2900.37	3.46	广播电视传输服务	851.54	1.02
文具乐器照相器材的销售	2780.02	3.32	文化贸易代理与拍卖服务	816.11	0.97
其他文化用品的制造	2323.28	2.77	电影和影视录音服务	801.98	0.96
文化软件服务	2302.62	2.75	会展服务	797.29	0.95
玩具的制造	2104.05	2.51	文化用油墨颜料的制造	784.26	0.94
广播电视电影专用设备的批发	2064.60	2.47	景区游览服务	738.45	0.88
互联网信息服务	2005.80	2.40	文化用化学品的制造	723.61	0.86
发行服务	1853.20	2.21	园林、陈设艺术及其他陶瓷制品的制造	601.29	0.72
焰火、鞭炮产品的制造	1634.24	1.95	舞台照明设备的批发	500.59	0.60

中类	金额	占比	中类	金额	占比
其他文化辅助生产	491.29	0.59	文化艺术培训服务	70.10	0.08
广播电视服务	442.24	0.53	文化经纪代理服务	63.33	0.08
印刷专用设备的制造	432.91	0.52	版权服务	58.97	0.07
乐器的制造	356.58	0.43	群众文化服务	54.41	0.06
文艺创作与表演服务	292.58	0.35	新闻服务	37.76	0.05
游艺器材及娱乐用品的制造	284.64	0.34	文化遗产保护服务	26.20	0.03
其他文化艺术服务	224.21	0.27	文化出租服务	15.89	0.02
增值电信服务（文化部分）	211.86	0.25	文化研究和社团服务	10.68	0.01
摄影扩印服务	118.52	0.14	图书馆与档案馆服务	4.23	0.01

2. 各中类文化企业产出中规模以上文化企业和规模以下文化企业的构成

2013 年规模以上文化企业和规模以下文化企业占各中类文化企业营业收入如表 5-7 所示。其中，从规模以上文化企业占相应中类文化企业营业收入的比重来看，文化用化学品的制造、视听设备的制造、其他文化专用设备的制造、文化用纸的制造、广播电视电影专用设备的制造、文化用油墨颜料的制造 6 个中类的比重超过了 90%；另外，比重在 80% ~ 90% 的中类有 12 个，在 70% ~ 80% 的有 9 个，在 60% ~ 70% 的有 4 个，在 50% ~ 60% 的有 5 个，在 40% ~ 50% 的有 4 个，在 30% ~ 40% 的有 4 个，在 20% ~ 30% 的有 4 个，另有 2 个所占比重不足 10%。

表 5-7 2013 年规模以上文化企业和规模以下文化企业占

各中类文化企业营业收入的比重

单位：%

中类	规模以上企业	规模以下企业	中类	规模以上企业	规模以下企业
文化用化学品的制造	97.7	2.3	增值电信服务（文化部分）	72.9	27.1
视听设备的制造	97.0	3.0	印刷复制服务	72.4	27.6
其他文化专用设备的制造	96.8	3.2	景区游览服务	66.9	33.1
文化用纸的制造	96.0	4.0	建筑设计服务	66.3	33.7
广播电视电影专用设备的制造	92.0	8.0	版权服务	64.5	35.5
文化用油墨颜料的制造	90.0	10.0	电影和影视录音服务	64.1	35.9
广播电视电影专用设备的批发	89.4	10.6	文艺创作与表演服务	59.2	40.8
其他文化用品的制造	88.4	11.6	文具乐器照相器材的销售	58.4	41.6
互联网信息服务	86.1	13.9	广告服务	53.4	46.6
出版服务	85.5	14.5	其他文化用品的销售	53.1	46.9
文化用家电的销售	83.6	16.4	会展服务	51.7	48.3
广播电视服务	83.3	16.7	舞台照明设备的批发	49.2	50.8
新闻服务	82.5	17.5	文化贸易代理与拍卖服务	45.7	54.3
玩具的制造	82.5	17.5	专业设计服务	45.2	54.8
乐器的制造	81.8	18.2	文化出租服务	44.4	55.6
游艺器材及娱乐用品的制造	81.8	18.2	文化经纪代理服务	37.9	62.1
工艺美术品的制造	81.4	18.6	其他文化辅助生产	33.6	66.4
园林、陈设艺术及其他陶瓷制品的制造	80.0	20.0	文化遗产保护服务	33.5	66.5
发行服务	78.6	21.4	群众文化服务	30.7	69.3
印刷专用设备的制造	76.9	23.1	其他文化艺术服务	29.5	70.5
文化软件服务	76.4	23.6	摄影扩印服务	24.1	75.9
焰火及鞭炮产品的制造	76.4	23.6	文化艺术培训服务	22.4	77.6
广播电视传输服务	75.6	24.4	娱乐休闲服务	20.1	79.9
工艺美术品的销售	74.9	25.1	图书馆与档案馆服务	7.0	93.0
办公用品的制造	74.0	26.0	文化研究和社团服务	6.2	93.8

（二）全国规模以上文化企业产出的中类构成

在 2013 年全国 50 个中类规模以上文化企业中，营业收入占全部规模以上文化企业合计值的比重超过 10% 的有 2 个，包括工艺美术品的制造、视听设备的制造，它们的营业收入分别为 8188.46 亿元、7260.47 亿元，所占比重分别达到了 12.79%、11.34%；比重在 5%～10% 的有 3 个，包括印刷复制服务、文化用纸的制造、工艺美术品的销售，它们的营业收入依次为 6024.06 亿元、4536.50 亿元、3992.50 亿元，所占比重依次为 9.41%、7.09%、6.24%；比重在 2%～5% 的有 11 个，包括文化用家电的销售、广告服务、其他文化用品的制造、建筑设计服务、广播电视电影专用设备的批发、文化软件服务、玩具的制造、互联网信息服务、文具乐器照相器材的销售、发行服务、其他文化专用设备的制造，它们的营业收入依次为 3187.43 亿元、2885.63 亿元、2054.07 亿元、1921.77 亿元、1844.96 亿元、1759.46 亿元、1735.32 亿元、1727.35 亿元、1623.78 亿元、1457.31 亿元、1399.29 亿元，所占比重依次为 4.98%、4.51%、3.21%、3.00%、2.88%、2.75%、2.71%、2.70%、2.54%、2.28%、2.19%。

此外，规模以上文化企业营业收入占全国规模以上文化企业合计值的比重在 1%～2% 的中类有 7 个，在 0.5%～1% 的有 9 个，在 0.1%～0.5% 的有 8 个，余下 10 个的营业收入比重均不足 0.1%（见表 5-8）。

表 5-8　2013 年全国各中类规模以上文化企业的营业收入及占比

单位：亿元，%

中类	金额	占比	中类	金额	占比
工艺美术品的制造	8188.46	12.79	工艺美术品的销售	3992.5	6.24
视听设备的制造	7260.47	11.34	文化用家电的销售	3187.43	4.98
印刷复制服务	6024.06	9.41	广告服务	2885.64	4.51
文化用纸的制造	4536.50	7.09	其他文化用品的制造	2054.07	3.21

续表

中类	金额	占比	中类	金额	占比
建筑设计服务	1921.77	3.00	文化贸易代理与拍卖服务	372.57	0.58
广播电视电影专用设备的批发	1844.96	2.88	广播电视服务	368.57	0.58
文化软件服务	1759.46	2.75	印刷专用设备的制造	332.89	0.52
玩具的制造	1735.31	2.71	乐器的制造	291.7	0.46
互联网信息服务	1727.35	2.70	舞台照明设备的批发	246.38	0.38
文具乐器照相器材的销售	1623.78	2.54	游艺器材及娱乐用品的制造	232.81	0.36
发行服务	1457.31	2.28	娱乐休闲服务	212.55	0.33
其他文化专用设备的制造	1399.29	2.19	文艺创作与表演服务	173.34	0.27
广播电视电影专用设备的制造	1260.11	1.97	其他文化辅助生产	165.16	0.26
焰火、鞭炮产品的制造	1248.04	1.95	增值电信服务（文化部分）	154.41	0.24
出版服务	1173.77	1.83	其他文化艺术服务	66.07	0.10
文化用化学品的制造	707.11	1.10	版权服务	38.03	0.06
文化用油墨颜料的制造	705.90	1.10	新闻服务	31.15	0.05
其他文化用品的销售	700.70	1.09	摄影扩印服务	28.61	0.04
广播电视传输服务	643.79	1.01	文化经纪代理服务	24.00	0.04
专业设计服务	638.46	1.00	群众文化服务	16.68	0.03
办公用品的制造	635.54	0.99	文化艺术培训服务	15.68	0.02
电影和影视录音服务	514.02	0.80	文化遗产保护服务	8.77	0.01
景区游览服务	493.99	0.77	文化出租服务	7.05	0.01
园林、陈设艺术及其他陶瓷制品的制造	481.03	0.75	文化研究和社团服务	0.67	0.001
会展服务	412.47	0.64	图书馆与档案馆服务	0.30	0.001

（三）全国规模以下文化企业产出的中类构成

在 2013 年全国 50 个中类规模以下文化企业中，营业收入占全部规模以下文化企业合计值的比重超过 10% 的有 2 个，包括广告服务、印刷复制服务，它们的营业收入依次达到了 2515.77 亿元、2293.49 亿元，所占比重依次为 12.74%、11.62%；比重在 5% ~ 10% 的有 3 个，包括工艺美术品的制造、工艺美术品的销售、文具乐器照相器材的销售，它们的营业收入依次为 1869.76 亿元、1339.87 亿元、1156.24 亿元，所占比重依次为 9.47%、6.79%、5.86%；比重在 2%~5% 的有 8 个，包括建筑设计服务、娱乐休闲服务、专业设计服务、文化用家电的销售、其他文化用品的销售、文化软件服务、文化贸易代理与拍卖服务、发行服务，它们的营业收入依次为 978.60 亿元、842.41 亿元、773.68 亿元、625.85 亿元、618.72 亿元、543.16 亿元、443.53 亿元、395.89 亿元，所占比重依次为 4.96%、4.27%、3.92%、3.17%、3.13%、2.75%、2.25%、2.01%。

此外，规模以下文化企业营业收入占全国规模以下文化企业合计值的比重在 1%~2% 的中类有 14 个，在 0.5%~1% 的有 6 个，在 0.1%~0.5% 的有 11 个，余下 6 个的营业收入比重均不足 0.1%（见表 5-9）。

表 5-9　2013 年全国各中类文化规模以下企业的营业收入及占比

单位：亿元，%

中类	金额	占比	中类	金额	占比
广告服务	2515.77	12.74	焰火、鞭炮产品的制造	386.19	1.96
印刷复制服务	2293.48	11.62	会展服务	384.81	1.95
工艺美术品的制造	1869.76	9.47	玩具的制造	368.73	1.87
工艺美术品的销售	1339.87	6.79	其他文化辅助生产	326.13	1.65
文具乐器照相器材的销售	1156.24	5.86	电影和影视录音服务	287.96	1.46
建筑设计服务	978.60	4.96	互联网信息服务	278.45	1.41
娱乐休闲服务	842.41	4.27	其他文化用品的制造	269.21	1.36
专业设计服务	773.68	3.92	舞台照明设备的批发	254.21	1.29
文化用家电的销售	625.85	3.17	景区游览服务	244.46	1.24
其他文化用品的销售	618.72	3.13	办公用品的制造	223.05	1.13
文化软件服务	543.16	2.75	视听设备的制造	220.72	1.12
文化贸易代理与拍卖服务	443.53	2.25	广播电视电影专用设备的批发	219.64	1.11
发行服务	395.89	2.01	广播电视传输服务	207.74	1.05

续表

中类	金额	占比	中类	金额	占比
出版服务	199.40	1.01	文化艺术培训服务	54.42	0.28
文化用纸的制造	190.72	0.97	游艺器材及娱乐用品的制造	51.82	0.26
其他文化艺术服务	158.14	0.80	其他文化专用设备的制造	45.71	0.23
园林、陈设艺术及其他陶瓷制品的制造	120.26	0.61	文化经纪代理服务	39.33	0.20
文艺创作与表演服务	119.24	0.60	群众文化服务	37.73	0.19
广播电视电影专用设备的制造	109.13	0.55	版权服务	20.93	0.11
印刷专用设备的制造	100.02	0.51	文化遗产保护服务	17.42	0.09
摄影扩印服务	89.91	0.46	文化用化学品的制造	16.50	0.08
文化用油墨颜料的制造	78.36	0.40	文化研究和社团服务	10.02	0.05
广播电视服务	73.67	0.37	文化出租服务	8.84	0.04
乐器的制造	64.88	0.33	新闻服务	6.61	0.03
增值电信服务（文化部分）	57.45	0.29	图书馆与档案馆服务	3.93	0.02

四 中国文化企业产出小类构成

（一）全国各小类文化企业的产出规模及构成

1. 各小类文化企业的营业收入及占比

在全部 120 个小类文化企业中，营业收入占全国文化企业合计值的比重在 5%～10%的有 4 个，包括包装装潢及其他印刷、广告业、机制纸及纸板制造*、电视机制造，它们的营业收入依次达到了 6159.97 亿元、5401.40 亿元、4647.83 亿元、4190.36 亿元，所占比重依次为7.36%、6.45%、5.55%、5.00%；比重在 2%～5%的有 11 个，包括珠宝首饰及有关物品制造，首饰、工艺品及收藏品批发，家用电器批发*，工程勘察设计*，文具用品批发，软件开发*，玩具制造，通信及广播电视设备批发*，互联网信息服务，影视录放设备制造，其他工艺美术品制造，它们的营业收入依次为 3728.46 亿元、3597.94 亿元、3159.53 亿元、2900.37 亿元、2334.84 亿元、2235.97 亿元、2104.05 亿元、2064.60 亿元、2005.80 亿元、2002.37 亿元、1723.80 亿元，所占比重依次为 4.45%、4.30%、3.77%、3.46%、2.79%、2.67%、2.51%、2.47%、2.40%、2.39%、2.06%；比重在 1%～2% 的有 12 个，包括焰火及鞭炮产品制造、专业化设计服务、书及报刊印刷、音响设备制造、珠宝首饰零售、照明灯具制造*、雕塑工艺品制造、其他电子设备制造*、其他文化用品批发、抽纱刺绣工艺品制造、图书及报刊零售、广播电视接收设备及器材制造，它们的营业收入依次为 1634.24 亿元、1412.13 亿元、1297.45 亿元、1288.46 亿元、1275.64 亿元、1256.73 亿元、1132.79 亿元、1066.55 亿元、1008.58 亿元、999.11 亿元、963.03 亿元、879.94 亿元，所占比重依次为 1.95%、1.69%、1.55%、1.54%、1.52%、1.50%、1.35%、1.27%、1.20%、1.19%、1.15%、1.05%。

此外，营业收入占全国文化企业合计值的比重在 0.5%～1% 的小类有 22 个，在 0.1%～0.5% 的有 26 个，其余 45 个所占比重均不足 0.1%（见表 5－10）。

表 5－10 2013 年全国各小类文化企业的营业收入及占比

单位：亿元，%

小类	金额	占比	小类	金额	占比
包装装潢及其他印刷	6159.97	7.36	首饰、工艺品及收藏品批发	3597.94	4.30
广告业	5401.40	6.45	家用电器批发*	3159.53	3.77
机制纸及纸板制造*	4647.83	5.55	工程勘察设计*	2900.37	3.46
电视机制造	4190.36	5.00	文具用品批发	2334.84	2.79
珠宝首饰及有关物品制造	3728.46	4.45	软件开发*	2235.97	2.67

续表

小类	金额	占比	小类	金额	占比
玩具制造	2104.05	2.51	游览景区管理	620.86	0.74
通讯及广播电视设备批发 *	2064.60	2.47	园林、陈设艺术及其他陶瓷制品制造 *	601.29	0.72
互联网信息服务	2005.80	2.40	地毯、挂毯制造	585.25	0.70
影视录放设备制造	2002.37	2.39	报纸出版	529.70	0.63
其他工艺美术品制造	1723.80	2.06	网吧活动	511.48	0.61
焰火、鞭炮产品制造	1634.24	1.95	电气设备批发 *	500.59	0.60
专业化设计服务	1412.13	1.69	文具制造	498.20	0.59
书及报刊印刷	1297.45	1.55	其他未列明商务服务业 *	491.29	0.59
音响设备制造	1288.46	1.54	本册印制	477.78	0.57
珠宝首饰零售	1275.64	1.52	工艺美术品及收藏品零售	458.79	0.55
照明灯具制造 *	1256.73	1.50	印刷专用设备制造	432.91	0.52
雕塑工艺品制造	1132.79	1.35	电视	401.34	0.48
其他电子设备制造 *	1066.55	1.27	油墨及类似产品制造	393.71	0.47
其他文化用品批发	1008.58	1.20	颜料制造 *	390.54	0.47
抽纱刺绣工艺品制造	999.11	1.19	应用电视设备及其他广播电视设备制造	382.35	0.46
图书及报刊零售	963.03	1.15	电影和影视节目制作	358.22	0.43
广播电视接收设备及器材制造	879.94	1.05	笔的制造	337.81	0.40
会议及展览服务	797.29	0.95	文具用品零售	334.39	0.40
天然植物纤维编织工艺品制造	785.50	0.94	其他文化用品零售	310.84	0.37
有线广播电视传输服务	784.49	0.94	装订及印刷相关服务	295.69	0.35
贸易代理 *	756.99	0.90	歌舞厅娱乐活动	283.45	0.34
图书批发	737.83	0.88	文艺创作与表演	262.05	0.31
信息化学品制造 *	723.61	0.86	花画工艺品制造	256.35	0.31
复印和胶印设备制造	695.87	0.83	电影放映	249.33	0.30
照相机及器材制造	667.29	0.80	其他文化艺术业	224.21	0.27
图书出版	659.92	0.79	其他电信服务 *	211.86	0.25
家用视听设备零售	653.75	0.78	漆器工艺品制造	205.07	0.24
金属工艺品制造	641.89	0.77	西乐器制造	186.52	0.22

续表

小类	金额	占比	小类	金额	占比
电影和影视节目发行	176.29	0.21	其他娱乐用品制造	43.20	0.05
游艺用品及室内游艺器材制造	156.66	0.19	文化艺术培训	42.02	0.05
游乐园	135.98	0.16	广播	40.90	0.05
期刊出版	129.26	0.15	新闻业	37.76	0.05
摄影扩印服务	118.52	0.14	电影机械制造	35.12	0.04
公园管理	88.04	0.11	艺术表演场馆	30.53	0.04
记录媒介复制	86.66	0.10	其他未列明教育 *	28.08	0.03
露天游乐场所游乐设备制造	84.78	0.10	音像制品出版	25.58	0.03
幻灯及投影设备制造	81.84	0.10	电子游艺厅娱乐活动	23.29	0.03
手工纸制造	79.39	0.09	墨水、墨汁制造	22.59	0.03
广播电视节目制作及发射设备制造	71.84	0.09	其他出版业	20.52	0.02
照相器材零售	67.51	0.08	野生动物保护 *	19.13	0.02
数字内容服务 *	66.65	0.08	录音制作	18.13	0.02
电子乐器制造	59.83	0.07	文物及非物质文化遗产保护	16.56	0.02
其他乐器及零件制造	59.20	0.07	文化娱乐经纪人	14.66	0.02
拍卖 *	59.12	0.07	娱乐及体育设备出租 *	12.12	0.01
知识产权服务 *	58.97	0.07	野生植物保护 *	10.42	0.01
无线广播电视传输服务	57.85	0.07	卫星传输服务 *	9.20	0.01
其他娱乐业	54.99	0.07	社会人文科学研究	9.02	0.01
群众文化活动	54.41	0.06	电子出版物出版	8.18	0.01
音像制品及电子出版物零售	53.83	0.06	博物馆	7.36	0.01
中乐器制造	51.03	0.06	档案馆	3.08	0.004
音像制品及电子出版物批发	50.41	0.06	烈士陵园、纪念馆	2.27	0.003
其他文化艺术经纪代理	48.66	0.06	音像制品出租	2.22	0.003
报刊批发	48.10	0.06	专业性团体(的服务) *	1.67	0.002
其他室内娱乐活动	45.77	0.05	图书出租	1.55	0.002
乐器零售	43.28	0.05	图书馆	1.14	0.001

2. 各小类文化企业产出中规模以上文化企业和规模以下文化企业的构成

2013 年规模以上文化企业和规模以下文化企业占各小类文化企业营业收入的比重如表 5-11 所示。其中，图书出版、音响设备制造、电子乐器制造、珠宝首饰及有关物品制造、广播电视节目制作及发射设备制造、野生动物保护*、幻灯及投影设备制造、广播电视接收设备及器材制造、其他电子设备制造*、应用电视设备及其他广播电视设备制造、颜料制造*、机制纸及纸板制造*、照相机及器材制造、复印和胶印设备制造、信息化学品制造*、影视录放设备制造、电视机制造 17 个小类的比重超过了 90%；另外，比重在 80% ~ 90% 的小类有 20 个，在 70% ~ 80% 的有 21 个，在 60% ~ 70% 的有 15 个，在 50% ~ 60% 的有 16 个，在 40% ~ 50% 的有 9 个，在 30% ~ 40% 的有 5 个，在 20% ~ 30% 的有 7 个，在 10% ~ 20% 的有 3 个，另有 7 个所占比重不足 10%。

表 5-11 2013 年各小类文化企业营业收入中规模以上
文化企业和规模以下文化企业的占比

单位：%

小类	规模以上企业	规模以下企业	小类	规模以上企业	规模以下企业
电视机制造	98.6	1.4	应用电视设备及其他广播电视设备制造	93.6	6.4
影视录放设备制造	97.9	2.1	其他电子设备制造*	92.7	7.3
信息化学品制造*	97.7	2.3	广播电视接收设备及器材制造	91.6	8.4
复印和胶印设备制造	97.3	2.7	幻灯及投影设备制造	91.4	8.6
照相机及器材制造	97.0	3.0	野生动物保护*	91.4	8.6
机制纸及纸板制造*	96.6	3.4	广播电视节目制作及发射设备制造	91.0	9.0
颜料制造*	95.3	4.7	珠宝首饰及有关物品制造	90.9	9.1

小类	规模以上企业	规模以下企业	小类	规模以上企业	规模以下企业
电子乐器制造	90.8	9.2	其他工艺美术品制造	76.7	23.3
音响设备制造	90.6	9.4	书、报刊印刷	76.4	23.6
图书出版	90.3	9.7	焰火、鞭炮产品制造	76.4	23.6
地毯、挂毯制造	89.4	10.6	有线广播电视传输服务	75.0	25.0
通讯及广播电视设备批发 *	89.4	10.6	笔的制造	74.8	25.2
电影机械制造	88.4	11.6	期刊出版	74.6	25.4
图书、报刊零售	88.3	11.7	音像制品出版	74.1	26.0
游艺用品及室内游艺器材制造	88.1	11.9	文具制造	73.7	26.3
无线广播电视传输服务	86.9	13.1	包装装潢及其他印刷	73.2	26.9
家用电器批发 *	86.8	13.2	其他电信服务 *	72.9	27.1
电影和影视节目发行	86.7	13.4	图书批发	72.7	27.3
游乐园	86.2	13.8	抽纱刺绣工艺品制造	72.7	27.3
西乐器制造	86.2	13.8	中乐器制造	71.4	28.7
互联网信息服务	86.1	13.9	公园管理	71.2	28.8
电视	85.5	14.5	本册印制	71.2	28.8
天然植物纤维编织工艺品制造	85.0	15.0	珠宝首饰零售	71.1	28.9
照明灯具制造 *	84.8	15.2	记录媒介复制	68.8	31.2
油墨及类似产品制造	84.8	15.2	墨水、墨汁制造	68.5	31.5
报纸出版	84.5	15.5	家用视听设备零售	68.1	31.9
新闻业	82.5	17.5	其他娱乐用品制造	68.0	32.0
玩具制造	82.5	17.5	其他乐器及零件制造	67.9	32.1
漆器工艺品制造	82.5	17.5	金属工艺品制造	67.3	32.7
园林、陈设艺术及其他陶瓷制品制造 *	80.0	20.0	雕塑工艺品制造	66.7	33.3
花画工艺品制造	79.0	21.0	游览景区管理	66.6	33.4
首饰、工艺品及收藏品批发	78.7	21.3	工程勘察设计 *	66.3	33.7
露天游乐场所游乐设备制造	77.2	22.8	音像制品及电子出版物零售	64.8	35.3
印刷专用设备制造	76.9	23.1	知识产权服务 *	64.5	35.5
软件开发 *	76.9	23.1	艺术表演场馆	63.7	36.3

续表

小类	规模以上企业	规模以下企业	小类	规模以上企业	规模以下企业
文具用品批发	62.4	37.6	音像制品出租	42.6	57.4
广播	62.0	38.0	其他文化艺术经纪代理	41.6	58.4
数字内容服务 *	61.1	39.0	其他未列明教育 *	40.6	59.5
手工纸制造	59.9	40.1	乐器零售	35.7	64.3
电影放映	59.2	40.8	文具用品零售	34.4	65.6
卫星传输服务 *	59.1	40.9	其他未列明商务服务业 *	33.6	66.4
文艺创作与表演	58.7	41.3	其他娱乐业	31.0	69.0
录音制作	57.8	42.2	群众文化活动	30.7	69.3
电影和影视节目制作	56.7	43.3	音像制品及电子出版物批发	29.9	70.1
其他文化用品零售	56.6	43.4	其他文化艺术业	29.5	70.5
工艺美术品及收藏品零售	55.5	44.5	烈士陵园、纪念馆	29.2	70.8
照相器材零售	54.7	45.3	文物及非物质文化遗产保护	26.2	73.8
广告业	53.4	46.6	文化娱乐经纪人	25.5	74.5
其他出版业	52.1	47.9	摄影扩印服务	24.1	75.9
其他文化用品批发	52.0	48.0	歌舞厅娱乐活动	22.9	77.2
会议及展览服务	51.7	48.3	其他室内娱乐活动	15.3	84.7
博物馆	51.1	48.9	图书馆	12.4	87.6
电子出版物出版	50.3	49.7	文化艺术培训	10.2	89.8
娱乐及体育设备出租 *	50.1	49.9	社会人文科学研究	7.4	92.6
电气设备批发 *	49.2	50.8	档案馆	5.0	95.0
拍卖 *	45.7	54.3	电子游艺厅娱乐活动	4.9	95.1
贸易代理 *	45.7	54.4	野生植物保护 *	3.7	96.3
专业化设计服务	45.2	54.8	图书出租	2.5	97.5
报刊批发	43.0	57.0	网吧活动	1.1	99.0
装订及印刷相关服务	42.8	57.2	专业性团体（的服务）*	0.0	100.0

（二）全国规模以上文化企业产出的小类构成

在 2013 年全国 120 个小类规模以上文化企业中，营业收入占全部规模以上文化企业合计值的比重在 5% 以上的有 4 个，包括包装装潢及其他印刷、机制纸及纸板制造*、电视机制造、珠宝首饰及有关物品制造，它们的营业收入依次为 4506.12 亿元、4488.96 亿元、4132.77 亿元、3389.51 亿元，所占比重依次达 7.04%、7.01%、6.46%、5.30%；比重在 2% ~ 5% 的有 11 个，包括广告业，首饰、工艺品及收藏品批发，家用电器批发*，影视录放设备制造，工程勘察设计*，通信及广播电视设备批发*，玩具制造，互联网信息服务，软件开发*，文具用品批发，其他工艺美术品制造，它们的营业收入依次为 2885.64 亿元、2831.08 亿元、2742.13 亿元、1960.24 亿元、1921.77 亿元、1844.96 亿元、1735.31 亿元、1727.35 亿元、1718.77 亿元、1456.53 亿元、1322.59 亿元，所占比重依次为 4.51%、4.42%、4.28%、3.06%、3.00%、2.88%、2.71%、2.70%、2.69%、2.28%、2.07%；比重在 1% ~ 2% 的有 15 个，包括焰火及鞭炮产品制造、音响设备制造、照明灯具制造*、书及报刊印刷、其他电子设备制造*、珠宝首饰零售、图书及报刊零售、广播电视接收设备及器材制造、雕塑工艺品制造、抽纱刺绣工艺品制造、信息化学品制造*、复印和胶印设备制造、天然植物纤维编织工艺品制造、照相机及器材制造、专业化设计服务，它们的营业收入依次为 1248.04 亿元、1167.46 亿元、1065.37 亿元、991.78 亿元、988.70 亿元、906.64 亿元、849.98 亿元、805.68 亿元、755.12 亿元、726.73 亿元、707.11 亿元、676.95 亿元、667.97 亿元、647.54 亿元、638.46 亿元，所占比重依次为 1.95%、1.82%、1.66%、1.55%、1.54%、1.42%、1.33%、1.26%、1.18%、1.14%、1.10%、1.06%、1.04%、1.01%、1.00%。

此外，规模以上企业营业收入占全国规模以上文化企业合计值的比重在 0.5% ~ 1% 的小类有 19 个，在 0.1% ~ 0.5% 的有 24 个，余下 47 个的营业收入比重均不足 0.1%（见表 5 - 12）。

表 5 - 12 2013 年全国各小类规模以上文化企业的
营业收入和主营业务收入

单位：亿元，%

小类	金额	占比	小类	金额	占比
包装装潢及其他印刷	4506.12	7.04	广播电视接收设备及器材制造	805.68	1.26
机制纸及纸板制造 *	4488.96	7.01	雕塑工艺品制造	755.12	1.18
电视机制造	4132.77	6.46	抽纱刺绣工艺品制造	726.73	1.14
珠宝首饰及有关物品制造	3389.51	5.30	信息化学品制造 *	707.11	1.10
广告业	2885.64	4.51	复印和胶印设备制造	676.95	1.06
首饰、工艺品及收藏品批发	2831.08	4.42	天然植物纤维编织工艺品制造	667.97	1.04
家用电器批发 *	2742.13	4.28	照相机及器材制造	647.54	1.01
影视录放设备制造	1960.24	3.06	专业化设计服务	638.46	1.00
工程勘察设计 *	1921.77	3.00	图书出版	595.87	0.93
通讯及广播电视设备批发 *	1844.96	2.88	有线广播电视传输服务	588.07	0.92
玩具制造	1735.31	2.71	图书批发	536.70	0.84
互联网信息服务	1727.35	2.70	其他文化用品批发	524.74	0.82
软件开发 *	1718.77	2.69	地毯、挂毯制造	523.04	0.82
文具用品批发	1456.53	2.28	园林、陈设艺术及其他陶瓷制品制造 *	481.03	0.75
其他工艺美术品制造	1322.59	2.07	报纸出版	447.74	0.70
焰火、鞭炮产品制造	1248.04	1.95	家用视听设备零售	445.31	0.70
音响设备制造	1167.46	1.82	金属工艺品制造	431.84	0.67
照明灯具制造 *	1065.37	1.66	游览景区管理	413.46	0.65
书、报刊印刷	991.78	1.55	会议及展览服务	412.47	0.64
其他电子设备制造 *	988.70	1.54	颜料制造 *	372.19	0.58
珠宝首饰零售	906.64	1.42	文具制造	367.27	0.57
图书、报刊零售	849.98	1.33	应用电视设备及其他广播电视设备制造	358	0.56

续表

小类	金额	占比	小类	金额	占比
贸易代理*	345.55	0.54	电子乐器制造	54.3	0.08
电视	343.2	0.54	无线广播电视传输服务	50.29	0.08
本册印制	339.96	0.53	手工纸制造	47.55	0.07
油墨及类似产品制造	333.7	0.52	数字内容服务*	40.69	0.06
印刷专用设备制造	332.89	0.52	其他乐器及零件制造	40.22	0.06
工艺美术品及收藏品零售	254.79	0.40	知识产权服务*	38.03	0.06
笔的制造	252.8	0.39	照相器材零售	36.91	0.06
电气设备批发*	246.38	0.38	中乐器制造	36.41	0.06
电影和影视节目制作	203.26	0.32	音像制品及电子出版物零售	34.86	0.05
花画工艺品制造	202.52	0.32	新闻业	31.15	0.05
其他文化用品零售	175.96	0.27	电影机械制造	31.04	0.05
漆器工艺品制造	169.13	0.26	其他娱乐用品制造	29.36	0.05
其他未列明商务服务业*	165.16	0.26	摄影扩印服务	28.61	0.04
西乐器制造	160.76	0.25	拍卖*	27.02	0.04
其他电信服务*	154.41	0.24	广播	25.37	0.04
文艺创作与表演	153.89	0.24	报刊批发	20.7	0.03
电影和影视节目发行	152.75	0.24	其他文化艺术经纪代理	20.26	0.03
电影放映	147.54	0.23	艺术表演场馆	19.45	0.03
游艺用品及室内游艺器材制造	138.02	0.22	音像制品出版	18.94	0.03
装订及印刷相关服务	126.61	0.20	野生动物保护*	17.48	0.03
游乐园	117.22	0.18	其他娱乐业	17.04	0.03
文具用品零售	114.88	0.18	群众文化活动	16.68	0.03
期刊出版	96.41	0.15	墨水、墨汁制造	15.47	0.02
幻灯及投影设备制造	74.8	0.12	乐器零售	15.46	0.02
其他文化艺术业	66.07	0.10	音像制品及电子出版物批发	15.07	0.02
露天游乐场所游乐设备制造	65.44	0.10	其他未列明教育*	11.39	0.02
广播电视节目制作及发射设备制造	65.39	0.10	其他出版业	10.69	0.02
歌舞厅娱乐活动	64.78	0.10	录音制作	10.47	0.02
公园管理	62.67	0.10	其他室内娱乐活动	6.98	0.01
记录媒介复制	59.6	0.09	娱乐及体育设备出租*	6.07	0.01

续表

小类	金额	占比	小类	金额	占比
卫星传输服务*	5.44	0.01	音像制品出租	0.95	0.001
网吧活动	5.38	0.01	社会人文科学研究	0.67	0.001
文物及非物质文化遗产保护	4.35	0.01	烈士陵园、纪念馆	0.66	0.001
文化艺术培训	4.29	0.01	野生植物保护*	0.38	0.0006
电子出版物出版	4.12	0.01	档案馆	0.15	0.0002
博物馆	3.77	0.01	图书馆	0.14	0.0002
文化娱乐经纪人	3.74	0.01	图书出租	0.04	0.0001
电子游艺厅娱乐活动	1.15	0.002	专业性团体（的服务）*	0	0.00

（三）全国规模以下文化企业产出的小类构成

在 2013 年全国 120 个小类规模以下文化企业中，营业收入占全部规模以下文化企业合计值的比重超过 5% 的小类有 2 个，包括广告业、包装装潢及其他印刷，它们的营业收入分别达 2515.77 亿元、1653.85 亿元，所占比重分别为 12.74%、8.38%；比重在 2% ~5% 的有 10 个，包括工程勘察设计*，文具用品批发，专业化设计服务，首饰、工艺品及收藏品批发，软件开发*，网吧活动，其他文化用品批发，家用电器批发*，贸易代理*，其他工艺美术品制造，它们的营业收入依次为 978.60 亿元、878.31 亿元、773.68 亿元、766.87 亿元、517.20 亿元、506.11 亿元、483.83 亿元、417.40 亿元、411.43 亿元、401.21 亿元，所占比重依次为 4.96%、4.45%、3.92%、3.88%、2.62%、2.56%、2.45%、2.11%、2.08%、2.03%；比重在 1% ~2% 的有 19 个，包括焰火及鞭炮产品制造、会议及展览服务、雕塑工艺品制造、珠宝首饰零售、玩具制造、珠宝首饰及有关物品制造、其他未列明商务服务业*、书及报刊印刷、互联网信息服务、抽纱刺绣工艺品制造、电气设备批发*、通信及广播电视设备批发*、文具用品零售、歌舞厅娱乐活动、金属工艺品制造、家用视听设备零售、游览景区管理、工艺美术品及收藏品零售、图书批发，它们的营业收入依次为 386.19 亿元、384.81 亿元、377.67 亿元、369.00 亿元、368.73 亿元、338.94 亿元、326.13 亿元、305.67 亿元、278.45 亿元、272.38 亿元、254.21 亿元、219.64 亿元、219.50 亿元、218.66 亿元、210.05 亿元、208.45 亿元、207.40 亿元、204.00 亿元、201.13 亿元，所占比重依次为 1.96%、1.95%、1.91%、1.87%、1.87%、1.72%、1.65%、1.55%、1.41%、1.38%、1.29%、1.11%、1.11%、1.11%、1.06%、1.06%、1.05%、1.03%、1.02%。

此外，规模以下文化企业营业收入占全国规模以下文化企业合计值的比重在 0.5%~1% 的小类有 16 个，在 0.1%~0.5% 的有 40 个，余下 33 个的营业收入比重均不足 0.1%（见表5-13）。

表 5-13　2013 年全国各小类规模以下文化企业的营业收入及占比

单位：亿元，%

小类	金额	占比	小类	金额	占比
广告业	2515.77	12.74	雕塑工艺品制造	377.67	1.91
包装装潢及其他印刷	1653.85	8.38	珠宝首饰零售	369.00	1.87
工程勘察设计*	978.60	4.96	玩具制造	368.73	1.87
文具用品批发	878.31	4.45	珠宝首饰及有关物品制造	338.94	1.72
专业化设计服务	773.68	3.92	其他未列明商务服务业*	326.13	1.65
首饰、工艺品及收藏品批发	766.87	3.88	书、报刊印刷	305.67	1.55
软件开发*	517.20	2.62	互联网信息服务	278.45	1.41
网吧活动	506.11	2.56	抽纱刺绣工艺品制造	272.38	1.38
其他文化用品批发	483.83	2.45	电气设备批发*	254.21	1.29
家用电器批发*	417.40	2.11	通讯及广播电视设备批发*	219.64	1.11
贸易代理*	411.43	2.08	文具用品零售	219.50	1.11
其他工艺美术品制造	401.21	2.03	歌舞厅娱乐活动	218.66	1.11
焰火、鞭炮产品制造	386.19	1.96	金属工艺品制造	210.05	1.06
会议及展览服务	384.81	1.95	家用视听设备零售	208.45	1.06

续表

小类	金额	占比	小类	金额	占比
游览景区管理	207.40	1.05	电视机制造	57.60	0.29
工艺美术品及收藏品零售	204.00	1.03	其他电信服务*	57.45	0.29
图书批发	201.13	1.02	花画工艺品制造	53.82	0.27
有线广播电视传输服务	196.42	0.99	影视录放设备制造	42.13	0.21
照明灯具制造*	191.36	0.97	其他室内娱乐活动	38.79	0.20
装订及印刷相关服务	169.08	0.86	其他娱乐业	37.95	0.19
机制纸及纸板制造*	158.87	0.80	群众文化活动	37.73	0.19
其他文化艺术业	158.14	0.80	文化艺术培训	37.73	0.19
电影和影视节目制作	154.97	0.78	漆器工艺品制造	35.94	0.18
本册印制	137.81	0.70	音像制品及电子出版物批发	35.34	0.18
其他文化用品零售	134.89	0.68	期刊出版	32.85	0.17
文具制造	130.92	0.66	拍卖*	32.10	0.16
音响设备制造	120.99	0.61	手工纸制造	31.85	0.16
园林、陈设艺术及其他陶瓷制品制造*	120.26	0.61	照相器材零售	30.60	0.15
天然植物纤维编织工艺品制造	117.54	0.60	其他文化艺术经纪代理	28.41	0.14
图书、报刊零售	113.05	0.57	乐器零售	27.82	0.14
文艺创作与表演	108.16	0.55	报刊批发	27.40	0.14
电影放映	101.80	0.52	记录媒介复制	27.06	0.14
印刷专用设备制造	100.02	0.51	数字内容服务*	25.96	0.13
摄影扩印服务	89.91	0.46	西乐器制造	25.75	0.13
笔的制造	85.01	0.43	公园管理	25.37	0.13
报纸出版	81.96	0.42	应用电视设备及其他广播电视设备制造	24.35	0.12
其他电子设备制造*	77.85	0.39	电影和影视节目发行	23.54	0.12
广播电视接收设备及器材制造	74.26	0.38	电子游艺厅娱乐活动	22.14	0.11
图书出版	64.05	0.32	知识产权服务*	20.93	0.11
地毯、挂毯制造	62.21	0.32	照相机及器材制造	19.75	0.10
油墨及类似产品制造	60.01	0.30	露天游乐场所游乐设备制造	19.34	0.10
电视	58.14	0.29	音像制品及电子出版物零售	18.98	0.10

续表

小类	金额	占比	小类	金额	占比
其他乐器及零件制造	18.98	0.10	墨水、墨汁制造	7.11	0.04
复印和胶印设备制造	18.92	0.10	幻灯及投影设备制造	7.04	0.04
游乐园	18.76	0.10	音像制品出版	6.64	0.03
游艺用品及室内游艺器材制造	18.64	0.09	新闻业	6.61	0.03
颜料制造*	18.35	0.09	广播电视节目制作及发射设备制造	6.45	0.03
其他未列明教育*	16.69	0.08	娱乐及体育设备出租*	6.05	0.03
信息化学品制造*	16.50	0.08	电子乐器制造	5.53	0.03
广播	15.53	0.08	电影机械制造	4.08	0.02
中乐器制造	14.62	0.07	电子出版物出版	4.06	0.02
其他娱乐用品制造	13.84	0.07	卫星传输服务*	3.76	0.02
文物及非物质文化遗产保护	12.22	0.06	博物馆	3.60	0.02
艺术表演场馆	11.08	0.06	档案馆	2.93	0.01
文化娱乐经纪人	10.92	0.06	专业性团体(的服务)*	1.67	0.01
野生植物保护*	10.04	0.05	野生动物保护*	1.65	0.01
其他出版业	9.84	0.05	烈士陵园、纪念馆	1.61	0.01
社会人文科学研究	8.35	0.04	图书出租	1.51	0.01
录音制作	7.66	0.04	音像制品出租	1.28	0.01
无线广播电视传输服务	7.56	0.04	图书馆	1.00	0.01

第六章 中国规模以上文化企业
盈利性与生产率

第三次全国经济普查数据的统计结果显示，2013 年全国规模以上文化企业实现利润总额 4722.89 亿元，净利润达到 4122.53 亿元。同时，全国规模以上文化企业的平均总资产报酬率、平均净资产收益率分别达到了 9.7%、16.8%。另外，除 5 个小类和 1 个中类之外，各部分、大类、中类、小类中的规模以上文化企业的人均营业收入几乎都显著高于规模以下文化企业。

一 中国规模以上文化企业盈利的构成

（一）全国规模以上文化企业盈利的部分构成

2013 年"文化产品的生产"部分规模以上企业的利润总额为 2649.30 亿元，净利润为 2331.52 亿元，分别占全国规模以上文化企业相应合计值的 56.1% 和 56.6%；"文化相关产品的生产"部分的利润总额 2073.59 亿元，净利润为 1791.01 亿元，分别占全国规模以上文化企业相应合计值的 43.9% 和 43.4%（见表6－1）。

表 6－1　2013 年全国各部分规模以上文化企业的盈利及占比

单位：亿元，%

部分	利润总额		净利润	
	总额	占比	总额	占比
文化产品的生产	2649.30	56.1	2331.52	56.6
文化相关产品的生产	2073.59	43.9	1791.01	43.4
合　计	4722.89	100.0	4122.53	100.0

（二）中国规模以上文化企业盈利的大类构成

2013 年各大类规模以上文化企业的利润总额差别较大。其中，文化用品的生产、文化创意和设计服务、文化信息传输服务、工艺美术品的生产、文化产品生产的辅助生产 5 个大类的利润总额相对较大，依次为 1241.23 亿元、753.16 亿元、711.92 亿元、607.49 亿元、600.40 亿元，分别占全国规模以上文化企业合计值的 26.3%、15.9%、15.1%、12.9%、12.7%；新闻出版发行服务、文化专用设备的生产、广播电视电影服务、文化休闲娱乐服务、文化艺术服务 5 个大类的利润总额相对较小，它们的利润总额依次为 255.89 亿元、231.96 亿元、191.24 亿元、99.10 亿元、30.51 亿元，占全国规模以上文化企业合计值的比重依次为 5.4%、4.9%、4.0%、2.1%、0.6%（见表 6－2）。

表 6－2　2013 年全国各大类规模以上文化企业的利润总额和净利润

单位：亿元，%

大类	利润总额		净利润	
	金额	占比	总额	占比
新闻出版发行服务	255.89	5.4	239.50	5.8
广播电视电影服务	191.24	4.0	170.26	4.1
文化艺术服务	30.51	0.6	23.80	0.6

续表

大类	利润总额		净利润	
	金额	占比	总额	占比
文化信息传输服务	711.92	15.1	660.48	16.0
文化创意和设计服务	753.16	15.9	635.36	15.4
文化休闲娱乐服务	99.10	2.1	77.46	1.9
工艺美术品的生产	607.49	12.9	524.66	12.7
文化产品生产的辅助生产	600.40	12.7	505.16	12.3
文化用品的生产	1241.23	26.3	1086.25	26.3
文化专用设备的生产	231.96	4.9	199.61	4.8

与上述利润总额的大类构成相似的是，2013 年各大类规模以上文化企业的净利润也有明显的差距。其中，文化用品的生产、文化创意和设计服务、文化信息传输服务、工艺美术品的生产、文化产品生产的辅助生产 5 个大类的净利润相对较大，依次为 1086.25 亿元、635.36 亿元、660.48 亿元、524.66 亿元、505.16 亿元，分别占全国规模以上文化企业合计值的 26.3%、15.4%、16.0%、12.7%、12.3%；新闻出版发行服务、文化专用设备的生产、广播电视电影服务、文化休闲娱乐服务、文化艺术服务 5 个大类的净利润也相对较小，依次为 239.50 亿元、199.61 亿元、170.26 亿元、77.46 亿元、23.80 亿元，占全国规模以上文化企业合计值的比重分别为 5.8%、4.8%、4.1%、1.9%、0.6%。

（三） 中国规模以上文化企业盈利的中类构成

如表 6-3 所示，在 2013 年全国规模以上文化企业的净利润中，所占比重超过 10% 的中类有 2 个，包括互联网信息服务、印刷复制服务，净利润分别高达 545.11 亿元、414.46 亿元，所占比重分别达 13.22%、10.05%；比重在 5%~10% 的有 4 个，包括工艺美术品的制造、视听设备的制造、文化软件服务、文化用纸的制造，净利润依次为 404.44 亿元、324.14 亿元、257.55 亿元、213.28 亿元，所占比重依次为

9.81%、7.86%、6.25%、5.17%；比重在2%～5%的有8个，包括建筑设计服务、出版服务、广告服务、其他文化用品的制造、焰火及鞭炮产品的制造、广播电视传输服务、电影和影视录音服务、工艺美术品的销售，净利润依次为173.51亿元、159.54亿元、150.40亿元、108.98亿元、103.05亿元、98.24亿元、97.07亿元、89.66亿元，所占比重依次为4.21%、3.87%、3.65%、2.64%、2.50%、2.38%、2.35%、2.17%。

此外，当年规模以上企业净利润占全国规模以上文化企业合计值的比重在1%～2%的中类有10个，所占比重在0.5～1%的有7个，所占比重在0.1%～0.5%的有11个，其余8个中类所占比重均不足0.1%。

表6-3　2013年各中类规模以上文化企业的净利润及占比

单位：亿元，%

中类	净利润	占比	中类	净利润	占比
互联网信息服务	545.11	13.22	广播电视电影专用设备的制造	78.61	1.91
印刷复制服务	414.46	10.05	发行服务	78.07	1.89
工艺美术品的制造	404.44	9.81	广播电视服务	73.19	1.78
视听设备的制造	324.14	7.86	景区游览服务	64.69	1.57
文化软件服务	257.55	6.25	广播电视电影专用设备的批发	59.59	1.45
文化用纸的制造	213.28	5.17	专业设计服务	53.9	1.31
建筑设计服务	173.51	4.21	会展服务	50.51	1.23
出版服务	159.54	3.87	文化用家电的销售	45.81	1.11
广告服务	150.4	3.65	文化用油墨颜料的制造	44.39	1.08
其他文化用品的制造	108.98	2.64	其他文化用品的销售	34.99	0.85
焰火、鞭炮产品的制造	103.05	2.50	其他文化专用设备的制造	34.49	0.84
广播电视传输服务	98.24	2.38	文具乐器照相器材的销售	32.52	0.79
电影和影视录音服务	97.07	2.35	办公用品的制造	32.07	0.78
工艺美术品的销售	89.66	2.17	文化用化学品的制造	30.92	0.75
玩具的制造	80.49	1.95	园林、陈设艺术及其他陶瓷制品的制造	30.55	0.74

续表

中类	净利润	占比	中类	净利润	占比
印刷专用设备的制造	20.7	0.50	文化经纪代理服务	4.74	0.12
游艺器材及娱乐用品的制造	19.84	0.48	版权服务	3.99	0.10
文化贸易代理与拍卖服务	17.81	0.43	新闻服务	1.89	0.05
增值电信服务（文化部分）	17.14	0.42	群众文化服务	1.6	0.04
乐器的制造	15.77	0.38	文化遗产保护服务	1.39	0.03
文艺创作与表演服务	13.47	0.33	文化艺术培训服务	1.01	0.02
其他文化辅助生产	13.41	0.33	摄影扩印服务	0.94	0.02
娱乐休闲服务	11.83	0.29	文化出租服务	0.23	0.01
其他文化艺术服务	6.28	0.15	文化研究和社团服务	0.04	0.001
舞台照明设备的批发	6.22	0.15	图书馆与档案馆服务	0.005	0.0001

（四）中国规模以上文化企业盈利的小类构成

在全国 120 个小类规模以上文化企业中，2013 年共有 6 个小类的净利润合计为负，它们是野生植物保护*、图书馆、音像制品出租、音像制品及电子出版物批发、文化艺术培训、音像制品及电子出版物零售，它们的亏损额依次为 12.2 万元、94.3 万元、320.4 万元、536.7 万元、637.2 万元、6612.7 万元。

除以上 6 个小类以及未有规模以上企业的专业性团体（的服务）*小类之外，在余下的小类规模以上文化企业中，净利润占全国规模以上文化企业合计值的比重超过 5% 的有 5 个，包括互联网信息服务、包装装潢及其他印刷、软件开发*、电视机制造、机制纸及纸板制造*，净利润依次达到了 545.11 亿元、327.30 亿元、246.01 亿元、227.20 亿元、210.50 亿元，所占比重也依次为 13.22%、7.94%、5.97%、5.51%、5.11%；比重在 2% ~ 5% 的有 5 个，包括工程勘察设计*、广告业、焰火及鞭炮产品制造、图书出版、有线广播电视传输服务，净利

润依次为 173.51 亿元、150.40 亿元、103.05 亿元、96.59 亿元、91.96
亿元，所占比重依次为 4.21%、3.65%、2.50%、2.34%、2.23%。

此外，2013 年规模以上企业净利润占全国规模以上文化企业合计
值的比重在 1%～2% 的小类有 20 个，在 0.5%～1% 的有 16 个，在
0.3%～0.5% 的有 10 个，在 0.1%～0.3% 的有 18 个，其余 39 个所占
比重均低于 0.1%（见表 6-4）。

表 6-4　2013 年各小类规模以上企业的净利润及占比

单位：亿元，%

小类	净利润	占比	小类	净利润	占比
互联网信息服务	545.11	13.22	专业化设计服务	53.90	1.31
包装装潢及其他印刷	327.30	7.94	书、报刊印刷	52.30	1.27
软件开发*	246.01	5.97	游览景区管理	51.59	1.25
电视机制造	227.20	5.51	会议及展览服务	50.51	1.23
机制纸及纸板制造*	210.50	5.11	抽纱刺绣工艺品制造	49.39	1.20
工程勘察设计*	173.51	4.21	广播电视接收设备及器材制造	48.57	1.18
广告业	150.40	3.65	报纸出版	47.45	1.15
焰火、鞭炮产品制造	103.05	2.50	图书、报刊零售	42.18	1.02
图书出版	96.59	2.34	电影和影视节目发行	42.15	1.02
有线广播电视传输服务	91.96	2.23	天然植物纤维编织工艺品制造	41.98	1.02
其他工艺美术品制造	82.10	1.99	电影和影视节目制作	41.89	1.02
珠宝首饰及有关物品制造	81.69	1.98	其他电子设备制造*	38.55	0.94
玩具制造	80.49	1.95	音响设备制造	36.94	0.90
雕塑工艺品制造	71.34	1.73	图书批发	35.98	0.87
电视	70.61	1.71	信息化学品制造*	30.92	0.75
照明灯具制造*	70.43	1.71	园林、陈设艺术及其他陶瓷制品制造*	30.55	0.74
影视录放设备制造	59.99	1.46	文具用品批发	28.50	0.69
通讯及广播电视设备批发*	59.59	1.45	地毯、挂毯制造	28.45	0.69
首饰、工艺品及收藏品批发	57.56	1.40	金属工艺品制造	26.65	0.65

续表

小类	净利润	占比	小类	净利润	占比
家用电器批发 *	26.32	0.64	其他文化艺术业	6.28	0.15
本册印制	24.21	0.59	电气设备批发 *	6.22	0.15
应用电视设备及其他广播电视设备制造	24.19	0.59	露天游乐场所游乐设备制造	5.66	0.14
复印和胶印设备制造	23.86	0.58	无线广播电视传输服务	5.61	0.14
油墨及类似产品制造	23.52	0.57	游乐园	4.78	0.12
其他文化用品零售	22.43	0.54	其他文化艺术经纪代理	4.72	0.11
颜料制造 *	20.87	0.51	知识产权服务 *	3.99	0.10
印刷专用设备制造	20.70	0.50	文具用品零售	3.37	0.08
家用视听设备零售	19.48	0.47	歌舞厅娱乐活动	3.26	0.08
其他电信服务 *	17.14	0.42	野生动物保护 *	3.20	0.08
文具制造	17.07	0.41	电子乐器制造	3.10	0.08
珠宝首饰零售	16.67	0.40	广播电视节目制作及发射设备制造	2.99	0.07
工艺美术品及收藏品零售	15.43	0.37	其他乐器及零件制造	2.86	0.07
笔的制造	13.92	0.34	电影机械制造	2.86	0.07
其他未列明商务服务业 *	13.41	0.33	艺术表演场馆	2.81	0.07
游艺用品及室内游艺器材制造	12.60	0.31	记录媒介复制	2.79	0.07
其他文化用品批发	12.55	0.30	手工纸制造	2.78	0.07
电影放映	12.51	0.30	广播	2.59	0.06
花画工艺品制造	11.58	0.28	其他娱乐业	2.44	0.06
数字内容服务 *	11.54	0.28	中乐器制造	2.36	0.06
期刊出版	11.43	0.28	幻灯及投影设备制造	2.23	0.05
漆器工艺品制造	11.26	0.27	音像制品出版	2.00	0.05
文艺创作与表演	10.66	0.26	新闻业	1.89	0.05
公园管理	9.91	0.24	群众文化活动	1.60	0.04
贸易代理 *	9.13	0.22	其他娱乐用品制造	1.58	0.04
拍卖 *	8.68	0.21	其他出版业	1.46	0.04
照相机及器材制造	8.40	0.20	其他未列明教育 *	1.08	0.03
装订及印刷相关服务	7.87	0.19	墨水、墨汁制造	1.08	0.03
西乐器制造	7.46	0.18	博物馆	1.05	0.03

小类	净利润	占比	小类	净利润	占比
摄影扩印服务	0.94	0.02	文物及非物质文化遗产保护	0.24	0.01
网吧活动	0.83	0.02	乐器零售	0.19	0.005
卫星传输服务*	0.67	0.02	电子游艺厅娱乐活动	0.13	0.003
报刊批发	0.63	0.02	烈士陵园、纪念馆	0.10	0.003
电子出版物出版	0.62	0.01	社会人文科学研究	0.04	0.001
录音制作	0.51	0.01	文化娱乐经纪人	0.02	0.001
照相器材零售	0.46	0.01	档案馆	0.01	0.0003
其他室内娱乐活动	0.39	0.01	图书出租	0.01	0.0003
娱乐及体育设备出租*	0.25	0.01			

二　中国规模以上文化企业的盈利性

（一）各部分规模以上文化企业的盈利性

如图 6 - 1 所示，在 2013 年规模以上文化企业中，"文化产品的生产"部分企业的盈利性优于"文化相关产品的生产"部分企业。其中，"文化产品的生产"部分规模以上文化企业平均总资产报酬率达 10.1%，平均净资产收益率分别为 17.1%；"文化相关产品的生产"部分规模以上文化企业平均总资产报酬率为 9.2%，平均净资产收益率为 16.4%。

两相比较，"文化产品的生产"部分规模以上文化企业的平均总资产报酬率和平均净资产收益率分别比"文化相关产品的生产"部分高出 0.9 和 0.7 个百分点。不仅如此，若与当年全国规模以上文化企业平均水平相比，"文化产品的生产"部分规模以上企业的总资产报酬率和净资产收益率分别高出 0.4 和 0.3 个百分点，而"文化相关产品的生产"部分规模以上企业的总资产报酬率和净资产收益率却分别比全国平均水平低 0.5 和 0.4 个百分点。

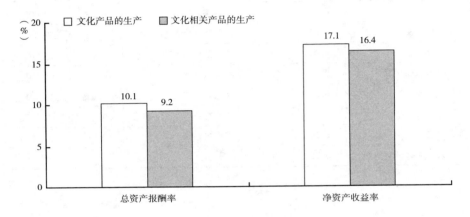

图 6－1　2013 年各部分规模以上文化企业的主要盈利性指标

（二）各大类规模以上文化企业的盈利性

2013 年各大类规模以上文化企业总资产报酬率的差距较大。其中，文化信息传输服务、工艺美术品的生产、文化产品生产的辅助生产、文化创意和设计服务、广播电视电影服务 5 个大类总资产报酬率高于全国规模以上文化企业平均水平，依次达到了 17.0%、13.5%、10.4%、10.1%、9.9%，它们依次比当年全国规模以上文化企业平均水平高出 7.3、3.8、0.7、0.4、0.2 个百分点；而文化专用设备的生产、文化用品的生产、新闻出版发行服务、文化艺术服务、文化休闲娱乐服务 5 个大类的总资产报酬率相对较低，分别为 9.1%、8.7%、5.9%、4.3%、3.7%，它们依次比当年全国规模以上文化企业平均水平低 0.6、1.0、3.8、5.4、6.0 个百分点（见表 6－5）。

表 6 - 5 2013 年各大类规模以上文化企业的主要盈利指标

单位：%

	总资产报酬率	净资产收益率
新闻出版发行服务	5.9	9.4
广播电视电影服务	9.9	13.0
文化艺术服务	4.3	8.0
文化信息传输服务	17.0	29.1
文化创意和设计服务	10.1	18.5
文化休闲娱乐服务	3.7	4.8
工艺美术品的生产	13.5	24.9
文化产品生产的辅助生产	10.4	15.6
文化用品的生产	8.7	16.6
文化专用设备的生产	9.1	17.6

各大类规模以上文化企业净资产收益率也有明显的高低之分。其中，文化信息传输服务、工艺美术品的生产、文化创意和设计服务、文化专用设备的生产 4 个大类明显较高，它们的净资产收益率依次达到了 29.1%、24.9%、18.5%、17.6%，依次比当年全国规模以上文化企业平均水平高出 12.3、8.1、1.7、0.8 个百分点；而文化用品的生产、文化产品生产的辅助生产、广播电视电影服务、新闻出版发行服务、文化艺术服务、文化休闲娱乐服务 6 个大类的净资产收益率则相对较低，依次为 16.6%、15.6%、13.0%、9.4%、8.0%、4.8%，依次比当年全国规模以上文化企业平均水平低 0.2、1.2、3.8、7.4、8.8、12.0 个百分点。

（三）各中类规模以上文化企业的盈利性

2013 年全国各中类规模以上文化企业的总资产报酬率和净资产收益率如表 6 - 6 所示。其中，有 19 个中类的总资产报酬率高于全国规模以上文化企业平均水平，它们包括焰火及鞭炮产品的制造，互联网信息服务，园林、陈设艺术及其他陶瓷制品的制造，游艺器材及娱乐用品的制造，工艺美术品的制造，印刷复制服务，其他文化用品的销售，办公用品的制造，玩具的制造，其他文化用品的制造，文化用油墨颜料的制造，文化软件服务，广播电视电影专用设备的制造，广播电视服务，专业设计服务，乐器的制造，广播电视电影专用设备的批发，视听设备的制造，广告服务，它们的总资产报酬率依次为 36.5%、27.8%、27.0%、18.9%、15.7%、13.2%、12.8%、12.6%、12.5%、11.8%、11.7%、11.3%、11.1%、11.0%、11.0%、10.9%、10.8%、10.4%、10.4%。在余下 31 个中类中，总资产报酬率在 8%~10% 的有 5 个，在 6%~8% 的有 10 个，在 4%~6% 的有 5 个，还有 11 个的总资产报酬率均不足 4%。另据测算，2013 年 50 个中类规模以上文化企业总资产报酬率的算术平均值为 9.10%，标准差为 6.79，标准差系数为 0.75，显示了较高的离散程度。

净资产收益率高于全国规模以上文化企业平均水平的中类也有 19 个中类，它们包括广播电视电影专用设备的批发，互联网信息服务，焰火及鞭炮产品的制造，其他文化用品的销售，园林、陈设艺术及其他陶瓷制品的制造，游艺器材及娱乐用品的制造，工艺美术品的制造，视听设备的制造，文具乐器照相器材的销售，专业设计服务，办公用品的制造，广告服务，玩具的制造，印刷复制服务，其他文化用品的制造，建筑设计服务，广播电视电影专用设备的制造，文化用油墨颜料的制造，文化贸易代理与拍卖服务，净资产收益率依次为 52.1%、50.9%、45.7%、43.0%、38.7%、32.0%、27.6%、24.4%、23.5%、21.8%、21.6%、21.4%、20.1%、19.9%、18.7%、18.7%、18.3%、17.5%、17.3%。在余下的 31 个中类中，净资产收益率在 15%~17% 的有 4 个，在 10%~15% 的有 11 个，在 5%~10% 的有 9 个，还有 7 个的净资产收益率均不足 5%。另据测算，2013 年全部 50 个中类规模以上文化企业净资产收益率的算术平均值为 16.42%，标准差为 12.21，标准差系数为 0.74，离散程度也较高。

表 6 – 6　2013 年各中类规模以上文化企业主要盈利指标

单位：%

中类	总资产报酬率	净资产收益率	中类	总资产报酬率	净资产收益率
广播电视电影专用设备的批发	10.8	52.1	广播电视服务	11.0	14.0
互联网信息服务	27.8	50.9	版权服务	6.0	12.7
焰火及鞭炮产品的制造	36.5	45.7	电影和影视录音服务	9.2	12.3
其他文化用品的销售	12.8	43.0	摄影扩印服务	6.8	11.5
园林、陈设艺术及其他陶瓷制品的制造	27.0	38.7	文化用家电的销售	3.3	11.3
游艺器材及娱乐用品的制造	18.9	32.0	群众文化服务	6.6	11.1
工艺美术品的制造	15.7	27.6	广播电视传输服务	6.8	10.9
视听设备的制造	10.4	24.4	文化艺术培训服务	4.7	10.5
文具乐器照相器材的销售	6.1	23.5	发行服务	5.2	10.3
专业设计服务	11.0	21.8	其他文化专用设备的制造	7.2	9.7
办公用品的制造	12.6	21.6	会展服务	7.6	9.6
广告服务	10.4	21.4	出版服务	6.6	9.2
玩具的制造	12.5	20.1	文化用纸的制造	6.3	8.9
印刷复制服务	13.2	19.9	文艺创作与表演服务	3.9	7.5
其他文化用品的制造	11.8	18.7	文化用化学品的制造	5.6	7.2
建筑设计服务	8.5	18.7	舞台照明设备的批发	2.7	7.1
广播电视电影专用设备的制造	11.1	18.3	增值电信服务（文化部分）	4.7	5.9
文化用油墨颜料的制造	11.7	17.5	文化研究和社团服务	2.1	5.4
文化贸易代理与拍卖服务	5.8	17.3	景区游览服务	3.8	4.8
文化软件服务	11.3	16.5	娱乐休闲服务	3.2	4.5
其他文化艺术服务	7.8	15.9	新闻服务	2.2	3.0
工艺美术品的销售	8.1	15.8	其他文化辅助生产	2.6	2.9
乐器的制造	10.9	15.2	文化遗产保护服务	2.1	2.6
文化经纪代理服务	9.5	14.5	文化出租服务	2.1	2.4
印刷专用设备的制造	9.5	14.2	图书馆与档案馆服务	1.1	0.8

（四）各小类规模以上文化企业的盈利性

除野生植物保护*、图书馆、音像制品出租、音像制品及电子出版物批发、文化艺术培训、音像制品及电子出版物零售6个亏损小类以及未有规模以上企业的专业性团体（的服务）*小类之外，其余113个小类2013年规模以上文化企业的总资产报酬率和净资产收益率如表6-7所示。

表6-7　2013年各小类规模以上文化企业主要盈利指标

单位：%

小类	总资产报酬率	净资产收益率	小类	总资产报酬率	净资产收益率
其他文化用品零售	69.2	159.0	网吧活动	27.0	30.2
野生动物保护*	11.3	80.9	其他工艺美术品制造	19.9	30.1
数字内容服务*	33.4	56.4	笔的制造	15.1	26.8
游艺用品及室内游艺器材制造	31.9	54.3	花画工艺品制造	20.1	26.8
通讯及广播电视设备批发*	10.8	52.1	金属工艺品制造	15.1	26.2
互联网信息服务	27.8	50.9	本册印制	15.8	25.3
焰火、鞭炮产品制造	36.5	45.7	文具用品批发	6.0	25.1
天然植物纤维编织工艺品制造	30.9	45.0	手工纸制造	12.0	24.7
雕塑工艺品制造	31.4	44.9	漆器工艺品制造	17.6	22.6
电影机械制造	18.2	41.0	拍卖*	15.7	22.5
电子游艺厅娱乐活动	32.7	39.4	照明灯具制造*	13.1	21.9
园林、陈设艺术及其他陶瓷制品制造*	27.0	38.7	专业化设计服务	11.0	21.8
中乐器制造	25.7	34.4	包装装潢及其他印刷	14.6	21.7
抽纱刺绣工艺品制造	20.5	33.1	工艺美术品及收藏品零售	12.6	21.4
电视机制造	11.5	30.8	电子出版物出版	13.7	21.4
墨水、墨汁制造	28.5	30.6	露天游乐场所游乐设备制造	12.3	21.4
其他乐器及零件制造	18.7	30.4	广告业	10.4	21.4

续表

小类	总资产报酬率	净资产收益率	小类	总资产报酬率	净资产收益率
地毯、挂毯制造	12.0	21.3	贸易代理 *	3.4	14.2
电子乐器制造	16.5	21.3	其他未列明教育 *	5.9	14.1
电影和影视节目发行	11.7	20.9	电视	11.1	14.0
颜料制造 *	11.7	20.6	期刊出版	10.2	14.0
玩具制造	12.5	20.1	书、报刊印刷	8.3	13.5
报刊批发	4.9	19.9	艺术表演场馆	9.7	12.8
装订及印刷相关服务	12.5	19.7	其他娱乐用品制造	8.8	12.7
应用电视设备及其他广播电视设备制造	10.9	19.1	知识产权服务 *	6.0	12.7
工程勘察设计 *	8.5	18.7	照相器材零售	6.2	12.3
其他文化用品批发	5.8	18.7	有线广播电视传输服务	7.2	11.9
文具用品零售	7.8	18.6	音像制品出版	8.5	11.9
广播电视接收设备及器材制造	11.5	18.6	珠宝首饰零售	6.6	11.5
文具制造	10.9	18.3	摄影扩印服务	6.8	11.5
档案馆	4.4	18.1	群众文化活动	6.6	11.1
歌舞厅娱乐活动	8.7	18.0	图书及报刊零售	5.6	11.0
珠宝首饰及有关物品制造	8.7	17.7	幻灯及投影设备制造	7.2	10.8
家用视听设备零售	8.5	17.6	西乐器制造	7.4	10.3
影视录放设备制造	9.3	17.6	图书出版	7.3	10.1
电影放映	9.8	17.5	其他娱乐业	4.8	9.9
首饰、工艺品及收藏品批发	7.9	16.5	图书批发	5.0	9.8
复印和胶印设备制造	10.9	16.1	会议及展览服务	7.6	9.6
软件开发 *	10.9	15.9	家用电器批发 *	2.4	8.9
其他文化艺术业	7.8	15.9	博物馆	7.2	8.9
油墨及类似产品制造	11.7	15.5	机制纸及纸板制造 *	6.3	8.9
其他文化艺术经纪代理	9.9	15.1	其他室内娱乐活动	2.7	8.5
其他电子设备制造 *	10.0	14.9	广播电视节目制作及发射设备制造	6.6	8.4
音响设备制造	7.6	14.8	电影和影视节目制作	7.5	8.2
录音制作	8.0	14.5	其他出版业	5.5	7.9
广播	9.9	14.4	信息化学品制造 *	5.6	7.2
印刷专用设备制造	9.5	14.2	报纸出版	5.1	7.2

续表

小类	总资产报酬率	净资产收益率	小类	总资产报酬率	净资产收益率
电气设备批发*	2.7	7.1	游览景区管理	3.7	4.5
无线广播电视传输服务	5.6	7.0	图书出租	1.3	3.6
文艺创作与表演	3.3	6.7	娱乐及体育设备出租*	3.0	3.0
记录媒介复制	5.6	6.1	新闻业	2.2	3.0
其他电信服务*	4.7	5.9	其他未列明商务服务业*	2.6	2.9
乐器零售	2.7	5.8	游乐园	2.2	2.3
社会人文科学研究	2.1	5.4	文化娱乐经纪人	2.2	1.7
公园管理	3.7	5.2	卫星传输服务*	1.3	1.3
烈士陵园、纪念馆	3.2	4.7	文物及非物质文化遗产保护	0.8	0.6
照相机及器材制造	3.8	4.5			

在表 6 – 7 所示 2013 年全国 113 个小类规模以上文化企业中，有 52 个小类的总资产报酬率高于全国规模以上企业平均值，其余 61 个小类的总资产报酬率则相对较低。不仅如此，各小类规模以上文化企业的总资产报酬率也有着较大的差别。其中，总资产报酬率超过 20% 的小类有 14 个，包括其他文化用品零售，焰火及鞭炮产品制造，数字内容服务*，电子游艺厅娱乐活动，游艺用品及室内游艺器材制造，雕塑工艺品制造，天然植物纤维编织工艺品制造，墨水、墨汁制造，互联网信息服务，园林、陈设艺术及其他陶瓷制品制造*，网吧活动，中乐器制造，抽纱刺绣工艺品制造，花画工艺品制造，它们的总资产报酬率依次达到了 69.2%、36.5%、33.4%、32.7%、31.9%、31.4%、30.9%、28.5%、27.8%、27.0%、27.0%、25.7%、20.5%、20.1%；另外，总资产报酬率在 15% ~ 20% 的小类有 9 个，在 10% ~ 15% 的有 25 个，在 5% ~ 10% 的有 42 个，还有 23 个的总资产报酬率均不足 5%。进一步测算还显示，2013 年上述 113 个小类规模以上企业总资产报酬率的算术平均值为 11.2%，标准差为 9.54%，标准差系数为 0.85，离散程度较高。

同样在 2013 年 113 个净利润为正的小类规模以上文化企业中，净资产收益率高于全国规模以上文化企业平均水平的有 53 个，其余 60 个相对较低。不仅如此，各小类规模以上文化企业的净资产收益率也有显著的差别。其中，净资产收益率超过 30% 的小类有 19 个，包括其他文化用品零售，野生动物保护*，数字内容服务*，游艺用品及室内游艺器材制造，通信及广播电视设备批发*，互联网信息服务，焰火及鞭炮产品制造，天然植物纤维编织工艺品制造，雕塑工艺品制造，电影机械制造，电子游艺厅娱乐活动，园林、陈设艺术及其他陶瓷制品制造，中乐器制造，抽纱刺绣工艺品制造，电视机制造，墨水、墨汁制造，其他乐器及零件制造，网吧活动，其他工艺美术品制造，它们的净资产收益率依次达到了159.0%、80.9%、56.4%、54.3%、52.1%、50.9%、45.7%、45.0%、44.9%、41.0%、39.4%、38.7%、34.4%、33.1%、30.8%、30.6%、30.4%、30.2%、30.1%；另外，净资产收益率在 20%～30% 的小类有20 个，在 15%～20% 的有 20 个，10%～15% 的有 23 个，在 5%～10% 的有 20 个，还有 11 个的净资产收益率均不足 5%。进一步测算结果表明，2013 年上述 113 个小类规模以上企业净资产收益率的算术平均值为19.6%，标准差为 18.69，标准差系数为 0.95，离散程度很高。

三　规模以上文化企业与规模以下文化企业人均产出比较

在缺乏增加值数据的条件下，我们只能以人均营业收入指标考察中国文化企业的劳动生产率。同时，鉴于不同产业属性的差异，人均营业收入的跨产业比较很可能不具备足够的可比性，为此我们在本节中主要比较同一产业中规模以上文化企业和规模以下文化企业的人均营业收入差别。①

---

① 因缺乏规模以下文化企业 2013 年初从业人员数量的数据，故以下关于人均营业收入的计算采用的均为 2013 年末数据。

（一）各部分和各大类规模以上文化企业与规模以下文化企业的人均营业收入

1. 各部分规模以上文化企业和规模以下文化企业的人均营业收入

在"文化产品的生产"部分中，2013 年规模以上文化企业的人均营业收入达 80.01 万元，规模以下文化企业的人均营业收入只有 23.02 万元，前者比后者高出 247.6%；在"文化相关产品的生产"部分中，2013 年规模以上企业的人均营业收入也达 88.86 万元，而规模以下企业的人均营业收入仅为 27.76 万元，前者比后者高出 220.1%（见图 6 – 2）。

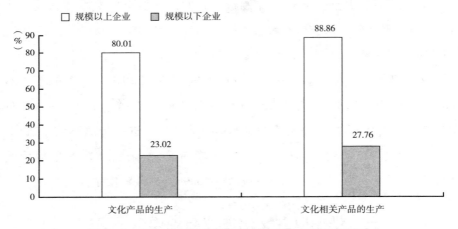

图 6 – 2   2013 年各部分规模以上文化企业与规模以下
文化企业的人均营业收入

2. 各大类规模以上文化企业和规模以下文化企业的人均营业收入

如图 6 – 3 所示，2013 年各大类规模以上文化企业的人均营业收入都远远高于各自大类的规模以下文化企业。其中，各大类按超出程度大小排序依次为文化艺术服务、工艺美术品的生产、广播电视电影服务、文化用品的生产、文化信息传输服务、文化创意和设计服务、文化产品生产的辅助生产、文化专用设备的生产、新闻出版发行服务、文化休闲娱

乐服务，这些大类中规模以上文化企业的人均营业收入分别达到了 50.71
万元、102.67 万元、84.82 万元、91.39 万元、71.85 万元、76.52 万元、
70.28 万元、115.48 万元、71.25 万元、23.77 万元，依次比各自大类中
规模以下文化企业的人均营业收入高出 284.5%、278.9%、275.1%、
215.1%、215.1%、202.4%、185.0%、167.6%、117.3%、74.0%。

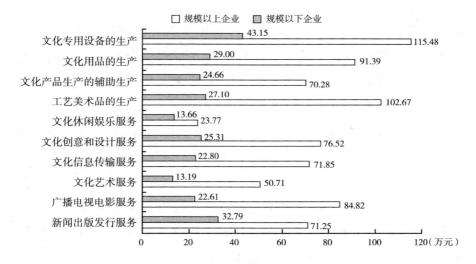

图 6-3　2013 年各大类规模以上文化企业与规模以下
文化企业的人均营业收入

（二）各中类规模以上文化企业与规模以下文化企业的人均
营业收入

在 2013 年全部 50 个中类文化企业中，除图书馆与档案馆服务
中类之外，其余 49 个中类中规模以上文化企业的人均营业收入均显
著高于规模以下文化企业。若我们设 2013 年各中类规模以下文化企
业人均营业收入指数皆为 100，则当年有 9 个中类规模以上文化企业
的人均营业收入指数超过 500，包括广播电视电影专用设备的批发、
文化贸易代理与拍卖服务、文具乐器照相器材的销售、其他文化艺

术服务、工艺美术品的销售、广告服务、互联网信息服务、文化用家电的销售、其他文化用品的销售，它们的人均营业收入指数依次高达 1404.6、790.8、706.7、637.1、634.8、606.0、551.6、546.6、537.5；人均营业收入指数在 300~500 的中类有 20 个，包括视听设备的制造、文化用纸的制造、文艺创作与表演服务、群众文化服务、舞台照明设备的批发、文化用化学品的制造、文化经纪代理服务、电影和影视录音服务、工艺美术品的制造、会展服务、游艺器材及娱乐用品的制造、文化用油墨颜料的制造、广播电视电影专用设备的制造、专业设计服务、文化出租服务、其他文化用品的制造、其他文化辅助生产、其他文化专用设备的制造、焰火及鞭炮产品的制造、广播电视服务，它们的人均营业收入指数依次为462.2、455.1、446.8、429.4、406.7、395.0、394.4、392.2、386.6、385.6、369.2、360.0、356.2、347.5、344.3、343.8、343.2、340.7、316.8、309.6。此外，规模以上文化企业人均营业收入指数在 200~300 的中类有 12 个，指数在 150~200 的有 4 个，还有 4 个的指数在 130~150（见表 6-8）。

表 6-8　2013 年各中类规模以上文化企业的人均营业收入及指数

（设相同中类规模以下文化企业人均营业收入指数皆为 100）

中类	人均营业收入	人均营业收入指数	中类	人均营业收入	人均营业收入指数
广播电视电影专用设备的批发	988.09	1404.6	互联网信息服务	108.11	551.6
文化贸易代理与拍卖服务	699.93	790.8	文化用家电的销售	320.44	546.6
文具乐器照相器材的销售	361.87	706.7	其他文化用品的销售	268.73	537.5
其他文化艺术服务	111.52	637.1	视听设备的制造	107.88	462.2
工艺美术品的销售	291.38	634.8	文化用纸的制造	115.42	455.1
广告服务	161.75	606.0	文艺创作与表演服务	47.24	446.8

续表

中类	人均营业收入	人均营业收入指数	中类	人均营业收入	人均营业收入指数
群众文化服务	59.66	429.4	版权服务	50.92	264.1
舞台照明设备的批发	448.94	406.7	印刷专用设备的制造	70.20	261.6
文化用化学品的制造	116.95	395.0	乐器的制造	46.90	254.8
文化经纪代理服务	73.28	394.4	园林、陈设艺术及其他陶瓷制品的制造	40.25	249.7
电影和影视录音服务	84.91	392.2	文化软件服务	53.23	240.4
工艺美术品的制造	83.84	386.6	发行服务	88.71	240.2
会展服务	91.45	385.6	办公用品的制造	48.67	228.7
游艺器材及娱乐用品的制造	71.53	369.2	出版服务	59.65	218.0
文化用油墨颜料的制造	108.01	360.0	建筑设计服务	54.45	210.1
广播电视电影专用设备的制造	68.41	356.2	玩具的制造	28.45	203.4
专业设计服务	80.10	347.5	文化研究和社团服务	20.26	165.9
文化出租服务	55.37	344.3	娱乐休闲服务	21.35	162.3
其他文化用品的制造	81.20	343.8	景区游览服务	25.44	162.1
其他文化辅助生产	65.15	343.2	广播电视传输服务	39.00	155.4
其他文化专用设备的制造	75.86	340.7	文化遗产保护服务	21.04	138.3
焰火、鞭炮产品的制造	45.19	316.8	增值电信服务（文化部分）	57.87	137.2
广播电视服务	84.70	309.6	摄影扩印服务	18.38	133.3
印刷复制服务	65.88	288.6	新闻服务	24.74	131.6
文化艺术培训服务	29.18	273.4	图书馆与档案馆服务	12.90	99.8

（三）各小类规模以上企业与规模以下企业的人均营业收入

在 2013 年 119 个小类文化产业中[①]，只有在图书出租、社会人文科学研究、烈士陵园及纪念馆、图书馆、野生植物保护*5 个小类中规模

---

①　专业性团体（的服务）*小类无规模以上文化企业。

以上文化企业的人均营业收入低于规模以下文化企业。在其余 114 个小类中，规模以上文化企业的人均营业收入指数（设同小类规模以下文化企业的人均营业收入指数皆为 100）超过 500 的有 15 个小类，包括通信及广播电视设备批发*，拍卖*，电影机械制造，音像制品及电子出版物零售，文具用品批发，贸易代理*，电影和影视节目发行，其他文化艺术业，首饰、工艺品及收藏品批发，广告业，档案馆，其他文化用品批发，工艺美术品及收藏品零售，家用电器批发*，互联网信息服务，这些小类中规模以上文化企业的人均营业收入指数依次为 1404.6、913.4、900.0、846.3、817.5、769.0、684.2、637.1、616.9、606.0、604.7、601.4、591.9、566.4、551.6。此外，规模以上文化企业的人均营业收入指数在 400～500 的小类有 17 个，指数在 300～400 的有 31 个，指数在 200～300 的有 34 个，指数在 150～200 的有 11 个，还有 6 个小类的指数在 100～150（见表 6－9）。

表 6－9　2013 年各小类规模以上文化企业的人均营业收入及指数

（设相同中类规模以下文化企业人均营业收入指数皆为 100）

小类	人均营业收入	人均营业收入指数	小类	人均营业收入	人均营业收入指数
通讯及广播电视设备批发*	988.09	1404.6	档案馆	76.91	604.7
拍卖*	333.58	913.4	其他文化用品批发	358.04	601.4
电影机械制造	172.94	900.0	工艺美术品及收藏品零售	137.77	591.9
音像制品及电子出版物零售	210.86	846.3	家用电器批发*	444.42	566.4
文具用品批发	570.90	817.5	互联网信息服务	108.11	551.6
贸易代理*	765.69	769.0	文艺创作与表演	52.16	490.6
电影和影视节目发行	183.09	684.2	其他文化用品零售	154.10	485.2
其他文化艺术业	111.52	637.1	墨水、墨汁制造	143.93	474.8
首饰、工艺品及收藏品批发	419.16	616.9	录音制作	76.62	468.1
广告业	161.75	606.0	珠宝首饰及有关物品制造	193.48	457.2

续表

小类	人均营业收入	人均营业收入指数	小类	人均营业收入	人均营业收入指数
游艺用品及室内游艺器材制造	87.35	453.1	卫星传输服务 *	70.77	333.7
机制纸及纸板制造 *	116.14	444.1	乐器零售	88.10	333.6
珠宝首饰零售	177.83	440.5	漆器工艺品制造	66.40	331.3
地毯、挂毯制造	72.94	438.8	期刊出版	69.26	331.1
群众文化活动	59.66	429.4	手工纸制造	72.84	330.3
音像制品及电子出版物批发	172.44	424.6	广播电视接收设备及器材制造	59.67	329.6
应用电视设备及其他广播电视设备制造	91.76	422.0	照相机及器材制造	65.53	324.1
颜料制造 *	123.58	419.8	电视	88.90	322.2
其他电子设备制造 *	98.53	418.4	花画工艺品制造	57.55	322.1
其他文化艺术经纪代理	76.85	418.0	露天游乐场所游乐设备制造	66.55	321.9
影视录放设备制造	96.04	414.8	天然植物纤维编织工艺品制造	57.72	318.1
电气设备批发 *	448.94	406.7	焰火、鞭炮产品制造	45.19	316.8
音像制品出版	95.06	399.6	油墨及类似产品制造	94.70	313.8
信息化学品制造 *	116.95	395.0	其他乐器及零件制造	62.37	313.5
其他出版业	42.98	388.9	文化娱乐经纪人	58.54	306.3
会议及展览服务	91.45	385.6	家用视听设备零售	117.90	303.0
电影和影视节目制作	101.27	373.8	广播电视节目制作及发射设备制造	78.06	300.5
娱乐及体育设备出租 *	58.26	366.5	文具用品零售	80.50	300.0
电子乐器制造	55.05	365.0	中乐器制造	55.42	297.6
幻灯及投影设备制造	86.17	363.1	照明灯具制造 *	69.81	295.2
复印和胶印设备制造	87.97	362.5	电影放映	47.97	293.7
本册印制	72.87	356.2	包装装潢及其他印刷	68.70	292.2
专业化设计服务	80.10	347.5	其他工艺美术品制造	52.95	290.9
其他未列明商务服务业 *	65.15	343.2	音像制品出租	45.46	288.6
抽纱刺绣工艺品制造	67.32	340.2	雕塑工艺品制造	64.60	285.3

续表

小类	人均营业收入	人均营业收入指数	小类	人均营业收入	人均营业收入指数
图书批发	147.91	282.8	玩具制造	28.45	203.4
金属工艺品制造	54.82	279.2	电子游艺厅娱乐活动	24.88	201.8
照相器材零售	110.73	278.8	广播	51.70	194.9
音响设备制造	47.48	270.0	电子出版物出版	43.51	183.0
艺术表演场馆	27.07	269.1	其他娱乐业	21.09	166.8
书、报刊印刷	54.93	266.1	报刊批发	43.43	165.9
知识产权服务*	50.92	264.1	游览景区管理	24.72	163.1
印刷专用设备制造	70.20	261.6	公园管理	28.92	157.2
图书、报刊零售	70.42	261.5	其他室内娱乐活动	19.63	156.1
其他未列明教育*	32.82	255.1	有线广播电视传输服务	39.44	155.6
装订及印刷相关服务	53.17	253.8	无线广播电视传输服务	33.07	153.2
园林、陈设艺术及其他陶瓷制品制造*	40.25	249.7	歌舞厅娱乐活动	17.57	152.0
电视机制造	185.29	243.5	网吧活动	21.55	151.9
软件开发*	53.48	240.6	其他电信服务*	57.87	137.2
其他娱乐用品制造	42.45	236.9	报纸出版	35.85	136.6
博物馆	24.50	231.8	摄影扩印服务	18.38	133.3
文化艺术培训	22.54	227.1	新闻业	24.74	131.6
笔的制造	50.00	226.9	文物及非物质文化遗产保护	20.53	120.1
文具制造	46.52	226.9	记录媒介复制	80.49	115.4
西乐器制造	40.90	225.3	图书出租	16.10	93.6
图书出版	113.38	221.9	社会人文科学研究	20.26	88.1
野生动物保护*	37.17	217.0	烈士陵园、纪念馆	12.85	72.0
数字内容服务*	44.47	215.5	图书馆	6.78	49.8
工程勘察设计*	54.45	210.1	野生植物保护*	6.72	27.8
游乐园	24.37	207.3			

第七章　中国文化产业结构进一步透视

迄今为止，在中国文化产业法人单位中，虽然文化服务业的单位数量、从业人员、资产总额都相对较大，但是在全部文化企业范围内，文化制造业仍占据了产出和就业的多数份额。不仅如此，若只是限于规模以上文化企业的范围，那么文化制造业的产出和就业规模还显得相对更大，且其盈利性也相对较好。所谓"高关注度"产业的产出规模实际上并不大，与其受到的高度关注相比似乎还有差距；同时，"高关注度"产业中大多数中类的盈利性也低于全国规模以上文化企业的平均水平。另外需要引起重视的是，从部分具有可比性的中类和小类数据来看，虽然 2004 年以来绝大多数中类和小类的营业收入都有了不同程度的增长，但是近年来大部分中类或是小类文化产业产出的增长有所放缓。进一步分析表明，在这些具有可比性的中类和小类产业中，人均营业收入的提高是其中大多数产业营业收入增长的首要贡献。

一　中国文化产业中制造业、流通业、服务业的构成

按照国家统计局的统计口径，中国文化企业可分为文化制造业企业、文化批发和零售业企业（以下简称文化批零业）、文化服务业企业

三类。其中，文化制造业包括工艺美术品的制造等 16 个中类，文化批零业包括发行服务等 8 个中类，文化服务业包括新闻服务等 26 个中类（见表 7 - 1）。

表 7 - 1 文化制造业、文化批零业、文化服务业的中类构成

类别	包含中类
文化制造业	工艺美术品的制造，园林、陈设艺术及其他陶瓷制品的制造，印刷复制服务，办公用品的制造，乐器的制造，玩具的制造，游艺器材及娱乐用品的制造，视听设备的制造，焰火、鞭炮产品的制造，文化用纸的制造，文化用油墨原料的制造，文化用化学品的制造，其他文化用品的制造，印刷专用设备的制造，广播电视电影专用设备的制造，其他文化专用设备的制造
文化批零业	发行服务，文化贸易代理与拍卖服务，广播电视电影专用设备的批发，舞台照明设备的批发，工艺美术品的销售，文具乐器照相器材的销售，文化用家电的销售，其他文化用品的销售
文化服务业	新闻服务，出版服务，广播电视服务，电影和影视录音服务，文艺创作与表演服务，图书馆与档案服务，文化遗产保护服务，群众文化服务，文化研究和社团服务，文化艺术培训服务，其他文化艺术服务，互联网信息服务，增值电信服务（文化部分），广播电视传输服务，广告服务，文化软件服务，建筑设计服务，专业设计服务，景区游览服务，娱乐休闲服务，摄影扩印服务，版权服务，文化经纪代理服务，文化出租服务，会展服务，其他文化辅助生产

（一）中国文化产业法人单位中制造业、批零业、服务业的构成

1. 全国文化产业法人单位中制造业、批零业、服务业的规模及占比

从单位数量、从业人员、资产来看，中国文化产业法人单位中服务业的规模当属最大。2013 年，文化服务业法人单位有 616119 户，所占比重为 67.1%；年末从业人员数量达 8083694 人，所占比重为 45.9%；年末资产总额达 58639.00 亿元，所占比重为 56.7%。当年文化制造业的单位数量、年末从业人员数量、年末资产总额分别为 162478 户、8055217 人、32478.14 亿元，分别占当年全国文化产业法人单位相应指标合计值的 17.7%、45.8%、31.4%；文化批零业单位数量、年末从业

人员数量、年末资产总额分别为 139885 户、1461015 人、12289.96 亿元，分别占当年全国文化产业法人单位相应指标合计值的 15.2%、8.3%、11.9%（见表 7-2）。

表 7-2　2013 年末全国文化产业法人单位中制造业、
批零业、服务业的相应指标

部分	单位数量		年末从业人员		年末资产总额	
	数量（户）	占比（%）	数量（人）	占比（%）	金额（亿元）	占比（%）
文化制造业	162478	17.7	8055217	45.8	32478.14	31.4
文化批零业	139885	15.2	1461015	8.3	12289.96	11.9
文化服务业	616119	67.1	8083694	45.9	58639.00	56.7
合　计	918482	100.0	17599926	100.0	103407.10	100.0

不过需要特别指出的是，我国文化事业单位全部分布于文化服务业，未见有属于文化制造业和文化批零业的事业单位。进一步统计表明，2013 年文化事业单位的数量、年末从业人员、年末资产总额分别为 132867 户、2117240 人、7985.05 亿元，分别占全国文化服务业法人单位相应指标合计值的 21.6%、26.2%、13.6%。

2. 全国文化企业中制造业、批零业、服务业的规模及占比

如表 7-3 所示，在 2013 年末全国文化企业中，文化制造业的产出和就业规模最大，当年其年末从业人员有 8055217 人，营业收入达 43501.87 亿元，主营业务收入为 42916.27 亿元，分别占全国文化企业相应指标合计值的 52.0%、51.9%、51.9%。

与此形成鲜明对照的是，当年文化服务业企业虽然分别占据了全国文化企业数量和资产的绝大多数，但是其产出和就业规模明显较小。2013 年文化服务业企业有 483252 户，年末资产总额达 50653.96 亿元，分别占全国文化企业相应指标合计值的 61.5%、53.1%，但其营业收入、主营业务收入分别只有 21761.97、21357.98 亿元，占全国文化企业相应指标合计值的比重分别只有 26.0%、25.9%。

表 7-3　2013 年末全国文化企业中制造业、批零业、服务业的规模及占比

部分	单位数量		年末从业人员		年末资产		营业收入		主营业务收入	
	数量（户）	占比（%）	数量（人）	占比（%）	金额（亿元）	占比（%）	金额（亿元）	占比（%）	金额（亿元）	占比（%）
文化制造业	162478	20.7	8055217	52.0	32478.14	34.0	43501.87	51.9	42916.27	51.9
文化批零业	139885	17.8	1461015	9.5	12289.96	12.9	18479.60	22.1	18336.74	22.2
文化服务业	483252	61.5	5966454	38.5	50653.96	53.1	21761.97	26.0	21357.98	25.9
合　计	785615	100.0	15482686	100.0	95422.06	100.0	83743.44	100.0	82610.99	100.0

　　另外，2013 年文化批零业企业有 139885 户，所占比重为 17.8%；年末从业人员有 1461015 人，所占比重为 9.5%；年末资产总额达 12289.96 亿元，所占比重为 12.9%；分别实现营业收入和主营业务收入 18479.6 亿元和 18336.74 亿元，所占比重分别为 22.1% 和 22.2%。

（二）全国规模以上文化企业中制造业、批零业、服务业的构成

1. 规模以上文化企业中制造业、批零业、服务业的主要经济指标及占比

　　2013 年全国规模以上文化企业主要经济指标中制造业、批零业、服务业的具体构成如表 7-4 所示。主要特征包括以下 3 点。

　　（1）文化制造业在规模以上文化企业数量、年末从业人员、营业收入、主营业务收入、利润总额、净利润 6 项指标中排名第一，而且还占据了年末从业人员数量、营业收入、主营业务收入 3 项指标的绝大多数。其中，文化制造业的企业数量为 18076 户，所占全国规模以上文化企业合计值的比重为 43.7%；年末从业人员为 4982795 人，所占比重为 66.1%；年末资产总额为 24796.22 亿元，所占比重为 43.1%；年末所有者权益总额为 11301.41 亿元，所占比重为 43.0%；营业收入和主营业务收入分别为 37093.31 亿元、36579.68 亿元，所占比重均为

57.9%；利润总额和净利润分别为 2249.18 亿元和 1956.20 亿元，所占比重分别为 47.6% 和 47.5%。

表 7 - 4 **2013 年全国规模以上文化企业中制造业、**
批零业、服务业的构成

		文化制造业	文化流通业	文化服务业
文化企业数量	数量（户）	18076	7617	15658
	比重（%）	43.7	18.4	37.9
年末从业人员	数量（人）	4982795	501205	2053781
	比重（%）	66.1	6.7	27.2
年末资产	总额（亿元）	24796.22	7235.63	25536.63
	比重（%）	43.1	12.6	44.3
年末所有者权益	总额（亿元）	11301.41	2277.85	12680.42
	比重（%）	43.0	8.7	48.3
营业收入	总额（亿元）	37093.31	13425.63	13481.75
	比重（%）	57.9	21.0	21.1
主营业务收入	总额（亿元）	36579.68	13335.81	13220.12
	比重（%）	57.9	21.1	21.0
利润总额	总额（亿元）	2249.18	420.28	2053.44
	比重（%）	47.6	8.9	43.5
净利润	总额（亿元）	1956.20	364.66	1801.68
	比重（%）	47.5	8.8	43.7

（2）文化服务业虽然资产规模最大，但是其产出和就业规模明显较小。其中，文化服务业的企业数量为 15658 户，占全国规模以上文化企业合计值的比重为 37.9%；年末从业人员为 2053781 人，所占比重为 27.2%；年末资产总额为 25536.63 亿元，所占比重为 44.3%；年末所有者权益总额为 12680.42 亿元，所占比重为 48.3%；营业收入和主营业务收入分别为 13481.75 亿元和 13220.12 亿元，所占比重分别为 21.1% 和 21.0%；利润总额和净利润分别为 2053.44 亿元和 1801.68 亿元，所占比重分别为 43.5 和 43.7%。

（3）文化流通业的总体规模明显小于文化制造业和文化服务业。

其中，文化批零业的企业数量为 7617 户，占全国规模以上文化企业合计值的比重为 18.4%；年末从业人员为 501205 人，所占比重为 6.7%；年末资产总额为 7235.63 亿元，所占比重为 12.6%；年末所有者权益为总额 2277.85 亿元，所占比重为 8.7%；营业收入和主营业务收入分别为 13425.63 亿元和 13335.81 亿元，所占比重分别为 21.0% 和 21.1%；利润总额和净利润分别为 420.28 亿元和 364.66 亿元，所占比重分别为 8.9% 和 8.8%。

另外，进一步比较 2013 年和 2012 年全国规模以上文化企业中文化制造业、文化批零业、文化服务业所占各项经济指标比重变动的结果显示（见图 7-1），文化制造业和文化服务业的产出、就业、资产占比较 2012 年都有了不同程度的提高，但盈利占比都有了不同程度的下降，而文化批零业所占各项经济指标比重的变动恰好与文化制造业和文化服务业相反。其中，2013 年文化制造业占年末从业人员、年末资产总额、年末所有者权益、营业收入、主营业务收入的比重分别比 2012 年提高

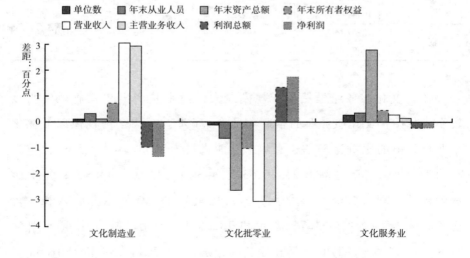

图 7-1 2012～2013 年全国规模以上文化企业中三类
企业所占各项指标比重的变动

了 0.3、0.1、0.7、3.0、2.9 个百分点，而其占利润总额、净利润的比重则分别下降了 1.0、1.4 个百分点；文化服务业占年末从业人员、年末资产总额、年末所有者权益、营业收入、主营业务收入的比重分别比 2012 年提高了 0.3、2.7、0.4、0.2、0.1 个百分点，而其占利润总额、净利润的比重都下降了 0.3 个百分点；文化批零业占年末从业人员、年末资产总额、年末所有者权益、营业收入、主营业务收入的比重分别下降了 0.7、2.7、1.1、3.1、3.1 个百分点，而其占利润总额、净利润的比重则分别上升了 1.3、1.7 个百分点。

2. 规模以上文化企业中文化制造业、文化批零业、文化服务业的盈利性比较

在全国规模以上文化企业中，文化制造业的盈利性相对较高，而文化批零业和文化服务业的盈利性则相对较低（见图 7－2）。据统计，2013 年文化制造业规模以上企业的平均总资产报酬率、平均净资产收益率分别为 11.1%、18.7%，比同年全国规模以上文化企业的平均水平分别高出 1.4、1.9 个百分点；其平均总资产报酬率比同年全国规模以上文化批零业、文化服务业企业的平均水平分别高出 4.9、1.7 个百

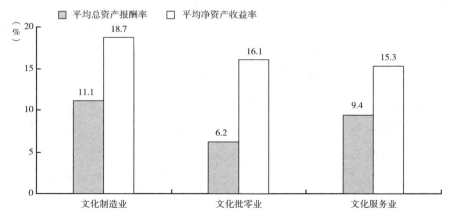

图 7－2　2013 年各类规模以上文化企业的平均总资产报酬率和平均净资产收益率

分点，其平均净资产收益率则分别比全国规模以上文化批零业和文化服务业企业的平均水平高出 2.6 和 3.4 个百分点。

2013 年全国规模以上文化批零业企业的平均总资产报酬率为 6.2%，平均净资产收益率为 16.1%，分别比同期全国规模以上文化企业的平均水平低 3.5 和 0.7 个百分点；规模以上文化服务业企业的平均总资产报酬率为 9.4%，平均净资产收益率为 15.3%，分别比同期全国规模以上文化企业的平均水平低 0.3 和 1.5 个百分点。

二　中国文化产业中的"高关注度"产业

虽然《分类》（2012）和《分类》（2004）都明确给出了中国文化产业的具体构成，但是从官方文献来看，在发展文化产业方针下，并不是所有的大类或中类或是小类产业都受到决策当局的高度关注。例如在 2009 年 9 月发布的《文化产业振兴规划》中，国务院明确提出了发展重点文化产业的基本任务，即"以文化创意、影视制作、出版发行、印刷复制、广告、演艺娱乐、文化会展、数字内容和动漫等产业为重点，加大扶持力度，完善产业政策体系，实现跨越式发展。文化创意产业要着重发展文化科技、音乐制作、艺术创作、动漫游戏等企业，增强影响力和带动力，拉动相关服务业和制造业的发展。影视制作业要提升影片、电视剧和电视节目的生产能力，扩大影视制作、发行、播映和后产品开发，满足多种媒体、多种终端对影视数字内容的需求。出版业要推动产业结构调整和升级，加快从主要依赖传统纸介质出版物向多种介质形态出版物的数字出版产业转型。出版物发行业要积极开展跨地区、跨行业、跨所有制经营，形成若干大型发行集团，提高整体实力和竞争力。印刷复制业要发展高新技术印刷、特色印刷，建成若干各具特色、技术先进的印刷复制基地。演艺业要加快形成一批大型演艺集团，加强演出网络建设。动漫产业要着力打造深受观众喜爱的国际化动漫形象和品牌，成为文化产业的重要增长点。"①

又如 2011 年 10 月，《中共中央关于深化文化体制改革推动社会主义文化大发展大繁荣若干重大问题的决定》提出了加快发展文化产业，推动文化产业成为国民经济支柱性产业的最新战略，要求必须构建结构合理、门类齐全、科技含量高、富有创意、竞争力强的现代文化产业体系，明确指出应发展壮大出版发行、影视制作、印刷、广告、演艺、娱乐、会展等传统文化产业，加快发展文化创意、数字出版、移动多媒体、动漫游戏等新兴文化产业，同时推动文化产业与旅游、体育、信息、物流、建筑等产业融合发展，增加相关产业文化含量，延伸文化产业链，提高附加值。②

为此，我们确定的"高关注度"产业包括如下 20 个中类：新闻服务、出版服务、发行服务、广播电视服务、电影和影视录音服务、文艺创作与表演服务、互联网信息服务、增值电信服务（文化部分）、广播电视传输服务、广告服务、文化软件服务、建筑设计服务、专业设计服务、娱乐休闲服务、版权服务、印刷复制服务、文化经纪代理服务、文化贸易代理与拍卖服务、会展服务、景区游览服务。显然，对这些"高关注度"产业的现状与变迁加以梳理，不仅有助于我们进一步深化对中国文化产业结构的认识，而且能够更准确地反映中国文化产业核心部分的现状与演变特点。

（一）全国文化产业法人单位中的"高关注度"产业

1. 全国文化产业法人单位中"高关注度"产业的规模及占比

2013 年，"高关注度"产业法人单位数量有 553143 户，年末从业人

---

① 引自《文化产业振兴规划》，中央人民政府网站，http：//www. gov. cn/test/2009 – 09/28/content_ 1428549. htm。

② 参见新华网授权发布：《中共中央关于深化文化体制改革推动社会主义文化大发展大繁荣若干重大问题的决定》，http：//news. xinhuanet. com/politics/2011 – 10/25/c_ 122197737_ 6. htm。

员数量有 8764497 人，年末资产总额达 62137.81 亿元，分别占同期全国文化产业法人单位相应指标合计值的 60.2%、49.8%、60.1%（见图 7-3）。

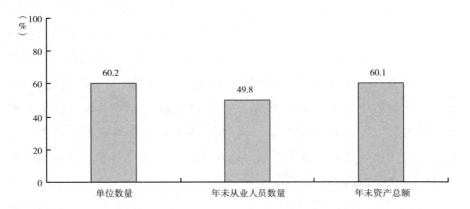

图 7-3　2013 年"高关注度"产业在全国文化产业法人单位
若干经济指标中所占比重

另据测算，在全部"高关注度"产业法人单位中，文化事业单位有 51855 户，所占比重为 9.4%；年末从业人员有 1046938 人，所占比重为 11.9%；年末资产总额有 5252.44 亿元，所占比重为 8.5%。

2. 全国文化企业中"高关注度"产业的规模及占比

在全国文化企业中，2013 年 20 个"高关注度"中类有企业 501288 户，所占比重为 63.93%；年末从业人员有 7717559 人，所占比重为 50.0%；年末资产总额达 56885.37 亿元，所占比重为 59.7%；营业收入和主营业务收入分别达到了 31733.30 和 31220.135 亿元，所占比重分别为 37.95% 和 38.04%。显然，其总体产出规模和就业规模相对其受关注度而言并不大（见图 7-4）。

不仅如此，这 20 个中类之间的相对规模也大小各异（见表 7-5）。其中，印刷复制服务、广告服务 2 个中类的就业和产出规模明显较大，它们占全部文化企业年末从业人员的比重分别为 7.2%、12.4%，占全部文化企业营业收入的比重也分别达到了 6.4%、9.9%。如果将这 2

个中类单列，那么其余 17 个中类的企业数量、年末就业人员数量、年末资产总额、营业收入、主营业务收入 5 项指标合计所占全国文化企业的比重分别只有 37.23%、30.4%、43.0%、21.65%、21.54%。

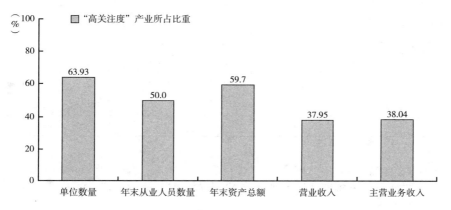

图 7 - 4 2013 年末全国文化产业各项经济指标中
"高关注度" 产业所占比重

表 7 - 5 2013 年末全国文化企业主要经济指标中各
"高关注度" 中类所占比重

单位：%

中类	单位数量	年末从业人员数量	年末资产总额	营业收入	主营业务收入
新闻服务	0.03	0.1	0.2	0.05	0.04
出版服务	0.6	1.7	4.1	1.6	1.6
发行服务	1.9	1.8	2.4	2.2	2.2
广播电视服务	0.2	0.5	1.3	0.5	0.5
电影和影视录音服务	1.4	1.3	3.1	1.0	0.9
文艺创作与表演服务	1.0	1.0	1.0	0.3	0.3
互联网信息服务	2.0	1.9	3.4	2.4	2.4
增值电信服务(文化部分)	0.1	0.3	0.3	0.3	0.3
广播电视传输服务	0.3	1.6	3.6	1.0	1.0
广告服务	18.4	7.2	9.3	6.4	6.5
文化软件服务	2.8	3.7	3.8	2.7	2.8
建筑设计服务	4.5	4.7	4.8	3.5	3.5
专业设计服务	5.0	2.7	2.4	1.7	1.7
娱乐休闲服务	11.5	4.8	2.4	1.3	1.3

续表

中类	单位数量	年末从业人员数量	年末资产总额	营业收入	主营业务收入
版权服务	0.2	0.1	0.1	0.1	0.1
印刷复制服务	8.3	12.4	7.4	9.9	10.0
文化经纪代理服务	0.5	0.2	0.3	0.1	0.1
文化贸易代理与拍卖服务	0.7	0.4	0.6	1.0	1.0
会展服务	3.3	1.3	2.3	1.0	0.9
景区游览服务	1.2	2.3	6.9	0.9	0.9
合　计	63.93	50.0	59.7	37.95	38.04

（二）全国规模以上文化企业中的"高关注度"产业

1. 全国规模以上文化企业中"高关注度"产业的规模及占比

在全国规模以上文化企业范围内，"高关注度"产业的总体规模依然不大（见图7-5）。其中，2013年"高关注度"产业规模以上文化企业有21718户，所占比重为52.65%；年末从业人员有3076720人，所占比重为41.04%；年末资产总额有31346.02亿元，所占比重为54.3%；营业收入和主营业务收入分别达21026.71亿元和20677.76亿元，所占比重分别为32.79%和32.75%；利润总额和净利润分别有2609.94亿元和2287.10亿元，所占比重分别为55.2%和55.45%。

进一步观察显示，在这20个中类规模以上文化企业中，印刷复制服务中类的规模明显较大，其所占全国规模以上文化企业数量、年末从业人员数量、年末资产总额、营业收入、主营业务收入、净利润的比重分别达到了12.2%、12.1%、7.9%、9.4%、9.4%、10.1%。若不计该中类，则其余19个中类合计所占全国规模以上文化企业相应指标的比重分别只有40.45%、28.94%、46.4%、23.39%、23.35%、45.35%（见表7-6）。

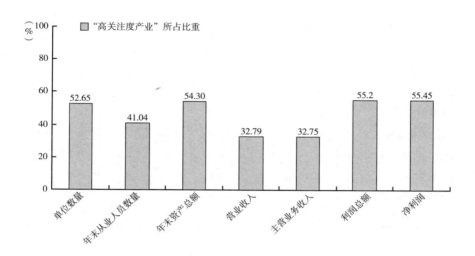

图 7 - 5 2013 年全国规模以上文化企业主要经济指标中
"高关注度"产业所占比重

表 7 - 6 2013 年全国规模以上文化企业主要经济指标中各
"高关注度"中类所占比重

单位：%

	单位数量	年末从业人员数量	年末资产总额	营业收入	主营业务收入	利润总额	净利润
新闻服务	0.05	0.2	0.2	0.05	0.05	0.1	0.05
出版服务	2.7	2.6	5.2	1.8	1.8	3.6	3.9
发行服务	4.2	2.2	3.1	2.3	2.3	1.8	1.9
广播电视服务	0.5	0.6	1.8	0.6	0.5	1.6	1.8
电影和影视录音服务	2.2	0.8	3.1	0.8	0.8	2.4	2.4
文艺创作与表演服务	0.8	0.5	1.0	0.3	0.3	0.4	0.3
互联网信息服务	1.5	2.1	4.3	2.7	2.7	12.5	13.2
增值电信服务（文化部分）	0.3	0.4	0.3	0.2	0.2	0.4	0.4
广播电视传输服务	1.2	2.2	3.7	1.0	1.0	2.1	2.4
广告服务	7.8	2.4	3.8	4.5	4.5	4.0	3.6
文化软件服务	4.0	4.4	4.1	2.7	2.8	6.3	6.2
建筑设计服务	5.5	4.7	4.4	3.0	3.0	4.3	4.2
专业设计服务	1.6	1.1	1.4	1.0	1.0	1.3	1.3

续表

	单位数	年末从业人员	年末资产总额	营业收入	主营业务收入	利润总额	净利润
娱乐休闲服务	2.3	1.3	1.6	0.3	0.3	1.7	0.3
版权服务	0.2	0.1	0.1	0.1	0.1	0.4	0.1
印刷复制服务	12.2	12.1	7.9	9.4	9.4	10.2	10.1
文化经纪代理服务	0.2	0.04	0.1	0.04	0.0	0.1	0.1
文化贸易代理与拍卖服务	0.3	0.1	0.3	0.6	0.6	0.1	0.4
会展服务	2.0	0.6	1.8	0.6	0.6	0.5	1.2
景区游览服务	3.1	2.6	6.1	0.8	0.8	1.4	1.6
合计	52.65	41.04	54.3	32.79	32.75	55.2	55.45

2. "高关注度"产业规模以上文化企业的盈利性

分析表明，大多数"高关注度"中类规模以上文化企业的盈利性低于全国规模以上文化企业的平均水平。据测算，2013 年前述"高关注度"的 20 个中类规模以上文化企业的平均总资产报酬率、平均净资产收益率分别为 10.6%、16.2%，与全部规模以上文化企业的平均水平相差无几。尽管如此，在这 20 个中类规模以上文化企业中，多数中类的盈利性相对低于全国平均水平（见图 7-6）。

其中，平均净资产收益率低于全国平均水平的中类有 14 个，包括文化软件服务、文化经纪代理服务、广播电视服务、版权服务、电影和影视录音服务、广播电视传输服务、发行服务、会展服务、出版服务、文艺创作与表演服务、增值电信服务（文化部分）、景区游览服务、娱乐休闲服务、新闻服务，它们依次比全国规模以上文化企业平均净资产收益率低 0.3、2.3、2.8、4.1、4.5、5.9、6.5、7.2、7.6、9.3、10.9、12.0、12.3、13.8 个百分点；同时，平均总资产报酬率低于全国平均水平的中类也有 14 个，包括文化经纪代理服务、电影和影视录音服务、建筑设计服务、会展服务、广播电视传输服务、出版服务、版权服务、文化贸易代理与拍卖服务、发行服务、增值电信服务（文化部

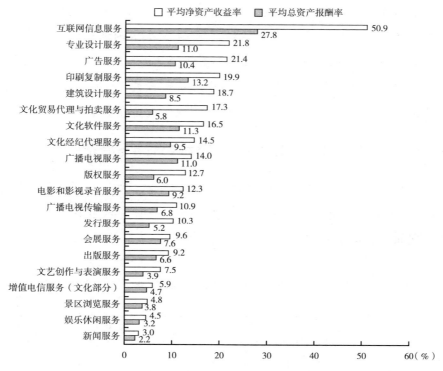

**图 7 - 6　2013 年 20 个"高关注度"中类规模以上
文化企业的主要利润率指标**

分）、文艺创作与表演服务、景区游览服务、娱乐休闲服务、新闻服务，它们依次比全国规模以上文化企业平均总资产报酬率低 0.2、0.5、1.2、2.1、2.9、3.1、3.7、3.9、4.5、5.0、5.8、5.9、6.5、7.5 个百分点。

三　2004 年以来中国文化产业经济增长的部分考察

由于《国民经济行业分类》的修订和《文化及相关产业分类》的调整所致，我们无法准确判断第一次经济普查（2004 年）以来中国文化产业经济增长的总体态势，进而也就无法完整揭示在此期间我国文化产业结构变迁的主要特征。为此，我们只有分别在具有可比性的 75 个小类、25 个中类范围内①，利用第一、二、三次全国经济普查的资料，努力揭示 2004 年以来这些中类和小类产业经济增长的若干特征。另外，由于我们只获得了第一次、第二次全国经济普查关于规模以上企业的统计数据，故本部分的相关研究也仅限于规模以上企业的范围。

（一）2004 年以来 75 个小类经济增长的若干特征

2004 年以来，除了专业性团体（的服务）*数据为 0 之外，具有可比性的 74 个小类规模以上文化企业营业收入的增长率如表 7 - 7 所示，并呈现如下三项重要特征：

表 7 - 7　2004 年以来各小类规模以上文化企业营业收入的年平均增长率

单位：%

小类	2004 ~ 2013 年	2004 ~ 2008 年	2008 ~ 2013 年	小类	2004 ~ 2013 年	2004 ~ 2008 年	2008 ~ 2013 年
手工纸制造	65.0	33.9	95.0	包装装潢及其他印刷	27.5	29.0	26.4
新闻业	54.6	151.8	4.7	文具用品零售	27.3	45.8	14.2
知识产权服务 *	53.0	103.7	21.7	天然植物纤维编织工艺品制造	26.8	31.9	22.8
工艺美术品及收藏品零售	48.7	45.8	51.1	雕塑工艺品制造	26.6	24.9	28.0
文艺创作与表演	41.0	52.1	32.6	漆器工艺品制造	26.5	22.9	29.5
家用电器批发 *	35.9	16.0	54.3	艺术表演场馆	26.5	48.0	11.5
珠宝首饰及有关物品制造	33.6	39.2	29.2	应用电视设备及其他广播电视设备制造	25.1	24.2	25.8
首饰、工艺品及收藏品批发	33.0	22.5	42.0	有线广播电视传输服务	25.1	38.1	15.5

---

① 这 75 个小类和 25 个中类名单请见下文表 7 - 7 和表 7 - 9。另据进一步统计，这 75 个小类包括 33 个制造业小类、13 个批发零售业小类、29 个服务业小类，分别占相应门类小类产业数量的 57.9%、72.2%、64.4%。

续表

小类	2004 ~ 2013 年	2004 ~ 2008 年	2008 ~ 2013 年	小类	2004 ~ 2013 年	2004 ~ 2008 年	2008 ~ 2013 年
音像制品及电子出版物零售	24.1	24.4	23.8	金属工艺品制造	17.0	21.8	13.3
电影放映	23.5	27.9	20.1	会议及展览服务	16.5	27.8	8.2
广播电视接收设备及器材制造	23.3	19.1	26.8	照相器材零售	15.7	24.7	9.0
其他文化艺术业	22.8	30.9	16.7	广告业	15.4	30.3	4.8
通讯及广播电视设备批发 *	22.8	-9.8	57.2	花画工艺品制造	14.1	13.2	14.9
游览景区管理	22.1	33.8	13.5	玩具制造	14.1	18.4	10.7
其他工艺美术品制造	21.6	23.9	19.8	电子乐器制造	12.5	14.3	11.2
游乐园	21.6	16.8	25.5	其他出版业	12.3	34.1	-2.6
中乐器制造	21.3	15.0	26.7	笔的制造	12.3	11.6	12.8
文具用品批发	21.1	23.0	19.6	西乐器制造	11.8	14.7	9.6
抽纱刺绣工艺品制造	21.0	27.4	16.2	期刊出版	11.7	19.2	6.1
群众文化活动	20.9	25.3	17.6	报刊批发	11.6	15.3	8.8
公园管理	20.4	47.2	2.5	图书出版	11.5	13.5	9.9
其他文化用品批发	19.6	26.7	14.3	墨水及墨汁制造	11.3	-3.2	24.5
文具制造	19.2	26.4	13.8	图书、报刊零售	11.3	8.2	13.8
地毯、挂毯制造	19.0	20.5	17.9	无线广播电视传输服务	11.2	15.9	7.5
电影机械制造	18.9	-3.4	40.4	书、报刊印刷	11.1	12.2	10.3
其他乐器及零件制造	18.4	31.8	8.7	露天游乐场所游乐设备制造	10.4	21.0	2.6
信息化学品制造 *	18.4	-4.0	40.0	文物及非物质文化遗产保护	8.7	12.3	6.0
广播电视节目制作及发射设备制造	17.4	13.4	20.6	复印和胶印设备制造	8.3	10.8	6.4
机制纸及纸板制造 *	17.3	-16.6	54.0	家用视听设备零售	7.9	-6.9	21.4
印刷专用设备制造	17.2	21.8	13.7	音响设备制造	7.8	14.0	3.1

续表

小类	2004 ~ 2013 年	2004 ~ 2008 年	2008 ~ 2013 年	小类	2004 ~ 2013 年	2004 ~ 2008 年	2008 ~ 2013 年
记录媒介复制	6.8	22.8	-4.4	报纸出版	4.2	7.0	2.0
图书批发	6.6	3.8	8.9	照相机及器材制造	3.9	8.9	0.2
音像制品出版	6.5	9.2	4.4	档案馆	0.6	47.1	-25.7
电子出版物出版	6.2	5.5	6.7	摄影扩印服务	-1.7	31.7	-22.2
卫星传输服务*	5.5	39.6	-15.7	烈士陵园、纪念馆	-2.4	4.8	-7.8
博物馆	5.4	12.1	0.3	音像制品及电子出版物批发	-11.5	-14.0	-9.5
图书馆	4.5	47.6	-20.7	社会人文科学研究	-17.9	-2.6	-28.4

1. 2004 年以来绝大多数小类产业的营业收入呈增长态势，其中近 45% 的小类产业增长率相对较高

据测算，2004 ~ 2013 年共有 70 个小类产业的营业收入实现了不同程度的增长，只有摄影扩印服务、烈士陵园及纪念馆、音像制品及电子出版物批发、社会人文科学研究 4 个小类产业的营业收入出现了负增长。其中年平均增长率超过 30% 的有手工纸制造，新闻业，知识产权服务*，工艺美术品及收藏品零售，文艺创作与表演，家用电器批发*，珠宝首饰及有关物品制造，首饰、工艺品及收藏品批发 8 个小类；若以在此期间这 74 个小类产业营业收入合计的年平均增长率 18.6% 为参照，则除了上述 8 个小类之外，其间营业收入增长率相对较高的小类产业还有 25 个，具体包括包装装潢及其他印刷、文具用品零售、天然植物纤维编织工艺品制造、雕塑工艺品制造、漆器工艺品制造、艺术表演场馆、应用电视设备及其他广播电视设备制造、有线广播电视传输服务、音像制品及电子出版物零售、电影放映、广播电视接收设备及器材制造、其他文化艺术业、通信及广播电视设备批发*、游览景区管理、其他工艺美术品制造、游乐园、中乐器制造、文具用品批发、抽纱刺绣工艺品制造、群众文化活动、公园管理、其他文化用品批发、文具制造、地毯及挂毯制造、电影机械制造。在这33个小类中，属于制造业、批发和零售业、服务业的分别有14、8、11个。

2. 2008年以后近70%小类产业营业收入的增长速度出现了不同程度的放缓

计算表明，2008～2013年全部74个小类产业营业收入合计的年平均增长率为20.4%，比2004～2008年这些小类营业收入合计的年平均增长率（16.3%）高出4.1个百分点。尽管如此，2008～2013年营业收入年平均增长率高于2004～2008年的小类只有23个，仅占74个小类数量的31.1%。需要特别指出的是，这23个小类中有13个属于文化制造业，占比达56.5%，包括机制纸及纸板制造*、手工纸制造、信息化学品制造*、电影机械制造、墨水及墨汁制造、中乐器制造、广播电视接收设备及器材制造、广播电视节目制作及发射设备制造、漆器工艺品制造、雕塑工艺品制造、花画工艺品制造、应用电视设备及其他广播电视设备制造、笔的制造；属于文化批零业的包括通信及广播电视设备批发*，家用电器批发*，家用视听设备零售，首饰、工艺品及收藏品批发，图书及报刊零售，工艺美术品及收藏品零售，图书批发，音像制品及电子出版物批发等8个小类，而只有游乐园、电子出版物出版2个小类属于文化服务业。

3. 人均营业收入增长是大多数小类营业收入增长的首要贡献

2004～2013年，在74个可比较的小类规模以上文化企业中，只有音像制品及电子出版物批发、家用视听设备零售、无线广播电视传输服务3个小类的人均营业收入有所减少，其余71个小类人均营业收入都有不同程度的增长（见表7-8）。其中，人均营业收入增长率超过30%的小类有7个，在20%～30%的有12个，在10%～20%的有30个，在0～10%的有22个。

表7-8 2004～2013年74个小类规模以上文化企业的人均营业

收入增长率和年末从业人员数量增长率

单位：%

小类	人均营业收入	年末从业人员	小类	人均营业收入	年末从业人员
电影机械制造	38.9	-14.4	墨水及墨汁制造	18.3	-5.9
手工纸制造	38.8	18.8	中乐器制造	18.2	2.7
音像制品及电子出版物零售	36.0	-8.7	机制纸及纸板制造*	17.3	-0.03
群众文化活动	34.8	-10.3	书及报刊印刷	17.0	-5.0
其他文化艺术业	33.7	-8.1	会议及展览服务	17.0	-0.3
电影放映	30.7	-5.5	其他乐器及零件制造	16.8	1.4
文艺创作与表演	30.5	8.0	游览景区管理	15.6	5.6
档案馆	29.5	-22.3	文具制造	15.0	3.6
广播电视节目制作及发射设备制造	25.9	-6.7	笔的制造	14.6	-2.0
漆器工艺品制造	25.6	0.7	玩具制造	14.4	-0.3
珠宝首饰及有关物品制造	25.4	6.5	印刷专用设备制造	14.3	2.6
知识产权服务*	24.8	22.6	期刊出版	13.8	-1.9
广告业	24.2	-7.0	音像制品出版	13.7	-6.3
地毯、挂毯制造	24.1	-4.1	西乐器制造	13.6	-1.5
雕塑工艺品制造	24.0	2.1	露天游乐场所游乐设备制造	13.1	-2.3
花画工艺品制造	21.6	-6.1	广播电视接收设备及器材制造	12.7	9.4
工艺美术品及收藏品零售	20.6	23.3	包装装潢及其他印刷	12.7	13.2
其他工艺美术品制造	20.5	0.9	有线广播电视传输服务	12.6	11.0
金属工艺品制造	20.2	-2.7	记录媒介复制	12.2	-4.8
天然植物纤维编织工艺品制造	19.6	6.0	摄影扩印服务	12.0	-12.3
抽纱刺绣工艺品制造	19.3	1.4	文具用品零售	11.8	13.8
公园管理	18.8	1.4	电子出版物出版	11.3	-4.6
艺术表演场馆	18.5	6.7	游乐园	10.8	9.7

续表

小类	人均营业收入	年末从业人员	小类	人均营业收入	年末从业人员
图书及报刊零售	10.5	0.8	卫星传输服务 *	6.7	-1.1
其他出版业	10.4	1.7	其他文化用品批发	6.7	12.2
通讯及广播电视设备批发 *	10.3	11.4	社会人文科学研究	5.0	-21.8
应用电视设备及其他广播电视设备制造	9.9	13.8	烈士陵园、纪念馆	3.7	-5.9
家用电器批发 *	9.7	23.9	报纸出版	3.6	0.6
信息化学品制造 *	9.0	8.7	图书批发	3.3	3.2
文具用品批发	8.9	11.3	照相器材零售	3.3	12.0
博物馆	8.6	-3.0	报刊批发	2.9	8.5
文物及非物质文化遗产保护	7.4	1.2	图书馆	2.7	1.7
电子乐器制造	7.3	4.8	复印和胶印设备制造	2.4	5.8
音响设备制造	7.3	0.4	照相机及器材制造	0.9	3.0
首饰、工艺品及收藏品批发	7.3	24.0	音像制品及电子出版物批发	-0.7	-10.9
图书出版	7.2	4.0	家用视听设备零售	-1.5	9.5
新闻业	7.1	44.4	无线广播电视传输服务	-3.1	14.7

不仅如此，进一步比较还显示，2004～2013年，这74个小类中有29个年末从业人员数量不同程度地减少了。这样，只要人均营业收入的增长率高于年末从业人员的增长率，就意味着人均营业收入的增长对营业收入增长的贡献程度高于年末从业人员增长的贡献程度。统计表明，在71个人均营业收入增长的小类规模以上文化企业中，2004～2013年人均营业收入增长率高于年末从业人员数量增长率的小类高达57个，占比为80.3%。其中，仅人均营业收入增长率比年末从业人员数量增长率高出20个百分点的小类就有20个小类，包括电影机械制造，档案馆，群众文化活动，音像制品及电子出版物零售，其他文化艺术业，电影放映，广播电视节目制作及发射设备制造，广

告业，地毯、挂毯制造，花画工艺品制造，社会人文科学研究，漆器工艺品制造，摄影扩印服务，墨水及墨汁制造，金属工艺品制造，文艺创作与表演，书及报刊印刷，雕塑工艺品制造，手工纸制造，音像制品出版，它们人均营业收入增长率依次比各自年末从业人员数量增长率高出53.3、51.8、45.0、44.7、41.7、36.2、32.6、31.2、28.1、27.7、26.9、24.9、24.3、24.2、22.9、22.5、22.0、21.9、20.0、20.0个百分点。此外，人均营业收入增长率比年末从业人员数量增长率高出程度在15～20个百分点的小类有14个，在10～15个百分点的有7个，在5～10个百分点的有6个，还有10个的高出程度低于5个百分点。

（二）2004年以来25个中类经济增长的若干特征

2004年以来，具有可比性的25个中类规模以上文化企业营业收入的增长率如表7-9所示，并呈现如下三项重要特征。

1. 绝大多数中类产业营业收入实现了不同程度的增长，其中40%的中类增长率相对较高

2004～2013年，在全部25个具有可比性的中类中，有23个中类规模以上文化企业的营业收入取得了不同程度的增长，只有摄影扩印服务、文化经纪代理服务、文化研究和社团服务3个中类的营业收入有所减少。如果以在此期间这25个中类营业收入合计的年平均增长率（18.5%）为参照，那么在此期间有10个中类营业收入的年平均增长率相对较高，包括新闻服务、版权服务、文艺创作与表演服务、广播电视传输服务、其他文化艺术服务、群众文化服务6个服务业中类，文化用家电的销售、广播电视电影专用设备的批发2个批发零售业中类，以及工艺美术品的制造、广播电视电影专用设备的制造2个制造业中类。

表 7 – 9　2004～2013 年 25 个中类规模以上文化企业

营业收入的年平均增长率

单位：%

中类	2004～2013 年	2004～2008 年	2008～2013 年
新闻服务	54.6	151.8	4.7
版权服务	53.0	103.7	21.7
文艺创作与表演服务	38.3	51.1	28.8
文化用家电的销售	26.0	4.9	45.9
工艺美术品的制造	25.3	28.1	23.2
广播电视电影专用设备的制造	23.3	19.5	26.4
其他文化艺术服务	22.8	30.9	16.7
广播电视传输服务	22.8	34.7	14.0
广播电视电影专用设备的批发	22.8	– 9.8	57.2
群众文化服务	20.9	25.3	17.6
文化用化学品的制造	18.4	– 4.0	40.0
文化用纸的制造	17.4	– 16.5	54.3
印刷专用设备的制造	17.2	21.8	13.7
会展服务	16.5	27.8	8.2
办公用品的制造	15.7	18.5	13.6
广告服务	15.4	30.3	4.8
玩具的制造	14.1	18.4	10.7
乐器的制造	13.6	16.6	11.2
发行服务	8.7	5.5	11.5
出版服务	8.0	10.7	6.0
文化遗产保护服务	5.9	11.1	2.0
图书馆与档案馆服务	2.3	47.3	– 23.6
摄影扩印服务	– 1.7	31.7	– 22.2
文化经纪代理服务	– 7.7	34.3	– 31.7
文化研究和社团服务	– 17.9	2.2	– 31.1

2. 2008 年以后逾 75％的中类营业收入增长趋缓

2008～2013 年，全部 25 个具有可比性的中类规模以上文化企业营业收入合计的年平均增长率达 21.2％，比 2004～2008 年其年平均增长率（15.2％）高出 6 个百分点。尽管如此，在 2008～2013 年，只有文化用纸的制造、广播电视电影专用设备的批发、文化用化学品的制造、文化用家电的销售、广播电视电影专用设备的制造、发行服务 6 个中类的营业收入年平均增长率较之 2004～2008 年有所提高，而其余 19 个中类营业收入的年平均增长率均比 2004～2008 年出现了不同程度的下降。

3. 人均营业收入增长是大多数中类营业收入增长的首要贡献

如表 7－10 所示，2004～2013 年全部 25 个具有可比性的中类规模以上文化企业的人均营业收入都实现了不同程度的增长。其中，年平均增长率在 20% 以上的中类有 7 个，包括群众文化服务、其他文化艺术服务、文艺创作与表演服务、文化经纪代理服务、版权服务、广告服务、工艺美术品的制造，它们的增长率依次达到了 34.8%、33.7%、28.4%、25.7%、24.8%、24.2%、23.9%。在余下 18 个中类中，年平均增长率在 15%～20% 的有 2 个，在 10%～15% 的有 8 个，在 5%～10% 的有 8 个。

表 7－10　2004～2013 年 25 个中类规模以上文化企业
人均营业收入年平均增长率

单位：%

中类	人均营业收入	年末从业人员	中类	人均营业收入	年末从业人员
群众文化服务	34.8	－10.3	乐器的制造	13.6	0.0
其他文化艺术服务	33.7	－8.1	摄影扩印服务	12.0	－12.3
文艺创作与表演服务	28.4	7.7	广播电视传输服务	10.4	11.2
文化经纪代理服务	25.7	－26.6	广播电视电影专用设备的批发	10.3	11.4
版权服务	24.8	22.6	文化用化学品的制造	9.0	8.7
广告服务	24.2	－7.0	文化用家电的销售	8.4	16.3
工艺美术品的制造	23.9	1.2	图书馆与档案馆服务	8.0	－5.3
文化用纸的制造	17.3	0.1	文化遗产保护服务	7.6	－1.6
会展服务	17.0	－0.3	发行服务	7.5	1.1
办公用品的制造	14.6	1.0	新闻服务	7.1	44.4
广播电视电影专用设备的制造	14.5	7.6	出版服务	6.9	1.1
玩具的制造	14.4	－0.3	文化研究和社团服务	5.3	－22.0
印刷专用设备的制造	14.3	2.6			

不仅如此，2004～2013年，在这25个中类规模以上文化企业中，人均营业收入增长率低于年末从业人员数量增长率的只有广播电视传输服务、广播电视电影专用设备的批发、文化用家电的销售、新闻服务4个，而其余21个的人均营业收入增长率都不同程度地高于年末从业人员数量增长率，占比高达84%。这21个中类依次为文化经纪代理服务、群众文化服务、其他文化艺术服务、广告服务、文化研究和社团服务、摄影扩印服务、工艺美术品的制造、文艺创作与表演服务、会展服务、文化用纸的制造、玩具的制造、乐器的制造、办公用品的制造、图书馆与档案馆服务、印刷专用设备的制造、文化遗产保护服务、广播电视电影专用设备的制造、发行服务、出版服务、版权服务、文化用化学品的制造，它们的人均营业收入增长率比各自年末从业人员数量增长率高出的程度依次为52.2、45.0、41.7、31.2、27.3、24.3、22.7、20.6、17.3、17.2、14.6、13.7、13.7、13.3、11.7、9.2、6.9、6.4、5.8、2.2、0.3个百分点。

第八章 中国文化产业市场结构初步分析

作为衡量同一产业内企业之间相对规模分布的基本指标，集中程度通常被当作反映某一产业市场结构的首要特征。本章运用集中比率、HHI 指数，分别揭示了各小类文化产业的集中程度，借此分别从总体和小类层面两个角度对中国文化产业市场结构的相应特征作了必要的分析。在此基础上，本章从所谓"集中度—收益率"假说出发，在小类层面上进一步考察了中国文化产业集中程度与盈利性之间的关系，并得出两者之间似乎并无显著关联的初步结论。

一 中国文化产业市场结构的初步观察

由数据可得性所致，下文关于各小类文化产业集中程度的分析涉及119 个小类，但不包含专业性团体（的服务）* 小类。

（一）各小类文化产业的集中比率

集中比率（Concentration Ratios）是指产业产出规模最大的前 n 家企业的合计产出占整个产业总产出的比重，它衡量的是一个产业中各企业产出分布的绝对集中程度。用公式可表示为：

$$CRn = \sum_{i=1}^{n} X_i \bigg/ \sum_{i=1}^{N} X_i \qquad (8.1)$$

其中，CRn 为产出最大的前 n 家企业的产出集中比率，n 为产业内全部企业数量，X_i 为产出规模排在第 i 位的企业的产出。至于反映产出水平的指标 X，则通常可在产量、生产能力、销售收入、销售量和产值等项指标中选择。

我们以主营业务收入为指标，分别计算了全国文化企业、全国规模以上文化企业范围内 119 个小类的 $CR4$、$CR10$ 和 $CR20$，结果如表 8-1 所示。

表 8-1　2013 年各小类文化企业以主营业务收入计算的

集中比率指标及企业数量单位

小类	全部文化企业			规模以上文化企业			企业数量	
	CR4 （%）	CR10 （%）	CR20 （%）	CR4 （%）	CR10 （%）	CR20 （%）	合计 （户）	规上 （户）
无线广播电视传输服务	77.7	82.9	85.8	89.0	94.9	98.2	259	36
电影机械制造	71.6	87.7	88.5	81.0	99.2	100.0	95	11
通信及广播电视设备批发*	64.4	71.3	77.0	71.9	79.7	86.1	3831	231
新闻业	61.4	76.2	81.9	75.1	93.1	100.0	231	20
电影和影视节目发行	54.6	68.9	77.1	62.9	79.3	88.7	919	79
游艺用品及室内游艺器材制造	53.6	62.3	71.7	60.8	70.6	81.4	519	66
墨水及墨汁制造	52.0	67.3	68.7	75.7	97.9	100.0	159	12
广播	51.7	59.9	62.3	83.0	96.0	100.0	373	20
音像制品及电子出版物零售	51.4	56.6	61.4	82.3	90.7	98.3	1356	30
卫星传输服务*	49.9	60.5	60.5	82.5	100.0	100.0	87	10
其他电子设备制造*	49.2	63.9	71.8	53.1	68.9	77.4	1583	186
幻灯及投影设备制造	44.5	67.0	83.0	48.6	73.2	90.7	210	39
广播电视节目制作及发射设备制造	44.3	68.8	81.2	48.5	75.3	88.9	167	43
电视机制造	42.6	64.0	76.3	43.3	64.9	77.4	465	174
文艺创作与表演	40.6	44.2	47.0	68.8	74.9	79.7	7381	276
照相机及器材制造	40.6	61.8	79.1	41.8	63.7	81.5	494	124
音像制品出租	40.1	42.9	42.9	93.4	100.0	100.0	132	5
其他娱乐用品制造	39.4	51.6	62.2	58.4	76.5	92.2	344	30

续表

小类	全部文化企业			规模以上文化企业			企业数量	
	CR4 （%）	CR10 （%）	CR20 （%）	CR4 （%）	CR10 （%）	CR20 （%）	合计 （户）	规上 （户）
博物馆	38.6	48.5	50.5	76.5	96.2	100.0	395	16
影视录放设备制造	38.4	55.4	70.0	39.2	56.6	71.5	893	263
音像制品出版	38.0	55.7	69.3	49.8	73.1	90.9	320	39
野生动物保护 *	37.9	66.5	88.3	41.6	72.8	96.7	77	25
复印和胶印设备制造	37.7	70.4	81.7	38.8	72.3	83.9	541	124
游乐园	37.6	53.0	64.7	43.5	61.3	74.8	978	139
拍卖 *	37.6	45.2	45.8	82.0	98.7	100.0	1060	14
互联网信息服务	37.4	53.2	62.1	43.5	61.8	72.1	15413	622
电子乐器制造	37.2	69.0	88.3	41.0	76.0	97.2	159	26
录音制作	37.2	46.1	55.5	64.2	79.7	95.9	638	30
其他文化用品零售	36.7	44.6	48.9	64.6	78.6	86.2	7095	164
娱乐及体育设备出租 *	35.5	46.5	50.7	70.1	91.8	100.0	534	19
电视	34.7	51.8	63.4	41.2	61.5	75.3	968	168
电子出版物出版	33.3	49.5	51.3	64.8	96.5	100.0	160	12
其他电信服务 *	32.6	47.0	56.1	44.3	63.9	76.2	698	133
其他未列明教育 *	32.2	38.9	40.9	78.6	95.1	100.0	1704	20
数字内容服务 *	31.5	41.0	50.2	52.4	68.3	83.6	1162	80
电气设备批发 *	31.2	38.6	42.3	63.3	78.3	85.9	2377	91
中乐器制造	30.2	48.9	63.6	42.4	68.5	89.2	415	31
记录媒介复制	29.8	44.6	55.7	43.6	65.2	81.4	211	48
烈士陵园、纪念馆	29.0	29.0	29.0	100.0	100.0	100.0	68	3
艺术表演场馆	28.7	42.0	51.7	45.0	66.0	81.2	557	60
家用电器批发 *	28.5	45.6	55.7	32.8	52.6	64.2	6383	483
报刊批发	28.1	37.3	42.3	66.3	88.1	100.0	368	18
信息化学品制造 *	27.7	46.3	61.4	28.4	47.4	62.9	462	173
知识产权服务 *	27.0	41.9	51.8	41.9	65.1	80.5	1418	64
应用电视设备及其他广播电视设备制造	26.2	45.1	62.9	27.9	48.2	67.2	624	123
首饰、工艺品及收藏品批发	23.6	35.4	44.6	30.0	44.9	56.6	15935	599
西乐器制造	23.4	36.9	52.0	27.2	42.8	60.3	677	121
期刊出版	23.4	32.7	42.4	31.2	43.6	56.5	1512	205
其他乐器及零件制造	22.8	39.2	54.7	33.1	56.8	79.4	515	44
露天游乐场所游乐设备制造	22.5	41.4	55.8	29.2	53.6	72.3	573	58

小类	全部文化企业			规模以上文化企业			企业数量	
	CR4（%）	CR10（%）	CR20（%）	CR4（%）	CR10（%）	CR20（%）	合计（户）	规上（户）
照相器材零售	22.5	30.9	38.4	40.8	55.9	69.7	1321	91
公园管理	22.2	34.4	46.1	31.2	48.4	64.9	873	151
其他出版业	22.0	30.9	36.8	59.2	83.1	98.9	450	26
珠宝首饰零售	22.0	27.6	33.7	30.9	38.8	47.3	11048	1022
广播电视接收设备及器材制造	21.4	31.6	42.8	23.4	34.5	46.8	1593	329
漆器工艺品制造	20.9	35.3	47.6	25.3	42.6	57.5	1062	122
其他文化艺术经纪代理	20.4	26.4	32.2	48.6	62.9	76.7	2701	61
工艺美术品及收藏品零售	20.2	29.7	36.2	36.3	53.3	64.9	13620	356
群众文化活动	20.2	25.7	29.9	65.1	82.7	96.3	4750	34
其他文化艺术业	19.9	23.3	25.5	66.6	77.9	85.0	17632	111
手工纸制造	19.2	35.4	47.3	31.8	58.8	78.5	814	50
文化娱乐经纪人	18.9	24.8	25.7	73.5	96.5	100.0	847	13
图书批发	18.7	33.9	45.3	25.7	46.5	62.1	4484	241
图书及报刊零售	18.3	27.5	32.7	20.8	31.2	37.1	7553	1432
珠宝首饰及有关物品制造	17.7	31.4	45.6	19.5	34.5	50.2	3521	429
有线广播电视传输服务	17.3	30.4	44.3	23.2	40.6	59.2	2191	435
机制纸及纸板制造 *	17.1	27.9	36.9	17.7	28.9	38.2	4071	1263
文具制造	17.0	22.8	29.4	23.1	30.9	39.9	3380	332
专业化设计服务	16.3	24.4	28.1	35.8	53.5	61.7	38973	680
音像制品及电子出版物批发	16.1	23.0	28.4	53.4	76.3	94.2	1052	31
文具用品批发	15.1	20.4	25.6	24.2	32.6	40.9	20393	804
电影和影视节目制作	14.9	22.1	29.8	26.3	39.1	52.7	5662	260
金属工艺品制造	14.3	19.5	26.1	21.3	29.0	38.8	6035	379
图书出版	14.1	23.7	32.7	15.7	26.2	36.2	1139	462
颜料制造 *	14.1	25.1	36.0	14.8	26.4	37.8	569	202
贸易代理 *	14.1	23.7	34.1	30.7	51.7	74.4	4742	103
文物及非物质文化遗产保护	14.0	20.7	25.7	52.6	78.1	97.0	528	27
地毯、挂毯制造	13.8	24.9	36.1	15.4	27.9	40.4	1637	315
其他文化用品批发	13.2	19.0	24.3	25.2	36.3	46.4	11183	410
花画工艺品制造	12.7	24.6	38.0	16.0	31.1	48.0	1647	154
照明灯具制造 *	12.2	20.1	26.5	14.5	23.7	31.3	4821	724

续表

小类	全部文化企业			规模以上文化企业			企业数量	
	CR4 (%)	CR10 (%)	CR20 (%)	CR4 (%)	CR10 (%)	CR20 (%)	合计 (户)	规上 (户)
本册印制	11.9	21.7	32.1	16.7	30.5	45.1	4918	218
报纸出版	11.3	21.6	33.0	14.0	26.8	40.9	917	363
音响设备制造	11.1	23.5	34.6	12.3	25.9	38.2	2964	542
图书馆	10.9	10.9	10.9	100.0	100.0	100.0	58	2
园林、陈设艺术及其他陶瓷制品制造 *	10.2	15.9	22.5	12.8	19.9	28.1	3450	387
印刷专用设备制造	9.9	17.9	27.2	12.9	23.2	35.3	2554	295
其他娱乐业	9.9	15.6	20.7	32.8	51.8	68.7	2241	84
笔的制造	9.9	17.9	26.2	13.2	23.9	35.0	2059	247
软件开发 *	8.2	15.4	22.1	10.6	20.0	28.7	20810	1568
书、报刊印刷	7.8	12.3	17.6	10.2	16.1	23.0	8915	790
家用视听设备零售	7.6	15.6	22.6	11.2	22.9	33.3	7774	986
油墨及类似产品制造	7.6	16.3	26.5	9.0	19.2	31.3	1594	326
会议及展览服务	7.6	12.2	16.6	14.6	23.4	32.0	25877	813
广告业	7.5	11.8	14.7	14.0	21.9	27.4	144906	3246
社会人文科学研究	7.4	7.4	7.4	100.0	100.0	100.0	442	2
天然植物纤维编织工艺品制造	7.4	11.5	16.6	8.6	13.5	19.5	3164	593
玩具制造	7.3	11.7	15.2	8.9	14.2	18.4	9034	1391
电影放映	7.2	11.1	15.1	12.2	18.9	25.8	4018	550
乐器零售	7.1	13.9	21.5	19.8	38.7	59.6	2013	75
游览景区管理	6.6	14.2	21.4	10.0	21.4	32.1	7802	1099
其他未列明商务服务业 *	6.4	10.5	14.9	19.0	31.1	44.2	27491	392
雕塑工艺品制造	6.3	11.3	16.6	9.3	16.9	24.8	9840	635
工程勘察设计 *	6.0	11.5	16.6	9.0	17.4	24.9	35157	2255
文具用品零售	6.0	10.0	14.2	17.3	28.9	41.2	16297	436
其他室内娱乐活动	5.5	9.0	12.1	36.8	60.2	80.8	2873	51
装订及印刷相关服务	5.5	11.3	18.9	12.7	26.1	43.9	6025	135
文化艺术培训	5.1	8.2	9.9	50.0	80.0	96.4	5050	30
档案馆	5.1	5.1	5.1	100.0	100.0	100.0	246	1
抽纱刺绣工艺品制造	4.8	9.6	14.8	6.6	13.2	20.3	7494	533

续表

小类	全部文化企业			规模以上文化企业			企业数量	
	CR4 (%)	CR10 (%)	CR20 (%)	CR4 (%)	CR10 (%)	CR20 (%)	合计 (户)	规上 (户)
其他工艺美术品制造	4.6	8.2	12.2	6.0	10.6	15.8	11566	1060
摄影扩印服务	4.0	7.8	11.8	16.6	32.1	48.5	8226	172
电子游艺厅娱乐活动	3.5	4.9	5.0	70.0	98.8	100.0	3017	13
野生植物保护*	2.9	3.5	3.5	84.8	100.0	100.0	320	6
焰火及鞭炮产品制造	2.6	4.7	7.2	3.4	6.1	9.5	5495	1094
图书出租	2.6	2.6	2.6	100.0	100.0	100.0	151	1
包装装潢及其他印刷	1.9	3.9	6.3	2.6	5.3	8.7	45150	3835
歌舞厅娱乐活动	1.7	3.2	5.0	7.4	13.8	21.9	10724	613
网吧活动	0.4	0.6	0.8	35.5	57.1	79.9	70805	56

在全国各小类文化企业中，2013 年 $CR4$ 在 70% 以上的小类有 2 个，在 60% ~ 70% 的有 2 个，在 50% ~ 60% 的有 5 个，在 40% ~ 50% 的有 8 个，在 30% ~ 40% 的有 20 个，在 20% ~ 30% 的有 22 个，在 10% ~ 20% 的有 27 个，不足 10% 的有 33 个。

$CR10$ 在 80% 以上的小类有 2 个，在 70% ~ 80% 的有 3 个，在 60% ~ 70% 的有 11 个，在 50% ~ 60% 的有 8 个，在 40% ~ 50% 的有 18 个，在 30% ~ 40% 的有 16 个，在 20% ~ 30% 的有 24 个，在 10% ~ 20% 的有 23 个，不足 10% 的有 14 个。

著名产业经济学家贝恩在指出集中度是衡量市场结构的主要指标的同时，曾将美国制造业部门按集中比率的高低分为 6 类（见表 8 - 2）：①极高集中型产业（Very Highly Concentrated）；②高集中型产业（Highly Concentrated）；③中高集中型产业（High-moderate Concentration）；④中低集中型产业（Low-moderate Concentration）；⑤低集中（Ⅰ）型产业（Low Concentration 〈Ⅰ〉）；⑥低集中（Ⅱ）型产业（Low Concentration 〈Ⅱ〉）。

表 8 - 2　贝恩的市场结构分类

市场结构	按销售收入统计的 $CR4$ 值(%)	按销售收入统计的 $CR8$ 值(%)
极高集中型	$CR4 \geqslant 75$	—
高集中型	$65 \leqslant CR4 < 75$	$CR8 \geqslant 85$
中高集中型	$50 \leqslant CR4 < 65$	$75 \leqslant CR8 < 85$
中低集中型	$35 \leqslant CR4 < 50$	$45 \leqslant CR8 < 75$
低集中（Ⅰ）型	$30 \leqslant CR4 < 35$	$40 \leqslant CR8 < 45$
低集中（Ⅱ）型	$CR4 < 30$	$CR8 < 40$

资料来源：Bain J. S. , 1968, *Industrial Organization*, 2nd ed. , John Wiley & Sons, Inc. , pp. 137 - 144。

如果参照上述贝恩的分类标准，那么在 2013 年中国 119 个小类文化企业中，大多数当属于低集中型的市场结构。其中，极高集中型只有 1 个小类，占比 0.8%；高集中型也只有 1 个小类，占比同样仅为 0.8%；中高集中型有 7 个小类，占比为 5.9%；中低集中型有 21 个小类，占比为 17.6%；低集中（Ⅰ）型有 7 个小类，占比为 5.9%；低集中（Ⅱ）型有 82 个小类，占比为 68.9%（见图 8 - 1）。

（二）各小类文化产业的 *HHI* 指数

HHI 指数是赫希曼—赫芬达尔指数（A. O. Hirschman-O. C. Herfindahl Index）的简称，它指的是产业内每一家企业市场份额的平方和，计算公式为：

$$HHI = \sum_{i=1}^{N} \left(\frac{X_i}{X} \right)^2$$

$$= \sum_{i=1}^{N} S_i^2 \qquad (8.2)$$

其中，X 表示产业的总产出，通常以销售收入或销售量表示；X_i 表

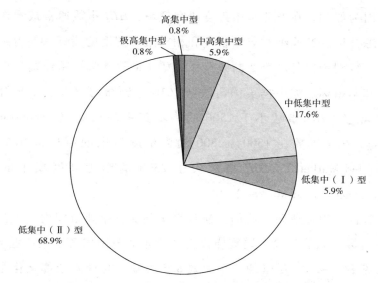

**图 8 - 1　2013 年 119 个小类文化企业中不同市场结构
类型的小类数量所占比重**

示产业内第 i 家企业的产出，$i = 1$，2，3，…，N，所有企业可任意排列；S_i 为产业内第 i 家企业的市场份额。

显然，HHI 指数值的分布区间为（0，1]。不过，在许多文献中，HHI 指数值通常取的是（0，10000]，即计算时不考虑百分比，其实际计算数值相当于采用式 8.2 方法所获数值的 10000 倍，而此时其计算公式为：

$$HHI = \sum_{i=1}^{N} (100S_i)^2 \qquad\qquad (8.3)$$

HHI 值越接近 10000，集中程度越高；越接近 0，表明集中程度越低。当产业内只有一家企业时，HHI 指数值为 100 的平方即 10000；当产业内所有企业规模相同时，由 $S_1 = S_2 = S_3 = \cdots = S_N$，可得 $HHI = 10000/N$。因此，在企业数量足够多的条件下，产业内企业规模越接近，HHI 值就越接近 0。

正因为如此，在产业集中程度研究领域，*HHI* 指数通常被看作是一个能够综合反映产业绝对集中程度和相对集中程度的指标，并得到了广泛应用。特别是在各国反垄断政策中，*HHI* 指数常常被用作衡量产业集中度的基本指标。如根据美国司法部 2010 年颁布的《企业水平合并指南》的规定，*HHI* 指数小于 1500 的为不集中的市场（Unconcentrated Markets），*HHI* 指数在 1500～2500 的为中度集中的市场（Moderately Concentrated Markets），*HHI* 指数大于 2500 的则为高度集中的市场（Highly Concentrated Markets）。[①]

受数据可得性所限，我们无法计算全国文化企业范围内各小类产业的 *HHI* 指数，只能计算全国规模以上文化企业范围内各小类产业的 *HHI* 指数（见表 8–3）。尽管如此，由式 8.3 可知，与计入全部文化企业相比，仅计算规模以上文化企业所得的 *HHI* 指数必然相对较小，但两者还是比较接近的。

表 8–3　2013 年全国规模以上文化企业范围内 119 个小类的 *HHI* 指数

小类	*HHI* 指数	小类	*HHI* 指数
包装装潢及其他印刷	10	雕塑工艺品制造	57
焰火及鞭炮产品制造	16	软件开发 *	68
其他工艺美术品制造	29	游览景区管理	76
玩具制造	37	家用视听设备零售	77
天然植物纤维编织工艺品制造	47	广告业	77
抽纱刺绣工艺品制造	48	油墨及类似产品制造	81
歌舞厅娱乐活动	48	电影放映	85
书及报刊印刷	53	园林、陈设艺术及其他陶瓷制品制造 *	89
工程勘察设计 *	53	照明灯具制造 *	97

① The U. S. Department of Justice & Federal Trade Commission, 2010, *Horizontal Merger Guidelines.* Section 5. 3. http：//www. justice. gov/atr/public/guidelines/hmg-2010. html.

小类	HHI 指数	小类	HHI 指数
印刷专用设备制造	104	首饰、工艺品及收藏品批发	339
音响设备制造	104	期刊出版	368
笔的制造	105	露天游乐场所游乐设备制造	396
会议及展览服务	114	公园管理	399
图书出版	126	家用电器批发 *	404
报纸出版	129	贸易代理 *	427
地毯、挂毯制造	131	专业化设计服务	427
颜料制造 *	132	其他娱乐业	443
机制纸及纸板制造 *	138	珠宝首饰零售	447
文具用品零售	142	其他乐器及零件制造	469
图书、报刊零售	143	网吧活动	483
装订及印刷相关服务	145	手工纸制造	484
本册印制	154	影视录放设备制造	507
花画工艺品制造	168	工艺美术品及收藏品零售	514
摄影扩印服务	170	其他室内娱乐活动	553
金属工艺品制造	173	电视	554
珠宝首饰及有关物品制造	195	互联网信息服务	562
其他未列明商务服务业 *	202	照相器材零售	596
文具用品批发	218	复印和胶印设备制造	599
文具制造	244	其他电信服务 *	627
乐器零售	245	电视机制造	638
广播电视接收设备及器材制造	256	艺术表演场馆	641
有线广播电视传输服务	261	中乐器制造	654
电影和影视节目制作	273	照相机及器材制造	661
图书批发	284	记录媒介复制	668
漆器工艺品制造	285	野生动物保护 *	697
西乐器制造	291	游乐园	738
其他文化用品批发	300	知识产权服务 *	749
应用电视设备及其他广播电视设备制造	333	电子乐器制造	754
信息化学品制造 *	336	幻灯及投影设备制造	788

续表

小类	HHI 指数	小类	HHI 指数
文化艺术培训	951	电影机械制造	1958
音像制品及电子出版物批发	960	拍卖 *	2024
野生植物保护 *	971	其他文化艺术业	2037
数字内容服务 *	1038	录音制作	2142
文物及非物质文化遗产保护	1041	广播	2160
其他电子设备制造 *	1054	新闻业	2378
广播电视节目制作及发射设备制造	1152	游艺用品及室内游艺器材制造	2665
其他文化艺术经纪代理	1163	音像制品出租	2678
音像制品出版	1255	墨水及墨汁制造	2903
其他出版业	1287	卫星传输服务 *	2954
电子出版物出版	1307	其他未列明教育 *	3888
其他娱乐用品制造	1392	通讯及广播电视设备批发 *	4015
电影和影视节目发行	1393	文艺创作与表演	4102
娱乐及体育设备出租 *	1571	无线广播电视传输服务	4219
群众文化活动	1575	音像制品及电子出版物零售	4509
电子游艺厅娱乐活动	1648	烈士陵园、纪念馆	6074
文化娱乐经纪人	1696	社会人文科学研究	6330
报刊批发	1700	图书出租	10000
其他文化用品零售	1713	图书馆	10000
博物馆	1714	档案馆	10000
电气设备批发 *	1782		

表 8 - 3 显示，在全国规模以上文化企业的范围内，HHI 指数小于 500 的小类有 60 个，HHI 指数在 500~1000 的有 21 个，在 1000~1500 的有 10 个，在 1500~2000 的有 9 个，在 2000~2500 的有 5 个，在 2500~3000 的有 4 个，在 3000~4000 的有 1 个，在 4000~6000 的有 4 个，在 6000 以上的有 5 个。

若参照美国的经验，则在 2013 年全国规模以上文化企业范围内的 119

个小类中，有91个小类属于"不集中的市场"，占比约为76.4%，它们的
HHI 指数均小于1500；有14个小类属于"中度集中的市场"，占比为
11.8%，它们的 *HHI* 指数均在1500~2500；其余14个小类均属于"高度集
中的市场"，占比也为11.8%，它们的 *HHI* 指数均超过了2500（见图8-2）。

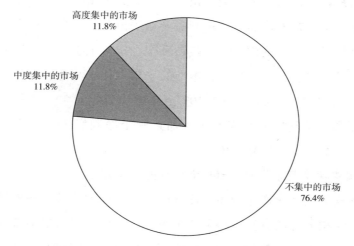

图8-2　2013年全国规模以上文化企业范围内各
市场结构类型的小类数量构成

二　中国文化产业的市场结构与收益率

（一）产业集中度与收益率：初步观察

产业集中度与收益率之间的可能关联一直是现代产业组织理论研
究的重大议题之一。按照20世纪50年代贝恩所提出的著名假说，由
大企业的竞争优势和寡头的市场力量所致，从长期态势来看，较高的
产业集中度很可能与较高的收益率相关联。[1] 虽然本项研究并不具备

---

① 有关这一假说的完整表述和验证条件、思路，请参见 Bain, Joe S., 1968, *Industrial Organization*. 2nd ed., New York: John Wiley & Sons, pp. 438-452。

系统验证这一假说的条件，但我们仍将对此作一初步探析。

由数据可得性所致，本节关于中国文化产业市场结构与盈利性的讨论仅限于全国规模以上文化企业的范围。另外需要说明的是，在全国120个小类规模以上文化企业中，2013年共有6个小类的净利润合计为负，它们是野生植物保护、图书馆、音像制品出租、音像制品及电子出版物批发、文化艺术培训、音像制品及电子出版物零售；图书出租、社会人文科学研究、档案馆、烈士陵园和纪念馆4个小类规模以上企业的数量均不足4户。为便于分析，本节关于集中比率与盈利性的研究均不涉及这10个小类，仅以余下的109个小类为研究对象；另外，本节关于 *HHI* 指数与盈利性的研究不包含前述6个净利润为负的小类，而以余下的113个小类为研究对象。

1. 集中比率与盈利性：109 个小类的初步观察

为观察我国文化产业的集中度与收益率之间的关系，我们按照贝恩关于市场结构的分类方法，将109个小类产业分为极高集中型、高集中型、中高集中型、中低集中型、低集中（Ⅰ）型、低集中（Ⅱ）型6组，并统计了每组产业中净资产收益率的最大值、最小值、中位值、平均值（见表8－4）。

表 8－4　2013 年按 CR4 分组的小类产业的净资产收益率指标

组别	CR4	净资产收益率（%）			
		最大值	最小值	中位值	平均值
极高集中型	$CR4 \geqslant 75\%$	41.0	1.3	14.1	15.9
高集中型	$65\% \leqslant CR4 < 75\%$	52.1	1.7	13.5	18.7
中高集中型	$50\% \leqslant CR4 < 65\%$	159.0	0.6	14.9	33.6
中低集中型	$35\% \leqslant CR4 < 50\%$	80.9	2.3	14.0	19.6
低集中（Ⅰ）型	$30\% \leqslant CR4 < 35\%$	30.4	5.2	14.0	15.0
低集中（Ⅱ）型	$CR4 < 30\%$	45.7	2.9	18.6	19.1

表8－4显示，在109个小类规模以上文化企业范围内，以 *CR4* 衡量的产业的集中程度与其净资产收益率之间似乎不存在明显的关联性。理

由大致包括：首先，虽然"中高集中型"产业的平均净资产收益率最高，但"高集中型"和"极高集中型"2组产业的平均净资产收益率却只在6组产业中排名第4和第5；其次，"中低集中型"和"低集中（Ⅱ）型"2组产业尽管分列平均净资产收益率第2、第3位，但"低集中（Ⅰ）型"产业的平均净资产收益率是6组产业中最低的；最后，从中位值比较来看，"低集中（Ⅱ）型"产业的中位值明显高于其他5组产业，同时"极高集中型""高集中型""中低集中型""低集中（Ⅰ）型"4组产业净资产收益率分布的中位值十分接近。

2. *HHI* 指数与盈利性：113 个小类的初步观察

我们按照美国的经验，把113个小类规模以上文化企业按 *HHI* 指数分作"不集中的市场""中度集中的市场""高度集中的市场"3组，并统计了各组产业的净资产收益率的最大值、最小值、中位值、平均值。如表8－5所示，"中度集中的市场"的平均净资产收益率高达25.8%，比"不集中的市场"和"高度集中的市场"的平均净资产收益率分别高出7.0和7.8个百分点。不仅如此，"高度集中的市场"的平均净资产收益率和净资产收益率的中位值均在3个产业组别中垫底。就此而言，若以 *HHI* 指数区分市场结构，则产业的集中程度似乎与盈利性之间也不存在至少可以观察到的关联性。

表 8－5　2013 年按 *HHI* 指数分级的小类产业的净资产收益率指标

组别	*HHI*	净资产收益率（%）			
		最大值	最小值	中位值	平均值
不集中的市场	<1500	80.9	0.6	17.0	18.8
中度集中的市场	1500～2500	159.0	1.7	14.5	25.8
高度集中的市场	>2500	54.3	1.3	7.0	18.0

（二）产业集中度与收益率：进一步观察

鉴于文化制造业、文化批零业、文化服务业的产业属性差异较大，而上述初步考察未能加以区分，为此我们先把所有小类分为三个部门，然后再分别考察同一部门中产业集中程度与盈利性之间的可能关联。

1. 制造业中的产业集中程度与盈利性

如表 8-6 所示，45 个制造业小类按 $CR4$ 分为 6 组产业。虽然"极高集中型"产业的净资产收益率最高，但是"中低集中型"产业的净资产收益率明显低于"低集中（I）型"和"低集中（II）型"产业，同时"低集中（I）型"产业的净资产收益率又仅低于"极高集中型"产业，表明各组的平均净资产收益率与以 $CR4$ 衡量的产业的集中程度之间似乎不存在明显的关联性。

表 8-6　2013 年文化制造业中按 $CR4$ 分组的
小类产业的净资产收益率指标

组别	$CR4$	小类数	净资产收益率（%）			
			最大值	最小值	中值	平均值
极高集中型	$CR4 \geqslant 75\%$	2	33.2	20.7	27.0	27.0
高集中型	$65\% \leqslant CR4 < 75\%$	0	—	—	—	—
中高集中型	$50\% \leqslant CR4 < 65\%$	3	40.8	13.1	15.5	23.1
中低集中型	$35\% \leqslant CR4 < 50\%$	9	33.0	4.3	15.0	15.5
低集中（I）型	$30\% \leqslant CR4 < 35\%$	2	30.8	20.0	25.4	25.4
低集中（II）型	$CR4 < 30\%$	29	43.3	7.0	18.7	20.9

若对 45 个小类按 HHI 指数分组，则颇为注目的是，"不集中的市场"的平均净资产收益率不仅垫底，而且比"高度集中的市场"和"中度集中的市场"分别低 11.1 和 13.5 个百分点（见表 8-7）。从表面上看，虽然"高度集中的市场"和"中度集中的市场"的平均净资产收益率明显较高，但考虑到这 2 组产业中分别只有 1 个和 2 个小类，故是否能够就此确定在制造业中各小类的平均净资产收益率与以 HHI 指数衡量的集中程度之间有正相关性，似乎还是个疑问。

表 8 - 7　2013 年文化制造业中按 *HHI* 指数分组的

小类产业的平均净资产收益率指标

组别	*HHI*	小类数	平均净资产收益率（%）			
			最大值	最小值	中值	平均值
不集中的市场	<1500	42	43.3	4.3	18.5	19.7
中度集中的市场	1500~2500	1	33.2	33.2	33.2	33.2
高度集中的市场	>2500	2	40.8	20.7	30.8	30.8

2. 批零业中的产业集中程度与盈利性

文化批零业共有 18 个小类，它们按 *CR*4 可分为 6 个组别。其中，*CR*4 高于 50% 的 3 组产业的平均净资产收益率均高于其他 3 组产业。尽管如此，"极高集中型"产业的平均净资产收益率却比"中高集中型"和"高集中型"产业分别低 33.4 和 10.4 个百分点（见表 8 - 8）。这表明在文化批零业中，以 *CR*4 区分的产业集中程度与平均净资产收益率之间的关联并不明显。

表 8 - 8　2013 年文化批零业中按 *CR*4 分组的

小类产业的平均净资产收益率指标

组别	*CR*4	小类数	平均净资产收益率（%）			
			最大值	最小值	中值	平均值
极高集中型	*CR*4≥75%	1	21.7	21.7	21.7	21.7
高集中型	65%≤*CR*4<75%	2	46.0	18.1	32.1	32.1
中高集中型	50%≤*CR*4<65%	2	87.6	22.6	55.1	55.1
中低集中型	35%≤*CR*4<50%	2	17.6	12.5	15.0	15.0
低集中（Ⅰ）型	30%≤*CR*4<35%	4	47.1	10.8	12.3	20.6
低集中（Ⅱ）型	*CR*4<30%	7	34.8	5.4	15.1	15.8

一个可以观察到的事实是，在按 *HHI* 指数把 18 个文化批零业小类分成 3 组之后，*HHI* 指数越高，组别的平均净资产收益率也越高（见表 8 - 9）。不仅如此，如果只是把这些小类分为 *HHI* < 1500 和 *HHI* ≥ 1500

两组，那么可以确定的是，在文化批零业的 18 个小类中，产业集中程度在某种程度上与平均净资产收益率呈正相关性。

表 8 - 9　2013 年文化批零业中按 HHI 指数分组的
小类产业的平均净资产收益率指标

组别	HHI	小类数	平均净资产收益率（%）			
			最大值	最小值	中值	平均值
不集中的市场	<1500	13	47.1	5.4	13.0	17.2
中度集中的市场	1500~2500	4	87.6	18.1	22.2	37.5
高度集中的市场	>2500	1	46.0	46.0	46.0	46.0

3. 服务业中的产业集中程度与盈利性

如表 8 - 10 所示，46 个服务业小类按 CR4 分为 6 组，它们以平均净资产收益率高低排序，依次为"中低集中型""中高集中型""高集中型""低集中（Ⅱ）型""低集中（Ⅰ）型""极高集中型"。观察表明，服务业各组别的 CR4 与其平均净资产收益率之间并不存在明显的关联。

表 8 - 10　2013 年文化服务业中按 CR4 分组的
小类产业的平均净资产收益率指标

组别	CR4	小类数	平均净资产收益率（%）			
			最大值	最小值	中值	平均值
极高集中型	CR4≥75%	6	14.6	2.8	6.8	7.4
高集中型	65%≤CR4<75%	6	31.9	1.1	8.9	12.1
中高集中型	50%≤CR4<65%	6	43.5	0.4	12.8	15.6
中低集中型	35%≤CR4<50%	12	69.5	1.8	12.7	20.0
低集中(Ⅰ)型	30%≤CR4<35%	3	12.3	4.6	7.1	8.0
低集中(Ⅱ)型	CR4<30%	13	18.6	3.4	10.4	11.6

不过，如果以 HHI 指数来衡量产业集中程度，那么非常明显的是，集中程度越高的小类组别，其平均净资产收益率越低（见表 8 - 11）。

由此可以断定，在文化服务业的 50 个小类中，产业集中程度似乎与平均收益率有着某种程度的负相关性。

表 8 – 11　2013 年文化服务业中按 *HHI* 指数分组的

小类产业的平均净资产收益率指标

组别	*HHI*	小类数	平均净资产收益率（％）			
			最大值	最小值	中值	平均值
不集中的市场	<1500	33	69.5	0.4	11.3	15.1
中度集中的市场	1500～2500	9	31.9	1.1	9.1	10.6
高度集中的市场	>2500	8	16.6	3.5	6.3	8.6

（三）产业集中度与收益率：相关性分析

由数据可得性所致，产业经济学关于"集中度—收益率"假说的实证检验大多采用的是相关性分析，即通过对两个具备相关性的变量元素进行分析，衡量两个变量因素的相关密切程度。在实证过程中，研究者通常采取回归分析的方法，通过回归方程拟合变量之间的关系。

为进一步分析我国文化产业的集中度与收益率之间的相关性，我们尝试做一些简单的回归分析，事先建立若干回归模型，通过数据分析软件将所获得的数据组代入并进行曲线拟合，估计出回归模型中各参数的值，从而获取相应的回归方程并得出结论。本节采用的回归模型包括线性函数（$y = ax + b$）、二次项函数（$y = ax^2 + bx + c$）、三次项函数（$y = ax^3 + bx^2 + cx + d$）、指数函数（$y = be^{ax}$）、对数函数（$y = a\ln x + b$）以及幂函数（$y = bx^a$）等 6 个回归模型。出于衡量指标的全面性和优越性考虑，本节选用 *HHI* 指数来判断我国文化产业的集中度水平，同时选用净资产收益率指标来衡量我国文化产业的盈利性状况。

在回归分析中，以 *HHI* 指数作为自变量，净资产收益率作为因变量，利用 Excel 软件对 2013 年我国文化产业下属各小类文化产业的相应数据做散点图，并构建与各数据最为拟合的回归模型，通过回归方程以及拟合曲线简单明了地反映我国文化产业的 *HHI* 指数大小对其净资产收益率高低的影响大小以及其影响的显著性，从而判断我国文化产业的集中度和收益率之间的相关关系。

除去净利润为负值的 6 个小类，我国文化产业共计 113 个小类产业，其中文化制造业为 45 个，文化批零业有 18 个，文化服务业有 50 个。考虑到制造业、批零业以及服务业之间的集中度与收益率水平的可比性比较低，本节除对全国文化产业整体进行实证分析外，还分成文化制造业、文化批零业以及文化服务业三个部分分别进行回归分析，以更准确地判断我国文化产业的集中度与收益率之间是否存在相关性。

1. 113 个小类的回归分析

图 8－3 为规模以上企业 113 个小类 *HHI* 指数和平均净资产收益率分布的散点图。为便于计算，回归方程中 *HHI* 指数以 x 表示，且均取原值，其取值范围为 $[0，1]$；平均净资产收益率以 y 表示，且均取数字形式。

6 种回归模型分析结果如下：

线性回归方程：$y = -0.0733x + 0.185$，$R^2 = 0.0087$；

二次项回归方程：$y = -0.0968x^2 + 0.002x + 0.1808$，$R^2 = 0.0104$；

三次项回归方程：$y = 0.3575x^3 - 0.5634x^2 + 0.1243x + 0.177$，$R^2 = 0.0115$；

幂函数回归方程：$y = 0.0899x^{-0.134}$，$R^2 = 0.0569$；

对数回归方程：$y = -0.01\ln x + 0.1463$，$R^2 = 0.0109$；

指数回归方程：$y = 0.1499e^{-0.863x}$，$R^2 = 0.0339$。

其中 R^2 是该回归方程的拟合优度，也就是该回归直线对观测值的拟合程度，拟合优度越高，说明回归直线与数据的拟合程度越好，也就是说该模型下自变量对因变量的解释程度越高。应用在本节的回归分析中，拟合优度越高表明各小类文化产业的 *HHI* 指数对其净资产收益率的影响在所有净资产收益率的影响因素中占比越高。

在上述 6 个回归方程中，我国文化产业的 HHI 指数和收益率之间都呈现了某种程度的负相关性，即 HHI 指数更高的小类，其净资产收益率相对更低。不过，6 个回归模型中的拟合优度最高的幂函数回归的拟合优度也只有 0.0569，这在回归分析中显然属于很低的水平，表明所得回归方程对于我国文化产业的 HHI 指数与平均净资产收益率之间的相关关系解释性很弱，即 *HHI* 指数对平均净资产收益率只有微弱的影响。

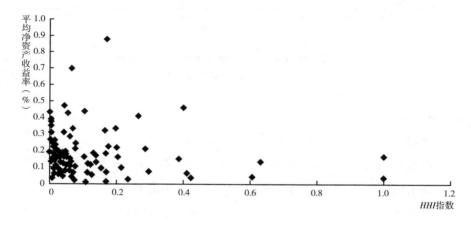

图 8 – 3　2013 年规模以上企业中 113 个小类的
HHI 指数和平均净资产收益率

2. 45 个文化制造业小类的回归分析

图 8 – 4 为 45 个文化制造业小类 *HHI* 指数和平均净资产收益率分布的散点图。

为便于计算，回归方程中 *HHI* 指数以 x 表示，且均取原值，其取值范围为 $[0，1]$；平均净资产收益率以 y 表示，且均取数字形式，取值范围同样为 $[0，1]$。6 种回归模型分析结果如下：

线性回归方程：$y = 0.1198x + 0.1988$，$R^2 = 0.0067$；

二次项回归方程：$y = 6.4156x^2 - 1.477x + 0.2347$，$R^2 = 0.149$；

三次项回归方程：$y = -77.069x^3 + 36.039x^2 - 3.9332x + 0.2655$，

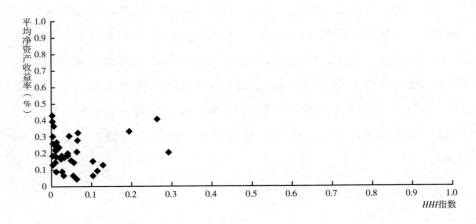

图 8 - 4　2013 年 45 个制造业小类的 *HHI* 指数
和平均净资产收益率

$R^2 = 0.2329$；

指数回归方程：$y = 0.1804e^{0.1578x}$，$R^2 = 0.0004$；

对数回归方程：$y = -0.015\ln x + 0.1467$，$R^2 = 0.0441$；

幂函数回归方程：$y = 0.1262x^{-0.097}$，$R^2 = 0.0581$。

在上述 6 个回归模型中，多项式回归模型的拟合优度超过 0.1，其余 4 个回归模型的拟合优度均低于 0.1，因此对于我国文化制造业 *HHI* 指数和净资产收益率之间相关关系解释程度较高的模型是二次项回归及三次项回归。两个多项式回归模型显示，当我国文化制造业的 *HHI* 指数处于较低水平时，净资产收益率随 *HHI* 指数的增大而降低，即呈负相关性；而当我国文化制造业的 *HHI* 指数超过一定水平时，净资产收益率开始随着 *HHI* 指数的增大而升高，即呈正相关性。至于 *HHI* 指数的临界值，仍需更多的数据分析准确判定。当然，即使是拟合优度最高的三次项回归模型，其拟合优度也只有 0.2329，表明其对于我国文化制造业的 *HHI* 指数与净资产收益率之间相关关系的解释性并不强。

3. 18 个文化批零业小类的回归分析

图 8 - 5 为 18 个文化批零业小类 *HHI* 指数和平均净资产收益率分布

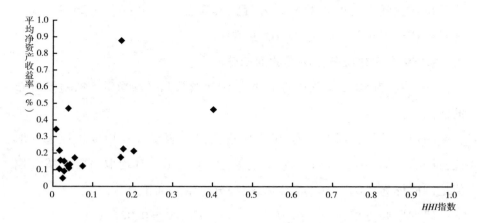

图 8 - 5　2013 年 18 个文化批零业小类的 *HHI* 指数和平均净资产收益率

的散点图。

为便于计算，回归方程中 *HHI* 指数以 *x* 表示，且均取原值，平均其取值范围为 ［0，1］；平均净资产收益率以 *y* 表示，且均取数字形式，取值范围同样为 ［0，1］。6 种回归模型分析结果如下：

线性回归方程：$y = 0.8978x + 0.1556$，$R^2 = 0.2107$；

二次项回归方程：$y = -1.6702x^2 + 1.4921x + 0.1331$，$R^2 = 0.222$；

三次项回归方程：$y = -27.204x^3 + 14.471x^2 - 0.7502x + 0.1836$，$R^2 = 0.2317$；

指数回归方程：$y = 0.1361e^{3.4182x}$，$R^2 = 0.2638$；

对数回归方程：$y = 0.0715\ln x + 0.4483$，$R^2 = 0.1503$；

幂函数回归方程：$y = 0.3896x^{0.2517}$，$R^2 = 0.1606$。

相对于全国文化产业整体状况以及我国文化制造业来说，对我国文化批零业建立的 6 个回归模型的拟合程度相对较高，各回归方程的拟合优度均大于 0.1，其中线性回归、多项式回归以及指数回归的拟合优度大于 0.2，这说明我国文化批零业的 HHI 指数对其平均净资产收益率水平的影响程度相对较高，并且还存在着某种程度的正相关性。当然，即使是拟合优度最高的指数回归方程，其拟合优度也只有 0.2638，说明其对于这种正相关关系的解释性也不强。

4. 50 个文化服务业小类的回归分析

图 8-6 为 50 个文化服务业小类 HHI 指数和平均净资产收益率分布的散点图。

为便于计算，回归方程中 HHI 指数以 x 表示，且均取原值，其取值范围为 [0，1]；平均净资产收益率以 y 表示，且均取数字形式，取值范围同样为 [0，1]。6 种回归模型分析结果如下：

线性回归方程：$y = -0.0781x + 0.1453$，$R^2 = 0.0215$；

二次项回归方程：$y = 0.141x^2 - 0.2004x + 0.1545$，$R^2 = 0.0281$；

三次项回归方程：$y = 0.6189x^3 - 0.7063x^2 + 0.0508x + 0.1438$，$R^2 = 0.0351$；

指数回归方程：$y = 0.1055e^{-0.603x}$，$R^2 = 0.0235$；

对数回归方程：$y = -0.006\ln x + 0.1164$，$R^2 = 0.0053$；

幂函数回归方程：$y = 0.0727x^{-0.103}$，$R^2 = 0.0274$。

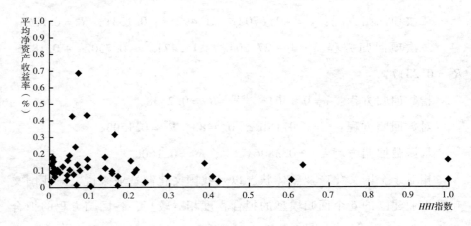

**图 8-6 2013 年 50 个文化服务业小类的 HHI
指数和平均净资产收益率**

　　与全国文化产业整体状况一致，我国文化服务业的 6 个回归模型中回归直线的趋势均向下，也就是说，HHI 指数较高的小类，其净资产收益率相对较低，即我国文化服务业的集中度和收益率之间呈现了某种程度的负相关性。然而，6 个回归模型的拟合优度均未超过 0.1，所得回归方程对于我国文化服务业的 HHI 指数与净资产收益率之间的相关关系解释性较弱。

第九章 结论：中国文化产业
结构现状与特征

一 中国文化产业结构现状

综合前述各章基于第三次全国经济普查数据的分析，依次从大类、中类、小类层面来看，中国文化产业结构的现状大致如下。

（一）文化用品的生产、工艺美术品的生产、文化创意和设计服务、文化产品生产的辅助生产4个大类的规模相对较大

众所周知，增加值是衡量产业规模的基本指标之一，更是反映产业间比例关系的主要指标。由于第三次经济普查并不统计增加值指标，因此我们只能综合2013年全国各大类文化企业营业收入以及规模以上文化企业的净利润等项指标，粗略估计并比较各大类的实际产出规模。初步观察显示（见表9-1），在全部10个文化产业大类中，文化用品的生产、工艺美术品的生产、文化创意和设计服务、文化产品生产的辅助生产4个大类的产出规模可以说相对较大，它们的2项比重指标都超过了10%。其中，这4个大类所占全国文化企业营业收入的比重依次为34.9%、19.1%、14.3%、12.6%，占全国规模以上文化企业净利润的

比重依次为 26.3%、12.7%、15.4%、12.3%。

在 2013 年末全国文化企业从业人员总数中，文化用品的生产、文化创意和设计服务、工艺美术品的生产、文化产品生产的辅助生产 4 个大类所占比重明显较大，并依次达到了 27.1%、18.4%、15.9%、15.7%；同时，它们占全国文化企业年末资产总额的比重也较大，依次为 22.1%、20.4%、10.8%、12.5%。

需要特别指出的是，虽然文化信息传输服务大类占 2013 年末全国文化企业年末从业人员总数、营业收入、年末资产总额 3 项指标的比重相对较小，但其占全国规模以上文化企业净利润的比重高达 16%，仅次于文化用品的生产大类。

表 9 - 1　2013 年各大类在全国文化企业经济指标中所占比重

单位：%

大类	年末从业人员	年末资产总额	营业收入	净利润
文化用品的生产	27.1	22.1	34.9	26.3
工艺美术品的生产	15.9	10.8	19.1	12.7
文化创意和设计服务	18.4	20.4	14.3	15.4
文化产品生产的辅助生产	15.7	12.5	12.6	12.3
文化专用设备的生产	3.9	3.6	6.9	4.8
新闻出版发行服务	3.6	6.7	3.9	5.8
文化信息传输服务	3.8	7.2	3.7	16.0
文化休闲娱乐服务	7.6	9.4	2.3	1.9
广播电视电影服务	1.7	4.4	1.5	4.1
文化艺术服务	2.3	2.9	0.8	0.6

注：表中净利润比重指标系规模以上文化企业的数据。

（二）20% 的中类占据了全国文化产业主要经济指标 55% 以上的份额，同时工艺美术品的制造、印刷复制服务、视听设备的制造、广告服务、文化用纸的制造、建筑设计服务 6 个中类的规模相对较大

据统计，在 2013 年末全国文化产业年末从业人员、年末资产总额、营业收入以及规模以上文化企业净利润这4项指标中，占比重最大的前 10个中类的合计值分别达到了61.88%、57.67%、63.43%、66.73% （见表9-2）。

表9-2 2013年末全国文化产业主要经济指标中
占比重最大的10个中类

	占比最大的前10个中类及所占比重
-年末从业人员	印刷复制服务（12.39%）、工艺美术品的制造（11.88%）、广告服务（7.24%）、玩具的制造（5.64%）、视听设备的制造（4.96%）、娱乐休闲服务（4.78%）、建筑设计服务（4.72%）、文化软件服务（3.72%）、焰火及鞭炮产品的制造（3.53%）、文化用纸的制造（3.02%）
年末资产总额	广告服务（9.31%）、印刷复制服务（7.43%）、景区游览服务（6.92%）、工艺美术品的制造（6.44%）、文化用纸的制造（6.40%）、建筑设计服务（4.81%）、视听设备的制造（4.53%）、出版服务（4.06%）、工艺美术品的销售（3.96%）、文化软件服务（3.81%）
营业收入	工艺美术品的制造（12.01%）、印刷复制服务（9.93%）、视听设备的制造（8.93%）、广告服务（6.45%）、工艺美术品的销售（6.37%）、文化用纸的制造（5.64%）、文化用家电的销售（4.55%）、建筑设计服务（3.46%）、文具乐器照相器材的销售（3.32%）、其他文化用品的制造（2.77%）
净利润	互联网信息服务（13.22%）、印刷复制服务（10.05%）、工艺美术品的制造（9.81%）、视听设备的制造（7.86%）、文化软件服务（6.25%）、文化用纸的制造（5.17%）、建筑设计服务（4.21%）、出版服务（3.87%）、广告服务（3.65%）、其他文化用品的制造（2.64%）

注：表中净利润比重指标系规模以上文化企业的数据，括号内为相应中类数据。

进一步观察显示，在全部50个中类中，工艺美术品的制造、印刷复制服务、视听设备的制造、广告服务、文化用纸的制造、建筑设计服务6个中类中4项经济指标的比重都进入了前10名。其中，这6个中类占营业收入的比重依次为12.01%、9.93%、8.93%、6.45%、5.64%、3.46%，占年末从业人员数量的比重依次为11.88%、12.39%、4.96%、7.24%、3.02%、4.72%，占年末资产总额的比重依次为 6.44%、7.43%、4.53%、9.31%、6.40%、4.81%，占净利润的比重依次为 9.81%、10.05%、7.86%、3.65%、5.17%、4.21%（见表 9-2）。

需要特别指出的是，虽然互联网信息服务中类所占 2013 年末全国文化企业年末从业人员总数、营业收入、年末资产总额 3 项指标的比重都未进入前 10 名，但其所占全国规模以上文化企业净资产的比重高达 13.22%，位居各中类之首。

（三）10%的小类占据了全国文化产业主要经济指标中一半以上的份额，同时包装装潢及其他印刷、广告业、机制纸及纸板制造*、工程勘察设计*、软件开发*、互联网信息服务、电视机制造、珠宝首饰及有关物品制造 8 个小类的规模相对较大

据统计，在 2013 年末全国文化产业年末从业人员、年末资产总额、营业收入以及规模以上文化企业净利润这 4 项指标中，占比重最大的前 12 个小类的合计值分别达到了 48.58%、52.11%、50.78%、56.65%。

如表 9-3 所示，在全部 120 个小类中，包装装潢及其他印刷、广告业、机制纸及纸板制造*、工程勘察设计*、软件开发*5 个小类占全国文化企业年末从业人员数量、年末资产总额、营业收入以及全国规模以上文化企业净利润的比重均进入了前 12 名。其中，这 5 个小类占年末从业人员数量的比重依次为 8.79%、7.24%、2.89%、4.72%、3.58%，占年末资产总额的比重依次为 5.39%、9.31%、6.33%、4.81%、3.70%，占营业收入的比重依次为 7.36%、6.45%、5.55%、3.46%、2.67%，占全国规模以上文化企业净利润的比重依次为 7.94%、3.65%、5.11%、4.21%、5.97%。

另外，互联网信息服务、电视机制造、珠宝首饰及有关物品制造 3 个小类占全国文化企业年末资产总额的比重也依次达到了 3.37%、2.71%、2.60%，占营业收入的比重依次达到了 2.40%、5.00%、

4.45%，占全国规模以上文化企业净利润的比重则依次为 13.22%、5.51%、1.98%。

表 9 - 3　2013 年末全国文化产业主要经济指标中
占比重最大的 12 个小类

	占比最大的前 12 个小类及所占比重
年末从业人员	包装装潢及其他印刷（8.79%），广告业（7.24%），玩具制造（5.64%），工程勘察设计*（4.72%），软件开发*（3.58%），焰火及鞭炮产品制造（3.53%），其他工艺美术品制造（3.04%），机制纸及纸板制造*（2.89%）、专业化设计服务（2.68%），网吧活动（2.32%），书及报刊印刷（2.12%）、音响设备制造（2.03%）
年末资产总额	广告业（9.31%），机制纸及纸板制造*（6.33%），游览景区管理（5.88%），包装装潢及其他印刷（5.39%），工程勘察设计*（4.81%），软件开发*（3.70%），互联网信息服务（3.37%），有线广播电视传输服务（3.25%），电视机制造（2.71%），珠宝首饰及有关物品制造（2.60%），专业化设计服务（2.43%），首饰、工艺品及收藏品批发（2.33%）
营业收入	包装装潢及其他印刷（7.36%），广告业（6.45%），机制纸及纸板制造*（5.55%），电视机制造（5.00%），珠宝首饰及有关物品制造（4.45%），首饰、工艺品及收藏品批发（4.30%），家用电器批发*（3.77%），工程勘察设计*（3.46%），文具用品批发（2.79%），软件开发*（2.67%），玩具制造（2.51%），通信及广播电视设备批发*（2.47%），互联网信息服务（2.40%）
净利润	互联网信息服务（13.22%），包装装潢及其他印刷（7.94%），软件开发*（5.97%），电视机制造（5.51%），机制纸及纸板制造*（5.11%）及工程勘察设计*（4.21%），广告业（3.65%），焰火及鞭炮产品制造（2.50%），图书出版（2.34%），有线广播电视传输服务（2.23%），其他工艺美术品制造（1.99%），珠宝首饰及有关物品制造（1.98%）

注：表中括号内为相应小类数据，净利润比重指标系规模以上文化企业的数据。

二　中国文化产业结构若干重要特征

从推动中国文化产业发展、繁荣社会主义文化的角度来看，当前中国文化产业结构有以下四个方面的重要特征。

（一）"高关注度"产业的规模大致占整个文化产业的一半，同时"新兴文化产业"又占据其中40%左右的产出份额

所谓"高关注度"产业由 20 个中类产业组成，相对于其余 30 个中类产业而言，这些"高关注度"产业无疑是当代中国文化产业发展的战略重点。根据《中共中央关于深化文化体制改革推动社会主义文化大发展大繁荣若干重大问题的决定》，我国应发展壮大出版发行、影视制作、印刷、广告、演艺、娱乐、会展等传统文化产业，加快发展文化创意、数字出版、移动多媒体、动漫游戏等新兴文化产业。[1] 为此，我们把"高关注度"产业中的 12 个中类确定为传统文化产业，包括新闻服务、出版服务、发行服务、广播电视服务、电影和影视录音服务、文艺创作与表演服务、广告服务、娱乐休闲服务、版权服务、印刷复制服务、会展服务、景区游览服务，同时把互联网信息服务、增值电信服务（文化部分）、广播电视传输服务、文化软件服务、建筑设计服务、专业设计服务、文化经纪代理服务、文化贸易代理与拍卖服务列为"新兴文化产业"。统计结果如表 9 - 4 所示。

在 2013 年末全国文化企业年末从业人员数量、年末资产总额、营业收入 3 项指标中，"高关注度"产业所占比重分别为 50.0%、59.7%、38.0%；同时，在全国规模以上文化企业净利润中，"高关注度"产业所占比重达到了 55.5%。虽然无法由增加值指标证实，但是我们据此可以认为"高关注度"产业的产出规模大致占了中国文化产业的一半左右。

与此同时，在"高关注度"产业的年末从业人员、年末资产总额、营业收入 3 项指标中，"新兴文化产业"所占比重分别为 31.0%、32.2%、33.5%，其占"高关注度"产业净利润的比重达到了 50.9%。

---

[1] 参见新华网授权发布：《中共中央关于深化文化体制改革推动社会主义文化大发展大繁荣若干重大问题的决定》，http://news.xinhuanet.com/politics/2011 - 10/25/c_ 122197737_ 6.htm。

同样，尽管缺乏增加值数据的佐证，我们也可以粗略地认为"新兴文化产业"的实际产出占了"高关注度"产业的 40% 左右。

**表 9 - 4　2013 年末全国文化企业主要经济指标中各
"高关注度"中类所占比重**

单位：%

中类	年末从业人员	年末资产总额	营业收入	净利润
新闻服务	0.1	0.2	0.05	0.05
出版服务	1.7	4.1	1.6	3.9
发行服务	1.8	2.4	2.2	1.9
广播电视服务	0.5	1.3	0.5	1.8
电影和影视录音服务	1.3	3.1	1	2.4
文艺创作与表演服务	1	1	0.3	0.3
广告服务	7.2	9.3	6.4	3.6
娱乐休闲服务	4.8	2.4	1.3	0.3
版权服务	0.1	0.1	0.1	0.1
印刷复制服务	12.4	7.4	9.9	10.1
会展服务	1.3	2.3	1	1.2
景区游览服务	2.3	6.9	0.9	1.6
互联网信息服务	1.9	3.4	2.4	13.2
增值电信服务（文化部分）	0.3	0.3	0.3	0.4
广播电视传输服务	1.6	3.6	1	2.4
文化软件服务	3.7	3.8	2.7	6.2
建筑设计服务	4.7	4.8	3.5	4.2
专业设计服务	2.7	2.4	1.7	1.3
文化经纪代理服务	0.2	0.3	1	0.1
文化贸易代理与拍卖服务	0.4	0.6	1	0.4
合计	50.0	59.7	38.0	55.5

（传统文化产业：新闻服务～景区游览服务；新兴文化产业：互联网信息服务～文化贸易代理与拍卖服务）

注：表中净利润比重指标系规模以上文化企业的数据。

（二）"文化内容生产活动"占全国文化产业总产出的1/6左右，同时大多数"文化内容生产活动"的产出属于制造业产品

文化内容生产活动一直被公认为文化产业的核心。按照有关部门的权威界定，文化内容生产活动主要包括从事新闻服务，出版服务，广播电视服务，电影和影视录音服务，文艺创作与表演服务，工艺美术品的制造，园林、陈设艺术及其他陶瓷制品的制造7个中类中的22个小类产业①（见表9-5）。

统计显示，2013年属于"文化内容生产活动"的全部22个小类的年末从业人员共有260.37万人，年末资产总额有14091.17亿元，营业收入达13151.09亿元，分别占全国文化企业相应指标合计值的16.82%、14.75%、15.70%。同时，这22个小类规模以上企业的净利润合计为722.69亿元，占全国规模以上文化企业净利润的17.53%。

表9-5　"文化内容生产活动"中各小类占全国文化企业
主要经济指标合计值的比重

单位：%

		小类	年末从业人员	年末资产总额	营业收入	净利润
文化内容生产活动	服务业	新闻业	0.10	0.16	0.05	0.05
		图书出版	0.42	2.16	0.79	2.34
		报纸出版	1.01	1.49	0.63	1.15
		期刊出版	0.19	0.20	0.15	0.28
		音像制品出版	0.03	0.05	0.03	0.05
		电子出版物出版	0.02	0.02	0.01	0.01
		其他出版业	0.07	0.12	0.02	0.04

① 参见中央文化企业国有资产监督管理领导小组办公室编《国有文化企业发展报告》（2012），经济科学出版社，2012，第24页。

续表

		小类	年末从业人员	年末资产总额	营业收入	净利润
文化内容生产活动	服务业	广播	0.07	0.08	0.05	0.06
		电视	0.39	1.22	0.48	1.71
		电影和影视节目制作	0.50	1.53	0.43	1.02
		录音制作	0.04	0.03	0.02	0.01
		文艺创作与表演	0.85	0.89	0.31	0.26
		雕塑工艺品制造	1.83	0.76	1.35	1.73
	制造业	金属工艺品制造	1.20	0.45	0.77	0.65
		漆器工艺品制造	0.28	0.13	0.24	0.27
		花画工艺品制造	0.42	0.12	0.31	0.28
		天然植物纤维编织工艺品制造	1.17	0.29	0.94	1.02
		抽纱刺绣工艺品制造	1.59	0.59	1.19	1.20
		地毯、挂毯制造	0.70	0.42	0.70	0.69
		珠宝首饰及有关物品制造	1.65	2.60	4.45	1.98
		其他工艺美术品制造	3.04	1.08	2.06	1.99
		园林、陈设艺术及其他陶瓷制品制造 *	1.25	0.36	0.72	0.74
合计			16.82	14.75	15.70	17.53

注：表中净利润比重指标系规模以上文化企业的数据。

　　进一步分析还表明，在上述 22 个小类中，属于服务业的共有 13 个小类，它们合计占 2013 年末全国文化企业年末从业人员数量、年末资产总额、营业收入的比重分别为 3.69%、7.97%、2.98%，占全国规模以上文化企业净利润的比重达到了 6.98%。余下 9 个小类均属制造业，它们合计占 2013 年末全国文化企业年末从业人员数量、年末资产总额、营业收入的比重分别为 13.13%、6.80%、12.73%，占全国规模以上文化企业净利润的比重达到了 10.55%。就此而言，在全部 22 个"文化内容生产活动"小类中，文化服务业小类除了资产规模略占多数之外，就业和营业收入比重只占 1/4 左右，而净利润也只占约 2/5。

（三）高技术文化产业的就业、资产、营业收入均占全国文化企业总计的1/4左右，而其净利润贡献超过2/5

根据国家统计局颁布的《高技术产业（制造业）分类》（2013 年）和《高技术产业（服务业）分类》（2013 年），中国文化产业中有 9 个小类属于高技术制造业，即其在国民经济行业中 R&D 投入强度（即 R&D 经费支出占主营业务收入的比重）相对较高；同时还有 15 个小类属于高技术服务业，即采用高技术手段为社会提供服务活动的集合。据此，我们将这 24 个小类统称为高技术文化产业（见表 9 - 6）。

表 9 - 6　2013 年高技术文化产业在全国文化企业
主要经济指标中所占比重

单位：%

	小类	年末从业人员	年末资产总额	营业收入	净利润
高技术服务业	电子出版物出版	0.02	0.02	0.01	0.01
	其他出版业	0.07	0.12	0.02	0.04
	广播	0.07	0.08	0.05	0.06
	电视	0.39	1.22	0.48	1.71
	其他文化艺术业	0.62	1.03	0.27	0.15
	互联网信息服务	1.95	3.37	2.40	13.22
	其他电信服务 *	0.26	0.28	0.25	0.42
	有线广播电视传输服务	1.46	3.25	0.94	2.23
	无线广播电视传输服务	0.12	0.27	0.07	0.14
	卫星传输服务 *	0.02	0.03	0.01	0.02
	软件开发 *	3.58	3.70	2.67	5.97
	数字内容服务 *	0.14	0.11	0.08	0.28
	工程勘察设计 *	4.72	4.81	3.46	4.21
	专业化设计服务	2.68	2.43	1.69	1.31
	知识产权服务 *	0.12	0.09	0.07	0.10

续表

小类	年末从业人员	年末资产总额	营业收入	净利润
电视机制造	1.49	2.71	5.00	5.51
音响设备制造	2.03	0.79	1.54	0.90
影视录放设备制造	1.44	1.03	2.39	1.46
信息化学品制造 *	0.43	0.95	0.86	0.75
其他电子设备制造 *	0.86	0.63	1.27	0.94
广播电视节目制作及发射设备制造	0.07	0.09	0.09	0.07
广播电视接收设备及器材制造	1.14	0.74	1.05	1.18
应用电视设备及其他广播电视设备制造	0.32	0.36	0.46	0.59
复印和胶印设备制造	0.55	0.38	0.83	0.58
合计	24.55	28.49	25.96	41.85

（左侧合并单元格标注："高技术制造业"）

统计显示，2013 年全国高技术文化产业的年末从业人员有 379.95 万人，年末资产总额有 27205.40 亿元，营业收入达 21739.79 亿元，分别占当年全国文化企业相应合计值的 24.55%、28.49%、25.96%；同时，在高技术文化产业中规模以上企业的净利润为 1724.20 亿元，占全国规模以上文化企业合计值的比重高达 41.85%。

进一步分析表明，在 2013 年末全国文化企业年末从业人员数量、年末资产总额、营业收入中，高技术服务业所占比重分别为 16.22%、20.81%、12.47%，而高技术制造业所占比重分别为 8.33%、7.68%、13.49%。同时，在当年全国规模以上文化企业净利润中，高技术服务业所占比重达 29.87，高技术制造业所占比重为 11.98%。

（四）事业单位是中国文化产业的重要组成部分

根据第三次全国经济普查的结果，2013 年我国文化事业单位有近 13.3 万户，占全国文化产业法人单位数量的 14.5%；文化事业单位年末从业人员达 211.7 万余人，占全国文化产业总计的 9.9%。

不仅如此，在全部 50 个中类文化产业中，有 26 个中类包含事业单位。其中，在各中类文化产业法人单位数量中，文化研究和社团服务、图书馆与档案馆服务、文化遗产保护服务、新闻服务、广播电视服务、群众文化服务、文化艺术培训服务、广播电视传输服务 8 个中类的事业单位所占比重都超过了 50%，依次达到了 97.7%、95.1%、88.1%、82.8%、77.7%、77.0%、62.0%、58.4%；在各中类文化产业法人单位年末从业人员数量中，文化研究和社团服务、图书馆与档案馆服务、文化遗产保护服务、群众文化服务、广播电视服务、文化艺术培训服务、新闻服务、文艺创作与表演服务 8 个中类的事业单位所占比重也都达到或高于 50%，依次为 98.3%、96.6%、89.1%、85.2%、79.6%、72.2%、65.3%、50.0%；在各中类文化产业法人单位年末资产总额中，图书馆与档案馆服务、文化研究和社团服务、文化遗产保护服务、文化艺术培训服务、广播电视服务、群众文化服务 6 个中类的事业单位占比重也都超过了 50%，依次达到了 98.5%、94.3%、72.5%、65.8%、64.4%、52.1%。另外，出版服务、景区游览服务 2 个中类中事业单位占法人单位数量、年末从业人员、年末资产总额的比重也都在 10% 以上（见表 9－7）。

我国事业单位是指国家为了社会公益目的，由国家机关举办或者其他组织利用国有资产举办的，从事教育、科技、文化、卫生等活动的社会服务组织。中国文化产业中大量事业单位的存在，必然使得中国文化产业在生产目的、生产方式、生产效益诸方面有着显著不同于纯粹商业化运行产业的特殊性。特别是那些文化事业单位数量和从业人员规模所占比重较大的中类或小类产业，社会公益性和非商业化无疑决定了其运行的基本模式，同时这些产业的发展进程也首先取决于政府意志和国有资产的投入规模。另外需要指出的是，在那些事业单位有着一定影响力的中类或小类产业中，企业与事业单位之间的市场关系，以及营利性与非营利性并存的产业运行机制，自然会对相应产业的发展产生特定的重要影响。

表 9 - 7　2013 年部分中类法人单位数量和年末

从业人员中事业单位所占比重

单位：%

中类	单位数量	年末从业人员	年末资产总额
新闻服务	82.8	65.3	47.2
出版服务	33.6	22.9	10.3
广播电视服务	77.7	79.6	64.4
文艺创作与表演服务	40.8	50.0	22.6
图书馆与档案馆服务	95.1	96.6	98.5
文化遗产保护服务	88.1	89.1	72.5
群众文化服务	77.0	85.2	52.1
文化研究和社团服务	97.7	98.3	94.3
文化艺术培训服务	62.0	72.2	65.8
广播电视传输服务	58.4	24.1	11.2
景区游览服务	32.1	33.3	14.2

图书在版编目（CIP）数据

第三次经济普查专题研究：中国文化产业结构研究/史东辉
等著.—北京：社会科学文献出版社，2016.6
（文化发展智库报告系列）
ISBN 978 - 7 - 5097 - 8826 - 4

Ⅰ.①第…　Ⅱ.①史…　Ⅲ.①文化产业 - 产业结构 - 研究
报告 - 中国　Ⅳ.①G124

中国版本图书馆 CIP 数据核字（2016）第 043029 号

· 文化发展智库报告系列 ·

第三次经济普查专题研究：中国文化产业结构研究

著　　者／史东辉 等

出 版 人／谢寿光
项目统筹／邓泳红　桂　芳
责任编辑／陈晴钰

出　　版／社会科学文献出版社 · 皮书出版分社（010）59367127
　　　　　地址：北京市北三环中路甲 29 号院华龙大厦　邮编：100029
　　　　　网址：www.ssap.com.cn
发　　行／市场营销中心（010）59367081　59367018
印　　装／三河市尚艺印装有限公司

规　　格／开　本：787mm × 1092mm　1/16
　　　　　印　张：15.25　字　数：210 千字
版　　次／2016 年 6 月第 1 版　2016 年 6 月第 1 次印刷
书　　号／ISBN 978 - 7 - 5097 - 8826 - 4
定　　价／69.00 元

本书如有印装质量问题，请与读者服务中心（010 - 59367028）联系

▲ 版权所有 翻印必究